ZUI XINXIAN DE BAIKE ZHISHI
最新鲜的百科知识

QIANSUOWEIYOU DE
XIANGXIANGLI JIFA FANGSHI
前所未有的想象力激发方式

ZUI KUXUAN DE TANMI XINXI
最酷炫的探秘信息

酷科普·发现从这里开始

Renlei Zai Kexueshang De Faxian

FAXIAN CONG ZHELI KAISHI

KUKEPU

人类在科学上的发现

刘怀景 编著

中国出版集团
现代出版社

图书在版编目（CIP）数据

人类在科学上的发现 / 刘怀景编著 . — 北京：现代出版社，2012. 9（2024.1）
ISBN 978 - 7 - 5143 - 0744 - 3

Ⅰ. ①人… Ⅱ. ①刘… Ⅲ. ①科学知识 - 青年读物 ②科学知识 - 少年读物 Ⅳ. ①Z228. 2

中国版本图书馆 CIP 数据核字（2012）第 204043 号

人类在科学上的发现

编　　著	刘怀景
责任编辑	陈世忠
出版发行	现代出版社
地　　址	北京市安定门外安华里 504 号
邮政编码	100011
电　　话	010 - 64267325　010 - 64245264（兼传真）
网　　址	www. 1980xd. com
电子信箱	xiandai@ vip. sina. com
印　　刷	三河市人民印务有限公司
开　　本	710mm × 1000mm　1/16
印　　张	14. 5
版　　次	2012 年 10 月第 1 版　2024 年 1 月第 9 次印刷
书　　号	ISBN 978 - 7 - 5143 - 0744 - 3
定　　价	59. 80 元

前言 PREFACE

人类在科学上的发现

人类从诞生的那一刻起，就在不断地探索自然、发现自然，逐步地建立对大自然的认识。科学便是在人类不断的探索发现中诞生的。在这漫长的科学史中，古希腊时代和文艺复兴时期是科学发现最集中的时期。

在物理史上，科学革命是古希腊时代科学哲学和古典物理学的分水岭。波兰人哥白尼首先以日心说否定了过去人们一直深信不疑的天动说。其后德国人开普勒也发展出其行星运行的模型，提出行星是按其轨迹而围绕着太阳运行。同时意大利人伽利略除不断强调其地动说外，还发展出多项基本的力学理论。到了 1687 年，英国人牛顿发现三大运动定律和万有引力定律，建立了古典力学的根基。20 世纪初的物理学也出现了革命性变化，代表者为爱因斯坦。他发明了相对论，是对牛顿力学的概念作出了修正。这对物理学影响深远。因为爱因斯坦的理论，根本性地修订了过往科学界深信的知识，时到今天仍然备受讨论。原子弹的发明标志着物理学发展的又一巅峰。

而现代化学则是由古代炼金术转化而来的。1661 年爱尔兰人波义耳发现了气体定律。其后法国人拉瓦锡更有前瞻性理论——对过去人们深信不疑的燃素说作出全面否定；倡导质量守恒定律，指出物质转化时其质量不变。踏入 19 世纪，又有英国人道尔顿确立了“物质是由粒子组成”的理论。1869 年俄罗斯人门捷列夫编制了元素周期表，把物质中数十个元素列举出来。这两人的研究对日后也影响深远，前者为日后的粒子理论奠下基础；后者则成为了化学的基本知识。今日的化学教科书，都少不了元素周期表。

1859 年，英国博物学家查尔斯·达尔文在《物种起源》中，首先提出了以自然选择为主的演化理论，这可能是科学上最为显著且影响深远的一个理论。达尔文提出各种不同的动物是经历了长时间的自然进程之后成形，甚至连人类也是如此演化而来的生物。演化论引起了社会上反对和支持的声浪，并深刻地影响了大众对于“人类在宇宙中的地位”之理解。到了 20 世纪早期，奥地利遗传学家格里哥·孟德尔在 1866 年所发展的遗传定律被重新发现，之后遗传成为主要的研究对象。孟德尔定律是遗传学研究的起始关键，此学科也成为科学与产业上的主要研究领域之一。

20 世纪中期来自美国的乔治·伽莫夫、拉尔夫·阿尔菲、罗伯特·赫尔曼，通过计算推论出证据显示，宇宙间曾有大爆炸的痕迹。这些证据被视为计算宇宙历史的基础。其后 60 年代美国和苏联开始进行太空科技竞赛，1961 年苏联派出世界第一个太空人加加林登上太空；后美国也派出太空人升空，历史性地首次登陆月球。其后各项太空发明相继面世，包括人造卫星、火箭和航天飞机等。

在灿烂的科学史的长河中有许多伟大的科学发现，它们就像天空中的恒星一样璀璨。然而更令人钦佩的是那些勇于探索的科学家，他们用自己的辛勤和汗水甚至生命换来科学的伟大进步。本书从数学、物理、化学、生物、地理、天文六大方面，收录了从古到今的重大科学发现，并以故事的形式讲述深奥的科学知识，让读者轻松愉快地了解科学的发展历史，了解那些伟大发现背后的故事，最终使读者从思想上建立一个比较完整的自然科学发展观念，认识科学史的发展规律。

CONTENTS 目录

人类在科学上的发现

RENLEI ZAI KEXUE SHANG DE FAXIAN

地 理 篇

天 文 篇

数　学　篇

RENLEI ZAI KEXUE
SHANG DE FAXIAN

数学是研究事物数量关系和空间形式的一门科学，它的发现也是始终围绕着数和形这两个概念展开的。在历史上，限于当时技术条件，依据数学推理和推算所作的预见，往往要多年之后才能被验证。数学在人类文明的发展中起着非常重要的作用，可以说，数学推动了重大的科学技术进步。

十进位制的诞生

十进位制是世界上使用非常广泛的十进制和进位制。所谓“十进制”是以10为基础的数字系统。而所谓“进位制”指以一个数字位置的移动表示进位的数字系统，不论数值多大，均以进一位表示10倍，进二位代表100倍，依此类推的数字系统，称为十进位制。十进位制起源于中国；十进位制，如同印刷术、火药和指南针一样，是中国对世界文明的最重要贡献之一。

基本小知识

自然数

用以计量事物的件数或表示事物次序的数。即用数码0，1，2，3，4……所表示的数。自然数集有加法和乘法运算，两个自然数相加或相乘的结果仍为自然数，也可以做减法或除法，但相减和相除的结果未必都是自然数，所以减法和除法运算在自然数集中并不是总能成立的。自然数是人们认识的所有数中最基本的一类，为了使数的系统有严密的逻辑基础，19世纪的数学家建立了自然数的序数理论和基数理论，使自然数的概念、运算和有关性质得到严格的论述。

“十进位制”是“十进制”的一种，但“十进制”并不一定都是“十进位制”。不论数值多大，“十进位制”必须只用不多于10个字符来表达任何数值，并且只以在一组数尾加 n 个代表零值的字符，来表达此数和 $10n$ 的乘积，例如 $123 \times 1\ 000 = 123\ 000$。

古埃及的10、20，另有与1至9不同的符号表示，是十进制，但“进”的不是“位”，而是进号，进到另一个符号，所以古埃及的数字系统，虽是十进制，但不是十进位制。

古希腊用 α 表示1，β 表示2，ε 表示5，θ 表示9；古希腊的10，不是 α 的进位，而另用 ι 表示，20 为 κ，100 为 ρ，125 不是“αβε”，而是 ρκε，也不是十进位制。

中国的零、一、二、三、十、百、千、万的书写数字系统是十进制，但用的符号多于10个，8 000不是符号“八”的三级位置移动“八零零零”，而是“八”之外再加另一个符号“千”：“八千”，和古埃及、古希腊的十进制相似，同样是进号的十进制，不是真正的十进位制。

大约在公元前1400年的中国商代就已经出现十进位制。在商代甲骨文中十进位制已经明显可见，也比同时代的巴比伦和埃及的数字系统更为先进。巴比伦和埃及的数字系统，虽然也有进位，唯独商代的中国人能用不多于9个算筹数字，代表任意数字，不论多大，这是一项巨大的进步。

拓展思考

古埃及的文明

古埃及是四大文明古国之一，典型的水力帝国。受宗教影响极大，举世闻名的金字塔就是古埃及人对永恒观念的一种崇拜产物，也是法老王的陵墓，目前埃及共有八十余座金字塔，其中最大的一座是胡夫金字塔。除了金字塔以外，狮身人面像、木乃伊也是埃及的象征。

以算筹为代表的十进位制在公元6世纪由中国传入高丽和日本。7世纪柬埔寨已有0字，比印度早250年。阿拉伯最早的十进位制，见于公元850年学者花拉子米的著作，虽然用阿拉伯数字，但其中的十进位制概念，分数的表示法以及加、减、乘、除四则运算的计算方法，和中国的筹算雷同。有学者认为，中国古代的筹算，通过丝绸之路南传柬埔寨、印度，又分两路西传东阿拉伯、西阿拉伯，促成印度—阿拉伯数字体系。

欧洲最早有十进位制的文献，是一部976年的西班牙语手稿，比中国应用十进位制，晚了2300年。

真正的十进位制只有中国古代筹算、算盘和印度—阿拉伯数字系统1、2、3、4、5、6、7、8、9、0。

0的发现

0是什么？0是一个重要的数。

首先，它是“有”、“无”之间的一个关节点。0之前意味着没有，从0起才意味着有。例如，一天的时间从0时开始，一个人的一生从0岁起算。0关联着有无，因而是一个极重要的数。许多人都以为0与其他数字是同时被认识的，其实它的发现比其他数字要晚得多。

◎早期的零

零的产生与位值制计数法有不可分割的关系。早期人们用位值制计数法的时候，遇到了空位，需要一个合适的记号，就用不同的方式来表示零。因而，最初的零是由位值制计数法产生的。

世界上较早采用位值制计数法的有巴比伦、玛雅、印度和中国等。这些地区的民族对零的产生和发展都做出过自己的贡献。

巴比伦的泥版书中记载了公元前200公元300年产生的最早的零。它只用来表示空位，其计数法是60进制的。

玛雅人是中美洲印第安人的一支，在公元前后创造了灿烂的古代文化。他们创造了一种20进位值制的计数法，其中有非常明确的零号，它形如贝壳或一只半睁的眼睛。零号可用于两数之间，也可以用于末位；它可以表示空位，也有指示各个数字位置（数位）的功能，但不能单独使用，也没有作为数进入计算。古希腊人采用字母计数法，所谓字母计数法就是按字母表的顺序，每一个字母表示一个数字。一个十分奇特的现象是，其整数是10进，1以下的分数为60进。更为奇特的是，它的整数是非位值制的，而1以下的分数却是60进位值制，这显然是受到巴比伦的影响。

古希腊的天文学家托勒密以他的地心说知名于世，在他的著作《天文学大成》中使用了60进分数。把圆周分为360度，每度60分，每分60秒。他的计法很奇特，如“41°0′18″”记为$\overline{\mu\alpha}\,o\,\overline{\tau\eta}$。他所使用的字母计数法中$\mu=40$，$\alpha=1$，$\tau=10$，$\eta=8$，字母上画横线表示它们是数，以与文字相区别。于是$\mu\alpha=41$，$\tau\eta=18$，前者放在度的位置上表示41度，后者放在秒的位置上表示18秒，表现出位值制的思路。这可以说是世界上第一次用小圈0表示零的意思。但是托勒密的小圈只用于60进分数，在整数书写时，因为不是位值制，所以不用零号，也提不出零的问题。

托勒密的小圈也用于表“空位”和指示数位，没有作为数参加运算，也没有单独使用的情况。

◎印度一阿拉伯数字

最先把零作为一个数参加运算的是印度人。他们很早就采用了十进位值制计数法。空位最先是用空格表示的，后来为了避免看不清空格，就在空格上加一小点，如用 3 · 7 表示 307。后来由小点发展为小圈 0 表示零。这一发现是在印度瓜廖尔地方的一块石碑上。上面的数字和现代的数字很相似。其纪年为公元 876 年。

印度人承认零是一个数并用它参加运算可以说是对零的发现的更为重要的贡献。在印度天文学家瓦哈哈米希拉的《五大历数全书汇编》中可以看到对零施行加、减运算；后来的数学家婆罗摩笈多对零的运算有更完整的表述，同时他还提出了零做除数的问题。

后来，印度人的零作为数参与运算的观念和零的记号经历漫长的岁月，特别是经阿拉伯人和斐波那契的工作传入欧洲，逐渐演化成现代的零的概念和印度—阿拉伯数字中的 0 号。6—8 世纪，印度梵文的“空”（即零）称为 Sunya，9 世纪译成阿拉伯文，13 世纪转成拉丁文 cifro、cephirum 或 zefirmn，以后又变成英文的 zem，法文的 z6ro。英文 cipher 也同出一源，有零的含义，后来引申为数字特别是阿拉伯数字，与其相当的德文是 ziffer，意大利文 cifra，法文 chiffre，它们的发音也相近。

中国数字中使用的零号是一个圆圈○，与印度—阿拉伯数字中长圆的零号 0 不同，虽然世界上最早使用 10 进位值制计数法的是中国人（公元前 5 世纪，筹算数字），但零的使用却较晚。在中国数字表述中，最初用空一格表示零。后来，由于我国古书缺字都用“口”表示，数字间的空位为明确起见，自然也就用这个“口”来表示。但在毛笔书时，字体常用行书，方块也就顺笔画成圆圈了，以○表示零。这最早见于金《大明历》。以后这个零就延续下来了，在汉字表示零时用○表示，而在使用阿拉伯数字的地方，当然还要使用长圆的 0 了。

广角镜

甲骨文

甲骨文是中国已发现的古代文字中时代最早、体系较为完整的文字。甲骨文主要指殷墟甲骨文，又称为“殷墟文字”、“殷契”，是殷商时代刻在龟甲兽骨上的文字。19 世纪末年，在殷代都城遗址（今河南安阳小屯）被发现。甲骨文继承了陶文的造字方法，是中国商代后期（前 14—前 11 世纪）王室用于占卜记事而刻（或写）在龟甲和兽骨上的文字。殷商灭亡周朝兴起之后，甲骨文还延绵使用了一段时期。

◎0 的数学意义

在数学中，0 不仅仅起着沟通有无的作用，它还有着更多的意义。

首先，0 是一个数学概念，在数学中它表示“一无所有”的意思。如$5-5=0$。在逻辑代数中，只有两个数字 1 和 0。用 1 表示有，0 表示无；用 1 表示肯定，0 表示否定；用 1 表示线路的打开，0 表示关闭。电子计算机所使用的二进制运算，0 是一个非常重要的角色。这里 0 表示“无”，和前面说的“从 0 起意味着有”是否矛盾呢？其实并不矛盾，意味着“有”并不是实在的“有”。用一句哲学上的话来说，0 是对“无”的“扬弃”，是对自我的否定，因此意味着“有”，并不是 0 就是“有”。

拓展思考

阿拉伯世界

阿拉伯世界西起大西洋东至阿拉伯海，北起地中海南至非洲中部，面积为 1420 多万平方公里，位于亚、非两大洲的结合部，其非洲部分占 72%，亚洲部分占 28%，具有重要的战略地理位置。阿拉伯世界有宽广的海岸线，如大西洋、地中海、阿拉伯湾、阿拉伯海、亚丁湾、红海和印度洋等水域的海岸线。该地区曾经孕育了一些著名的古代文明，如埃及古文明、巴比伦文明、腓尼基文明等。

其次，0 在位值制计数法中表示“空位”，同时也起到指示数字所在的“数位”的作用，如在现在通用的阿拉伯计数法中，302 表示十位上没有数，3 是百位上的数字，表示 300，即 $302=3\times100+0\times10+2$。

再次，0 本身是一个数，可以与其他数一同参加运算，因此要遵循若干运算规则，其中最独特的是：0 不能做除数！

最后，0 是标度或分界。如温度以 0℃ 为界分为零上零下，海拔高度以 0 米为界分为高于低于海平面。在以数轴表示实数时，这个意义的发挥更加突出：0 是一个特殊的点，从这一点起，在一条直线上以某一方向为正，而相反的方向为负。这个 0 点一经确定，就成为运算的中心，常常决定了其他各点所在的方向。

正如恩格斯指出的：“零是任何一个确定的量的否定。所以不是没有内容的。相反地，零是具有非常确定的内容的。……零不只是一个非常确定的数，而且它本身比其他一切被它所限定的数都更重要，事实上，零比其他一切数都有更丰富的内容。”

圆周率的诞生

在三国两晋南北朝时代，我国的数学科学已闪烁着耀眼的光芒，出现了历史上杰出的数学家刘徽和祖冲之。这两个不朽的人物为我国数学奠定了牢固的基础。

先说刘徽，他是三国时代魏国人。关于他的身世和生平事迹，由于资料有限，我们了解得很少。他的活动区域大致在山东半岛和江苏北部一带。

刘徽自幼熟读我国古代数学经典著作《九章算术》，在魏陈留王景元四年（263）前后，为《九章算术》作注，做了许多创造性的数学理论工作，对我国古代数学体系的形成和发展影响很大，在数学史上占有突出的地位。

刘　徽

《九章算术》体现了中国古代自先秦到东汉的数学成就。但由于当时没有发明印书的方法，这样好的书也只能靠笔来抄写。

在辗转传抄的过程中，这本书难免会出现很多的错误，加上原书中是以问题集的形式编成，文字过于简单，对解法的理论也没有科学的说明。这种状况明显地妨碍了数学科学的进一步发展。

刘徽为《九章算术》作注，在很大程度上弥补了这个重大的缺陷。在《九章算术注》中，他精辟地阐明了各种解题方法的道理，提出了简要的证明，指出个别解法的错误。

尤其可贵的是，他还做了许多创造性的工作，提出了不少远远超过原著的新理论。可以说，刘徽的数学理论工作为建立具有独特风格的我国古代数学科学的理论体系打下了坚实的基础。

刘徽在《九章算术注》中，最主要的贡献是创立了“割圆术”，为计算圆周率建立了严密的理论和完善的算法，开创了圆周率研究的新阶段。

圆周率即圆的周长和直径的比率，它是数学上的一个重要的数据，因此，推算出它的准确数值，在理论上和实践上都有重要的意义和贡献。

在世界数学史上，许多国家的数学家都曾经把圆周率作为重要研究课题，为求出它的精确数值做了很大努力。在某种意义上说，一个国家历史上圆周率精确数值的准确程度，可以衡量这个国家数学的发展情况。

《九章算术》原著中，沿用自古以来的数据，即所谓“径一周三”取$\pi=3$，这是很不精确的。到了后来，三国时期的王蕃（230—266）采用了3.1566，这虽然比“径一周三”有了进步，但仍不够精密，而且也没有理论根据。

怎样才能算出比较精密的圆周率呢？刘徽苦苦地思索着。

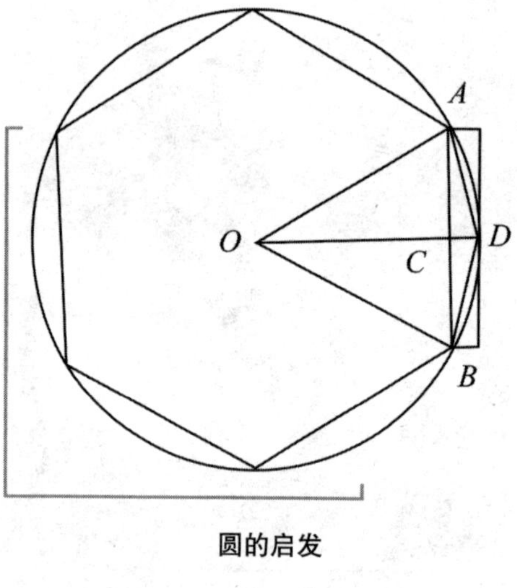

圆的启发

一天，刘徽信步走出门，去大自然呼吸新鲜的空气。在他的眼前，群山绵绵不断地伸展开去，好像数学哲理似的奥妙莫测。

刘徽的思路仿佛进入巍峨的群山中，体验大自然的不可思议的创造。刘徽抬眼望去，远处一个高耸入云的顶峰上，有一座小小的庙宇，他猜测着，数学的殿堂是不是也和这庙宇一样，风光而又曲折。

一阵叮叮当当的响声引起了刘徽的注意，他朝着响声走去，原来这是座石料加工场。这里的石匠师傅们正把方形的石头打凿成圆柱形的柱子。

刘徽颇感有趣，蹲在石匠师傅的身边认真地观看着。只见一块方石，经石匠师傅砍去四角，就变成一块八角形的石头，再去掉八角又变成十六角形，这样一凿一斧地干下去，一方形石料加工成光滑的圆柱了。

刘徽恍然大悟，马上跑回家去，认真地在地上比划着，原来方和圆是可以互相转化的。

他把一个圆周分成相等的6段，连接这些分点组成圆内正六边形，再将每一分弧二等分，又可得到圆内接正12边形，如此无穷尽地分割下去，就可得到一个与圆完全相合的正“多边形”。

刘徽由此指出，圆内接正多边形的面积小于圆面积，但“割之弥细，所失弥少。割之又割，以至于不可割，则与圆周合体，而无所失矣”。

这段话包含有初步的极限思想，思路非常明晰，为我国古代的圆周率计算确立了理论基础。

综合上面的论述，刘徽实际上建立了下面的不等式：

$S_{2n} < S < S_{2n} + (S_{2n} - S_n)$

这里S是圆面积，S_{2n}、S_n是圆内接正多边形的面积，n是边数。

刘徽使用了这个方法，从圆内接正六边形算起，边数依次加倍至正一百九十六边形的面积，得到的圆周率π的近似值是157/50，这相当于$\pi = 3.14$。

他还继续计算，直到求出了正3072边形的面积，进一步得到π的近似值是$\frac{3927}{1250}$，这相当于$\pi = 3.1416$。

3.14和3.1416这两个数据的准确程度比较高，在当时世界上是很先进的数据。

刘徽还明确地概括了正负数的加减法则，提出了多元一次方程组的计算程序，论证了求最大公约数的原理，对最小公倍数的算法也有一定的研究。

这些都是富有创造性的成果，因此可以说，刘徽通过注解《九章算术》，丰富和完善了中国古代的数学科学体系，为后世的数学发展奠定了基础。

刘徽撰写的《重差》，原是《九章算术注》的第十卷，后来单独刊行，被称为《海岛算经》。这是一部说明各种高度或距离的测量和计算方法的著作，即关于几何测量方面的著作。

有一次，刘徽和朋友们到海边去散步，刘徽抬眼望去，那是一片宁静的、碧蓝无边的海。在眼光所及的远处，海与淡蓝色的云天相连。

微风爱怜地抚摸着海的绸缎似的胸膛，太阳用自己的热烈的光线温暖着它。而海，在这些爱抚的温柔力量之下睡梦似地喘息着，使沸热的空气充满了蒸发的盐味。

淡绿的波浪跑到黄沙上来，抛掷着雪白的泡沫，吻着刘徽及朋友们的脚。刘徽心旷神怡，索性坐在沙滩上，让那微咸的海水润湿着裤脚。

这时，一个朋友指着茫茫大海中耸立着的一座孤岛问道：“谁知道小岛有多高？多远？”另一朋友想了想：“只要准备一只小船和足够的绳子，我就能量出小岛的距离和高度。”

众人哄地笑了起来，这得需要多少绳子，即使给你绳子，你也量不出小岛的距离和高度。因为绳子有伸缩性，而小岛有斜坡。再说，这办法也太笨了。

基本小知识

圆周率

圆周率，是一个在数学及物理学普遍存在的数学常数。它定义为圆形之周长与直径之比。它也等于圆形之面积与半径平方之比。是精确计算圆周长、圆面积、球体积等几何形状的关键值。它是一个无理数，即一个无限不循环小数。在日常生活中，通常都用3. 14来代表圆周率去进行近似计算，即使是工程师或物理学家要进行较精密的计算，也只取值至小数点后约20位。

这时，刘徽在一旁沉默不语，有人请他发表意见。刘徽说：“我根本不需要到小岛去，只需两根竹竿，即可量出它的高和远。”

朋友们睁大双眼愣愣地望着刘徽。刘徽见朋友不相信他，便在海滩上画出图来并给予解释。用今天数学语言来讲，是这样的：“在岸边垂直竖立两根一样长的杆子 GH 和 EF，使它们与小岛 AB 位于同一方向上，然后分别在与两杆顶 E、G 与岛尖 A 成一直线的地面 C 和 D 点作记号便可以了。”

这样一来 CF、DH、HF、EF 的长度我们都可量出来，现在来算出岛的距离 BF 和岛的高度 AB，刘徽算出的结果是：

$$AB = EF \times HF/DH - CF + EF$$

$$BF = CF \times HF/DH - CF$$

具体怎样计算，我们就不再一一赘述了，读者如有兴趣的话，不妨一试，来证明刘徽的公式。

刘徽在《九章算术注》的自序中说：“事类相类，各有攸归。故枝条虽分，而同本干者，知发其一端而已。”

刘徽的研究方法和研究成果对我国古代数学的发展产生了非常深刻的影响，为我国数学科学史增添了光辉的一页。

近年来，刘徽的《九章算术注》和《海岛算经》被翻译成许多国家的文字，向世界显示了中华民族灿烂的古代文明。

刘徽之后约200年，我国南北朝时期又出现了一位大科学家祖冲之。他认为刘徽采用割圆术只算到正三千零二边形就停止了，得出的结果还是不够准确。

如果能在刘徽正三千零二边形的基础上割之又割，做出正六千一百四十四、正一万二千二百八十八……边形，不就可以求出更精确的圆周率吗？

祖冲之不满足于前人的成就，决定攀登新的高峰。他通过长期刻苦钻研，在儿子祖暅的协助下，反复测算，终于求得了精确度更高的圆周率。《隋书·律历志》中记载了他的成就：

祖冲之

"宋末，南徐州从事史祖冲之更开密法，以圆径一亿为一丈，圆周盈数3丈1尺4寸1分5厘9毫2秒7忽（3.1415927丈），朒数3丈1尺4寸1分5厘9毫2秒6忽（3.1515926丈），正数在盈朒之间。密率：圆径113，圆周355。约率：圆径7，周23。"

从上述文字记载来看，祖冲之对圆周率贡献有三点：

（1）计算出圆周率在3.1415926到3.1415927之间，即$3.1415926<\pi<3.1415927$，在世界数学史上第一次把圆周率推算准确到小数点后7位。这在国外直到1000年后，15世纪阿拉伯数学家阿尔·卡西计算到小数16位，才打破祖冲之的纪录。

（2）祖冲之明确地指出了圆周率的上限和下限，用两个高准确度的固定数作界限，精确地说明了圆周率的大小范围，实际上已确定了误差范围，这是前所未有的。

（3）祖冲之提出约率$\frac{23}{7}$和密率$\frac{355}{113}$。这一密率值是世界上第一次提出，所以有人主张叫它"祖率"。在欧洲，德国人奥托和荷兰人安托尼兹得到这一结果，已是16世纪了。祖冲之是怎样得出这一结果的呢？他应该是从圆内接正六边形、正十二边形、正二十四边形……一直计算到正一万二千二百八十八边形和正二万四千五百七十六边形，依次求出它们的边长和面积。

这需要对有 9 位有效数字的大数进行加减乘除和开方运算，共一百多步，其中近 50 次的乘方和开方，有效数字达 17 位之多。

拓展思考

我国古代数学家祖冲之

祖冲之（429～500 年）是我国杰出的数学家、科学家。南北朝时期人，汉族人，字文远。祖籍范阳郡遒县（今河北涞水县）。为避战乱，祖冲之的祖父祖昌由河北迁至江南。祖昌曾任刘宋的“大匠卿”，掌管土木工程；祖冲之的父亲也在朝中做官。祖冲之从小接受家传的科学知识。青年时进入华林学省，从事学术活动。一生先后任过南徐州（今镇江市）从事史、公府参军、娄县（今昆山市东北）令、谒者仆射、长水校尉等官职。其主要贡献在数学、天文历法和机械三方面。

当时，数字运算还没有用纸、笔和数码，而是用落后的筹算法，即通过纵横相间的小竹棍来演算，可见祖冲之付出多么艰巨的劳动，需要具备多么严肃认真的精神。

祖冲之和他的儿子祖暅还用巧妙的方法解决了球体积的计算问题。在他们之前，《九章算术》中已经正确地解决了圆面积和圆柱体体积的计算问题。但是在这本书中，关于球体积的计算公式却是错误的。刘徽虽然在《九章算术注》中指出了这个错误，但是也未能求出球体积的计算公式。200 年后，祖冲之父子继续刘徽的工作，在我国数学史上第一次导出了正确的球体积公式。值得注意的是，祖暅在推算求证的过程中，得出了“等高处的横截面积相等，那么二个立体的体积必然相等”的结论。这一结论，我国称之为祖暅定理。

这个问题在 1000 年后才由意大利数学家卡瓦列利提出，被人称为“卡瓦列利定理”。

祖冲之父子的研究成果汇集在一部名叫《缀术》的著作中，被定为“十部算经”之一。可惜的是，到了宋朝以后，这部伟大的著作就失传了。

祖冲之的科学成就，在我国以至世界科学技术发展史上，将永远放射光芒。为了纪念这位伟大的科学家，国际上把月球背面的一个山谷命名为“祖冲之”，可见世界对祖冲之的敬仰。

康托创立集合论

早在 1638 年，意大利天文学家伽利略发现了这样一个问题：全体自然数与全体平方数，谁多谁少？不仅伽利略对此困惑不解，许多数学家也回答不了这个问题。谁又会想到，这一问题却为现代数学基础——集合论的诞生播下了种子。

知识小链接

数　论

数论的本质是对素数性质的研究。整数的基本元素是素数，所以，数论的本质是对素数性质的研究。2000 年前，欧几里得证明了有无穷个素数。既然有无穷个，就一定有一个表示所有素数的素数通项公式，或者叫素数普遍公式。它是和平面几何学同样历史悠久的学科。高斯誉之为“数学中的皇冠”。按照研究方法的难易程度来看，数论大致上可以分为初等数论和高等数论。

集合论是 19 世纪末德国数学家乔治·康托创造的。由于它深入数学的每一个角落，所以成为一切数学分支的基础。英国哲学家、数学家罗素称赞康托的发现“或许是我们这个时代可引以为自豪的最伟大的事件”。

◎勤勉的康托

乔治·康托于 1845 年 3 月 3 日出生于俄国圣彼得堡一个犹太商人的家庭。1856 年，康托全家迁往德国法兰克福。康托一生主要时光是在德国度过的。

康托有弟妹六人，他是老大。父亲从小就给他们灌输宗教方面的教育，并培养他们自信、自强和奋斗精神。父亲在给 15 岁的康托的一封信中写道：“你的父亲，或者说，你的父母以及在俄国、德国、丹麦的其他家人都在注视着你，希望你将来能成为科学地平线上升起的一颗明星。”这封信始终陪伴着康托，成为康托终生奋斗的一个动力。

年轻的康托在一所寄宿学校读书，操行评语上写着：“他的勤勉和热情堪称典范，在初等代数和三角方面成绩优异，其行为举止值得赞扬。”他是一个有很高天赋、全面发展的学生，在数学方面尤为突出。但父亲并不希望儿子献身纯粹数学，希望儿子能够学工程学。1862 年，康托上了苏黎世大学，次年又转入柏林大学学习。当时，维尔斯特拉斯、库默尔等著名数学家都在柏林大学任教。受他们的影响，康托放弃了当工程师的打算，转为研究纯粹数学。

他 22 岁时获得柏林大学数学博士学位，博士论文是关于数论方面的。他在博士论文中提出了一些奇异的观点，这在常人看来似乎有些离经叛道。他却认为，数学中提问的艺术比起解法来更为重要。后来，康托对数学独特的贡献就在于他以特殊的提问方式开辟了广阔的研究领域。

1869 年康托在哈雷大学担任助教，主要研究数论、不定方程和三角级数。

◎集合论的诞生

从古希腊时候起，对“无限”问题的研究就一直是数学家努力攻克的堡垒之一，但这一工作极其困难。比如，某种无穷多事物的计数问题，两类无穷多事物的个数的比较问题等。人们对此类问题的认识还不够深入，致使数学中有许多遗留问题未能得到彻底解决。例如实数是否可数，实数有多少，等等，在分析学中也留有不少的疑问。

到了 19 世纪下半叶，德国另一位大数学家戴德金取得了重大突破，他是对 20 世纪有极大影响的数学家。戴德金曾著文论及“无限”，认为一个系统如能和本身的一部分相似，则称为是无限的，否则是有限的。

在伽利略问题提出 200 多

拓展思考

伟大的科学家伽利略

伽利略（1564—1642 年），意大利物理学家、天文学家和哲学家，近代实验科学的先驱者。其成就包括改进望远镜和其所带来的天文观测，以及支持哥白尼的日心说。他首先提出并证明了同物质同形状的两个重量不同的物体下降速度一样快。他反对教会的陈规旧俗，由此，他晚年受到教会迫害，并被终身监禁。他被称为“近代科学之父”、“现代观测天文学之父”、“现代物理学之父”、“科学之父”及“现代科学之父”。他的工作，为牛顿的理论体系的建立奠定了基础。

年以后，1873 年康托开始了有关集合和无限等问题具有变革意义的工作。他第一次系统地研究了无穷集合的度量问题，并给出了度量集合的基本概念：一一对应，以此作为衡量集合大小的一把“尺子”。这样，如果两个集合之间能够建立一一对应的关系，就说它们的个数是相等的。康托利用自己的这一结论成功地证明了实数集合与自然数集合之间不能建立起一一对应关系，从而证明了实数集合是不可数的。这就解决了伽利略问题。

同年 12 月 7 日，他把自己这一发现写信告诉戴德金。以后，数学史家把这一天看作集合论的诞生日。

次年，29 岁的康托结婚了。在度蜜月时他碰到了戴德金，两人进行了学术交流。康托继续戴德金的想法，认识到戴德金关于无限的定义是正确的，但是无限集彼此之间也是千差万别，并不相似，应该加以区别。接着，康托就把他的这些研究成果写成《论所有实代数的集合的一个性质》一文，发表在《克列尔数学》杂志上。这是关于集合论的第一篇论文，具有开创性意义。该文详细地论说了“无限”这一问题，受到世人注目，并成为后来的势和序数理论的基础。

以后 10 年间，他继续探索并发表了一系列论文，并以《集合论基础》为题作为专著于 1883 年出版。他开始了数学一个全新领域的研究。他发展了奠基于对实无穷作数学处理的超限数理论，并创造了相似于有限数运算的超限数算术。

集合论体现现代数学思想，它以全新的手段考察数学的研究对象，既能见树木，又能看到森林。对某一类问题的研究，像蘑菇一样成堆成片地作出发现。邻域、映射、线性空间、结构、群、环、域等一系列现代数学概念，都建立在集合论的基础之上。

康托在 1882 年提出一个猜想：在可数集基数和实数集基数之间没有别的基数。直观地讲，就是实数有多少的问题，一条直线上点有多少的问题。100 年来，经过许多著名数学家的不懈努力，集合论取得了一些重大进展，而且为了解决它也找到一些著名的方法，这些方法对解决其他数学问题起了积极的作用。但是就猜想本身来说，还需要继续寻求新的数学命题或采用其他有效途径去证明。

代数学的诞生

16 世纪，比利时出现了一位数学家，名叫罗梅纽斯，深受国王的推崇，为此国民深感自豪和骄傲。于是比利时的大使向法国国王亨利四世夸口说："法国还没有一个数学家能解决我国数学家罗梅纽斯的一个关于四十五次方程的求根问题。"实际上这一问题是罗梅纽斯 1573 年在他的《数学思想》一书中提出的一道难题。这回大使就用它来向法国挑战。

对此法国国王决定在国内选取数学家，设法解决这一问题，以长国威。然而找了不少数学教授都没能找到解决的答案。国王消沉不语，如同丧权辱国一样使他深受打击。

有一天，国王亨利四世召见了韦达，让他求解这个四十五次方程。韦达看过这个方程后，便向国王说道："一个相当简单的问题，我马上就能给出正确的答案。"因为韦达看出这个方程的解是依赖于 $\sin 45\theta$ 与 $\sin\theta$ 之间的关系，所以几分钟内就求出了两个根，后来又求出了 21 个根，负根被弃去了。国王见到了答案，高兴地说道："韦达是我国乃至全世界最伟大的数学家。"接着便赏给韦达 500 法郎。

的确，韦达是法国著名的数学家，也是数学史上最杰出的数学家之一。他是文艺复兴运动的推动者。但是那时的国王主要靠神权统治国家，所以对科学的发展状况和本国学者的知名度也不太了解。关于这个四十五次方程的求根问题，韦达解决的速度如此之快，是因为他把这个方程变换了形式。他认为这个问题相当于：给定一弧所对的弦，求该弧的$\frac{1}{45}$所对应的弦。也就是等价于：用 $\sin\theta$ 表示 $\sin 45\theta$，并求出 $\sin\theta$。如果 $\chi = \sin\theta$，那么这个代数方程对 χ 就是 45 次的。韦达知道这个问题，只要把这个代数方程分成一个 5 次的方程和两个 3 次方程就行了。

不久后，韦达也开始向罗梅纽斯挑战：看谁能解阿波罗尼斯提出的"做一圆与三个给定圆（允许独立地退化成直线或点）相切的问题"。罗梅纽斯以欧几里得几何做工具没有解出，而韦达则解出了。当罗梅纽斯得知韦达的天才解法后，十分敬佩。他长途跋涉到丰特内专程拜访了韦达，从此他们结下了亲密的友谊。

韦达对数学的贡献是巨大的，他在古典数学成就的基础上确立了符号代数学，发展了代数学理论，引起代数学发生了本质的变革；他在三角学上有重要建树；他运用代数方法解决几何问题的思想闪耀着解析几何的光芒；他对分析数学也发表了重要见解，因而为高等数学的产生提供了思想条件。

你一定会想到韦达肯定接受过专门的数学教育。其实韦达对数学来说只是一个业余爱好者。

韦达于1540年出生在法国的丰特内，他的姓名叫弗兰西斯·韦埃特，韦达是其拉丁文名字。他的专业是法律，接受过专门的法律专业训练，曾任过律师、布列塔尼议会议员、那瓦尔的亨利亲王的枢密顾问官。他对天文学、数学都有浓厚的兴趣，经常利用业余时间在家学习和研究数学。

基本小知识

代 数

在古代，当算术里积累了大量的关于各种数量问题的解法后，为了寻求有系统的、更普遍的方法，以解决各种数量关系的问题，就产生了以解方程的原理为中心问题的初等代数。

代数是研究数字和文字的代数运算理论和方法，更确切的说，是研究实数和复数，以及以它们为系数的多项式的代数运算理论和方法的数学分支学科。

韦达在其政治生涯的余暇时间，研读了丢番图、塔尔塔利亚、卡尔丹诺、邦别利、斯提文等人的著作。他从这些名家，特别是从丢番图那里，获得了使用字母的想法。以前，虽然也有一些人，包括欧几里得、亚里士多德在内，曾用字母来代替特定的数，但他们这个用法不是经常的、系统的。韦达是第一个有意识地、系统地使用字母的人，他不仅用字母表示未知量和未知量的乘幂，而且用来表示一般的系数。通常他用辅音字母表示已知量，用元音字母表示未知量。他使用过现今通用的“+”号和“-”号，但没有采用一定的符号表示相等，也没有用一个符号表示相乘，这些运算是用文字来说明的。尽管如此，他的想法和尝试也是划时代的，它对代数学的国际通用语言的形成起到了极为重要的作用。

韦达认为，代数是发现真理的特别有效的工具。他看到有关量的相等或成比例问题，不管这些量是来自几何、物理或是其他方面，都有可能用代数来处理。因此，他对高次方程和代数方法论进行了不懈的研究。他为了将自己的数学成果及时公之于世，自筹资金印刷发行。

1591 年韦达出版了《分析方法入门》，这本著作是历史上第一部符号代数学。该书明确了“类的算术”和“数的算术”的区别，即代数与算术的分界线。韦达指出：“代数，即类的算术，是对事物类进行运算；而算术，是对数进行运算。”于是代数成为更带有普遍性的学问，即形式更抽象，应用更广泛的一门数学之分支。韦达这种关于符号体系的想法得到了重视与赞扬。韦达由于在确立符号代数学上的功绩，被西方称为“代数学之父”。

在法国同西班牙的战争中，西班牙依仗着密码在法国境内秘密地自由通讯，使法国部队连连败退。韦达在亨利四世的请求下，借助数学知识，成功地破译了一份西班牙的数百字的密码，从而使法国只用两年工夫就打败了西班牙。韦达在这次战争中，显示了他的才能，效忠了祖国。但是，西班牙国王菲力普二世向教皇控告说，法国在对付他的国家时采用了魔术。西班牙宗教裁判所，以韦达背叛上帝的罪名对他缺席判决，处以焚烧致死的极刑。宗教的横蛮行径，未能实现。韦达于 1603 年 12 月 13 日在巴黎逝世，时年 63 岁。

韦达去世 12 年后，他生前写成的《论方程的整理与修正》一书出版。这部著作为方程论的发展树起了一个重要的里程碑。在这部著作中，韦达把五次以内的多项式系数表示成其根的对称函数；提出了四个定理，这些定理清楚地说明了方程的根与其各项系数之间的关系——韦达定理；为一元三次方程、四次方程提供了可靠的解法，为后来利用高等函数求解高次代数方程开辟了新的道路。

趣味点击 有趣的数字诗

一片二片三四片，五片六片七八片。

九片十片无数片，飞入梅中都不见。

这是宋代林和靖写的一首雪梅诗，全诗用表示雪花片数的数量词写成。读后就好像身临雪境，飞下的雪片由少到多，飞入梅林，就难分是雪花还是梅花。

此外，韦达利用欧几里得

《几何原本》第一个提出了无穷等比级数的求和公式，还发现了正切定律、正弦差的公式、钝角球面三角形的余弦定理等。韦达运用代数法分析几何问题的思想，正是笛卡儿解析几何思想的出发点。笛卡儿曾说自己是继承韦达的事业。

遗憾的是韦达的著作在他在世时传播不够广泛。1646 年，荷兰数学家范·施库腾等人把韦达的全部著作整理成《韦达文集》出版，对数学的发展起到了巨大的推动作用。

数学归纳法的诞生

我们经常会遇到涉及全体自然数的命题，对待这种问题，如果要否定它，你只要能举出一个反例即可。如果要证明它，由于自然数有无限多个，若是一个接一个地验证下去，那永远也做不完。怎么办？数学家想出了一种非常重要的数学方法来解决这类问题，那就是数学归纳法。数学归纳法在数学中有着广泛的应用，它是沟通有限和无限的桥梁。

◎ 欧几里得的开端

实际上，人们很早就遇到了无限集合的问题，而当时具体的推导或计算都只是针对有限对象，实施有限次论证。怎样在具体的推导或计算中把握无限的难题，这很早就摆在数学家面前了。

最先是古希腊数学家欧几里得在他的《几何原本》中采用了近似于数学归纳法的思想。该书第 9 卷第 20 命题是：“素数比任何给定的一批素数都多。”

欧几里得在证明这一命题时采用了独特的“几何”方式，他把数视为线段：设有素数 a、b、c，另设 $d=a\cdot b\cdot c+1$，则 d 或是素数或不是素数。如果 d 是素数，则 d 是与 a、b、c 三者都不同的素数。如 d 不是素数，则它必有素因数 e，并且 e 与 a、b、c 都不同，所以一定有比给定的素数更多的素数。

这一证明里隐含了：若有 n 个素数，就必然存在 $n+1$ 个素数，因而自然推出素数有无限多个。这是一种试图用有限推导把握无限的做法。虽然它不是很完善，但由于它隐含着这个命题，人们还是普遍接受了它。这可以说是数学归纳法思想产生的早期，是人们沟通有限和无限的一种初步的尝试。

◎ 帕斯卡的工作

欧几里得之后，似乎是由于数学的发展长期没有进一步提出涉及无限集合的问题，所以在漫长的18个世纪中没有人在这个问题上前进一步。直到16世纪，一位意大利数学家毛罗利科在他的《算术》一书中明确地提出了一个“递归推理”原则，并提出了一个例子：

“证明 $1+3+5+\cdots+(2k-1)=k^2$ 对任何自然数都成立。”他用这一例子来说明这一原则的应用。不过他并没有对这一原则作出清晰的表述，所作的证明也仅限于对 $k=2$、3、4 时进行的计算。他仍像欧几里得那样，隐含地表示出原则的必要性。但由于他第一次正式提出这一原则，并以例子说明，所以人们认为毛罗利科是第一个正式应用数学归纳法的人。

明确而清晰地阐述并使用了数学归纳法的是法国数学家、物理学家帕斯卡。帕斯卡发现了一种后来被称为“帕斯卡三角形”的数表，即二项展开式系数表，中国称为“贾宪三角形”（是宋代贾宪于公元11世纪最先发现的）。而帕斯卡在研究证明这个算术三角形命题时，最先准确而清晰地指出了证明过程所必须且只需的两个步骤，他称为第一条引理和第二条引理。

基本小知识

同类项

所含字母相同，并且相同字母的次数也分别相同的项叫作同类项。像4y与5y，100ab与14ab这样，所含字母相同，并且相同字母的次项的指数也相同的项叫作同类项，所有常数项都是同类项。多项式中的同类项可以合并，叫作合并同类项，合并同类项的法则是：同类项的系数相加，所得的结果作为系数，字母和字母的指数不变。

第一条引理该命题对于第一个数（即 $n=1$）成立，这是很显然的。

第二条引理如果该命题对任一数（对任一 n）成立，它必对其下一数（对 $n+1$）也成立。由此可见，该命题必定对所有 n 值都成立。

接着，他用这两个引理证明了计算 $G_n{}'$ 的公式，用现代记法为：$G_n{}'=n!/r!(n-r)!$ 这是用数学归纳法证明的第一个数学命题。

帕斯卡的证明方法正是现在的数学归纳法，他所提出的两个引理就是数学归纳法的两个步骤，他在1654年写出的著作《论算术三角形》中作了详尽的论述。因此，在数学史上，人们认为帕斯卡是数学归纳法的创建人。

◎归纳法的完善

由于帕斯卡的时代尚没有建立表示自然数的符号，所以帕斯卡证明的第二步仍然只能以例子来陈述。

1686年，瑞士数学家J. 伯努利提出了表示任意自然数的符号，在他的《猜度术》一书中，给出并使用了现代形式的数学归纳法。

这样，数学归纳法开始得到世人的承认并得到数学界日益广泛的应用。后来，英国数学家德·摩根给定了“数学归纳法”的名称。1889年，意大利数学家皮亚诺建立自然数的公理体系时，把数学归纳法作为自然数的公理之一（称为递归公理或数学归纳法公理）确立起来。这才为数学归纳法奠定了坚实的理论基础。

那么数学归纳法与人们通常说的逻辑学中的“归纳法”有什么关系呢？对这一问题曾有过数学归纳法是归纳方法还是演绎方法的争论。这主要缘于“数学归纳法”的名称有误，实际上，它应称为“递归方法”或“递推方法”，是一种“从n过渡到$n+l$”的证明方法，与逻辑学中的归纳法没有什么关系。严格地说，它倒属于演绎方法：递归公理是它的一个大前提。

◎以有限把握无限

数学归纳法中的递推思想在我们的生活实践中经常会遇到。比如家族的姓氏，我们知道通常按父系姓氏遗传，即下一代的姓氏随上一代父亲的姓确定，并且知道了有个家族第一代姓李，只要明确了这两点，我们就可以得出结论：这个家族世世代代都姓李。再比如，把许多砖块按一定的间隔距离竖立起来，假定将其中任何一块推倒都可以波及下一块砖倒掉，这时你如果推倒了第一块砖，后面无论有多少块砖，肯定全部会倒掉。

这两个事例告诉我们这样一个道理：在证明一个包含无限多个对象的问题时，不需要也不可能逐个验证下去，只要能明确肯定两点：一是问题所指的头一个对象成立，二是假定某一个对象成立时，则它的下一个也必然成立，这两条合起来就足以证明原问题。数学归纳法就是在这个简单道理的基础上抽象而成的。它的现代表述是：证明关于自然数n的命题$P(n)$，只要：一证

明 P（1）为真；二假设 P（k）为真，则 P（$k+1$）为真。两项都得到证明，则 P（n）为真。

知识小链接

素数

质数又称素数。指在一个大于1的自然数中，除了1和此整数自身外，没法被其他自然数整除的数。即只有两个正因数（1和自己）的自然数为素数。比1大但不是素数的数称为合数。1和0既非素数也非合数。合数是由若干个质数相乘而得到的。所以，质数是合数的基础，没有质数就没有合数。这也说明了质数在数论中有着重要地位。

依赖于自然数的命题在数学中普遍存在，用数学归纳法证明这类命题，两步缺一不可：第一步叫奠基，是基础；第二步叫归纳，实际上是证明某种递推关系的存在。这是以有限来把握无限，通过有限次的操作来证明关于无限集合的某些命题。

数学界把数学归纳法视为沟通有限和无限的桥梁。假如没有这个桥梁，很难想象人类如何认识无限集合问题，数学的发展也将会大打折扣。所以，数学家非常重视并经常使用它，正是这座桥梁使人类通向了认识的彼岸。

数学皇冠上的明珠

18 世纪的德国，有一位年过半百的中年人，在看起来并没有什么特别的数字里，竟发现了一个秘密，提出了一个似乎很简单的猜测，可这一猜想令后人折腾好几百年，仍一筹莫展。这是他从未料到的像神话般的一个真实的科学故事。

◎公使提出的难题

18 世纪普鲁士有一位法律系毕业的大学生，名叫哥德巴赫。1725 年他来到俄国，出众的才华使他成为圣彼得堡科学院院士并兼任秘书，1742 年，被德国任命为常驻莫斯科外交公使。哥德巴赫办公之余，爱思考数学问题。有一天他对“奇数 + 奇数 = 偶数”这一数字规律细细推敲，发现其中似乎还存在另一个奥妙：

奇素数 + 奇素数 = 偶数

他验算了许多偶数都是对的。于是，他大胆地产生了一个奇想：“任何一个不小于 6 的偶数都可以表示成两个素数之和。”在此基础上，他还发现：“每一个不小于 9 的奇数都可以写成三个奇素数的和。”

他的“异想天开”对不对？他不能证明。1742 年 6 月 7 日，52 岁的公使先生写信给在俄国圣彼得堡工作的世界著名的瑞士数学家欧拉，告诉他发现的这一奥秘，并希望数学大师给出证明。

同年 6 月 30 日，欧拉在给他的回信中说：“任何不小于 6 的偶数都是两个奇素数之和，虽然我还不能证明它，但我确信无疑地认为这是完全正确的结论。”显然，公使先生信中的第二个问题可以从第一个问题推出，但从第二个问题却推不出第一个问题。因此，人们把第一个问题叫作“哥德巴赫猜想”，把第二个问题叫作猜想的推论。

基本小知识

奇　数

在整数中，能被 2 整除的数是偶数，不能被 2 整除的数是奇数。奇数包括正奇数、负奇数。两个连续整数中必有一个奇数和一个偶数；奇数跟奇数的和是偶数；偶数跟奇数的和是奇数；两个奇数的差是偶数；一个偶数与一个奇数的差是奇数；若 a、b 为整数，则 $a+b$ 与 $a-b$ 有相同的奇偶性，即 $a+b$ 与 $a-b$ 同为奇数或同为偶数。

欧拉是当时首屈一指的数学家，解决了许多难题，然而面对这一看似简单的猜想，竟也感到为难，直到去世时都没能证明，这引起了大家的注意。在以后的 200 多年里，无数数学家和数学爱好者试图证明这一猜想，可无人能完成。他们的心血都被这一猜想所吞没。

公元 1900 年，德国著名的哥廷根大学教授希尔伯特在巴黎召开的第二届国际数学家会议上，提出了震动数学界的 23 个世界数学难题，其中第八个问题就是哥德巴赫猜想。他把这一猜想比作数学皇冠上一颗美丽的宝石，希望有人能摘取它。不少数学家做了很多验证工作，他们检查过3300万以内的全部偶数，发觉猜想都是对的，但是，偶数是无穷无尽的，验证不能代替证明。他们还是悲观地认为，这是“现代数学家所力不能及的”。

兰道是把从正面进攻改为从侧面攀登，逐步接近猜想，在数学上叫做“弱型哥德巴赫问题”。证明时，C越小越好，特别当不小于6的偶数时，若证明了C=2就证明了猜想成立。这是一个更诱惑人的命题，于是人们开始冥思苦想，寻找C=2的另一条路子了。

1937年，苏联数论大师维诺格拉多夫应用英国人创造的“圆法”与他自己创造的“三角和法”，证明了猜想的推论：“充分大的奇数可以表示为三个素数之和”是正确的。由此推出每一个充分大的正整数都是四个素数之和。”换句话说：当正整数为充分大的偶数时，$C \leqslant 4$；当正整数为充分大的奇数时，$C \leqslant 3$。

1938年，我国著名数学家华罗庚证明了“几乎全体偶整数都能表示成两个素数之和”，也就是说，哥德巴赫猜想几乎对所有偶数都成立，被誉为“华氏定理”。

证明的喜讯不断传来以后，曾有人认为从维诺格拉多夫的“四个素数”到哥德巴赫猜想的“两个素数”只有两步之遥了，谁知这两步的腿迈出60多年，还没有着地。

◎另辟蹊径冲刺“1+1”

人们从各个角度设法攻克哥德巴赫猜想，一些人从各种推论设法证明，另一些人寻找反例否定，还有一些人另辟蹊径，采用古老的“筛法”努力去攀登。

我们知道，任何一个偶数总可以表示成两个正整数的和，这两个正整数可能是素数，也可能不是素数。但我们可以把其中不是素数的正整数分解为素因子，并用代号简记为“1+1”、“1+2”、“2+3”等。“1+1”表示两个素数的和；“1+2”表示一个素数加上两个素因子的乘积。于是，哥德巴赫猜想就变成命题“1+1”，即充分大的偶数可以表示成两个素数的和。

数学家通常把这种逐步逼近猜想的方法叫做“因子哥德巴赫问题”或叫“殆素数之和”。向“1+1”进军的号角从1920年吹响了，世界各国一些数学家像奥林匹克运动会上的健儿，不断刷新着世界纪录。

1920年，挪威数学家布朗用筛法证明了“每一个大偶数是两个素因子都不超过 9 个的素数之和”，即“9 + 9”；1924 年，拉德马哈尔证明了“7 + 7”；1932 年，爱斯斯尔曼证明了“6 + 6”；1938 年，布赫斯塔勃证明了“5 + 5”，1946 年又证明了“4 + 4”；1956 年，维诺格拉多夫证明了“3 + 3”；1958 年，我国数学家王元证明了“2 + 3”。

1948 年，匈牙利数学家兰易用一种新的方法证明了“1 + 6”；1962 年，我国数学家潘承洞证明了“1 + 5”，同年，王元、潘承洞又证明了“1 + 4”；1965 年，布赫斯塔勃、维诺格拉多夫和数学家庞皮艾黎都证明了“1 + 3”；而最新的纪录是我国数学家陈景润证明的“1 + 2”。

◎移动群山的人

陈景润是福州市人，1950 年考入厦门大学数学系，毕业后当了几年数学教师。1957 年，经华罗庚推荐调到中国科学院数学研究所。在华罗庚教授等老一辈数学家的精心指导下，陈景润投入数学研究中，取得了一个又一个令人瞩目的成果。

他在福州英华中学读高二的时候，从曾在清华大学教过书的沈元老师那里听到了哥德巴赫猜想扣人心弦的故事，从此暗下决心，长大后要去摘取这颗“皇冠上的明珠”。

1963 年开始，他用自己的全部精力，向“1 + 1”的顶点冲击。他不分节假日，苦读寒窗夜，挑灯黎明前，殚精竭虑，探测精蕴，进行了大量的手工运算，一心一意搞这道难题的研究，搞得他发呆了。有一次自己撞在树上，还问是谁撞了他。他为证明这道难题，付出了很高的代价，磨秃了一支又一支笔；演算草稿纸已经装满了几麻袋，然而，新的草稿纸又铺满了他的斗室；数字、符号、引理、公式、推理积在楼

拓展思考

著名数学家哥德巴赫

哥德巴赫（1690—1764 年）是德国数学家，出生于哥尼斯堡（现名加里宁格勒）。曾在英国牛津大学学习，原学法学，由于在欧洲各国访问期间结识了贝努利家族，所以对数学研究产生了兴趣，曾担任中学教师。1725 年到俄国，同年被选为圣彼得堡科学院院士，1725 ~1740 年担任圣彼得堡科学院会议秘书，1742 年移居莫斯科，并在俄国外交部任职。曾提出著名的哥德巴赫猜想。

板上有1米厚。他的肺结核病加重了，喉头炎严重，咳嗽不停；腹胀、腹痛，难以忍受，有时已人事不知了，却还记挂着数字和符号。他在抽象的思维高原，缓慢地向陡峭的巉岩攀登；不管是善意的误会，还是无知的嘲讽，他都不屑一顾，未予理睬。他没有时间来分辩，宁可含垢忍辱。

功夫不负有心人，经过三年的苦心耕耘，终于在1966年5月，他写出了厚达200多页心织笔耕的长篇论文，以他羸弱的身躯、执著的追求，向全世界宣布他证明了“1+2”，这一成功距“1+1”只有一步距离。

陈景润领先世界的成果，轰动全世界。

英国数学家哈勃斯丹和德国数学家李希特合著《筛法》一书原有10章，付印后才见到陈景润“1+2”的论文，立即要求暂不付印，特为之添写了第11章，章目为“陈氏定理”，并在序言中评价说：“这是一个相当好的成就”，是运用筛法的“光辉顶点”。一个英国数学家在给他的信里还说：“你移动了群山。”

二百六七十年过去了，哥德巴赫猜想仍未得到最终的证明。数学家预言，这颗皇冠上璀璨的明珠在21世纪有望被人摘取。

微积分的创立

1870年，马克思52岁寿辰时，朋友库格曼送给他两块当年莱布尼茨用过的壁毯。马克思非常喜欢，把它悬挂在自己的工作室里。马克思在那年5月10日给恩格斯的信里特意谈到这件事，并且写道：“我已把这两样东西挂在我的工作室里。你知道，我是佩服莱布尼茨的。”可见莱布尼茨是个了不起的人物。

的确，莱布尼茨是德国百科全书式的天才。他不仅是微积分的创始人之一，而且是数理逻辑、计算机理论及控制论的先驱。他既是一位大名鼎鼎的数学家，也是一位才华横溢的博学巨人。

莱布尼茨于1646年6月21日出生在德国东部的莱比锡城。他是哲学教授的儿子，然而这位教授父亲在他6岁那年就过早地离开了人世。如果说他的父亲对他后来成为伟大的科学家有影响，那也只能说他父亲为他提供了饱览丰富藏书的条件。

莱布尼茨8岁时进入学校学习，幼年起学习运用多种语言表达思想，促进了他童年思维的超常发展。15 岁时考入莱比锡大学，开始对数学产生兴趣。17 岁时在耶拿大学学习了一段时间的数学，受到数学家特雷维和魏格尔的指导和影响。1666 年，他转入纽伦堡的阿尔特道夫大学。这年他发表了第一篇数学论文《论组合的艺术》，显示了莱布尼茨的数学才华。这篇论文，正是近代数学分支——数理逻辑的先声，后来他成为数理逻辑的创始人。

莱布尼茨

大学毕业后，莱布尼茨获得法学博士学位，谢绝了教授职位的聘约，投身外交界。1672 年 3 月莱布尼茨作为大使出访法国巴黎，为期四年。在那里他深受法国少年早慧的数学家帕斯卡事迹的鼓舞，立下决心：钻研高等数学。他在巴黎结识了荷兰数学家惠更斯，并在惠更斯的指导下，利用业余时间钻研了笛卡儿、费尔马、帕斯卡等人的原著，为他后来步入数学王国的殿堂打下了重要的基础。

1673 年，莱布尼茨在英国伦敦将 1642 年帕斯卡发明的简单计算器进行了改造，制成了能进行加、减、乘、除、开方的计算机，因此被选为英国伦敦皇家学会会员。1676 年，他到汉诺威，在不伦兹维克公爵府任法律顾问兼图书馆馆长。他博览群书，涉猎百科，独立创立了微积分的基本概念与算法，同英国牛顿并蒂双辉共同奠定了微积分学的基础。1693 年，他发现了机械能（动能和位能）的能量守恒定律。到 19 世纪中叶，这条定律被推广到所有能的形式中。1700 年，他被选为巴黎科学院院士。他说服了普鲁士国王弗里德里希一世建立柏林科学家协会，并出任第一任会长。这一协会即为皇家科学院，它可与伦敦的皇家学会和巴黎的皇家科学院相媲美。

莱布尼茨生活的时代，正是欧洲科学技术飞速发展的时期。随着生产力的提高及社会各方面的迫切需要，经过各国科学家的努力与历史的积累，建立在函数与极限概念基础上的微积分理论应运而生。1665—1666 年，牛顿在英国创立了微积分（流数术），1671 年写成他的巨著《自然哲学之数学原理》，1671 年写了论文《流数术和无穷级数法》，1687 年出版了他的巨著。

1673—1676 年，莱布尼茨也独立地创立了微积分，1684 年在《学术学报》上首先发表了微分法的论文，“一种求极大极小和切线的新方法，它也适用于分式和无理量，以及这种新方法的奇妙类型的计算”。1686 年，他又发表了最早的积分法的论文《潜在的几何与分析不可分和无限》，他把微积分称为“无穷小算法”。因此，在科学的发展道路上，关于微积分创立的优先权问题，曾发生过一场争论激烈的公案。

基本小知识

开 方

开方，指求一个数的方根的运算，为乘方的逆运算。16 的 4 次方根有 2 和 −2。一个数的 2 次方根称为平方根；3 次方根称为立方根。各次方根统称为方根。求一个指定的数的方根的运算称为开方。一个数有多少个方根，这个问题既与数的所在范围有关，也与方根的次数有关。在实数范围内，任一实数的奇数次方根有且仅有一个，例如 8 的 3 次方根为 2，−8 的 3 次方根为 −2；0 的任何次方根都是 0。

事情是这样的，1676 年，牛顿在写给莱布尼茨的信中，宣布了他的二项式定理，提出了根据流的方程求流数的问题。但在交换的信件中，牛顿却隐瞒了确定极大值和极小值的方法以及做切线的方法等。而莱布尼茨在给牛顿的回信中写道，他也发现了一种同样的方法，并诉说了他的方法，这个方法与牛顿的方法几乎没有什么两样。二者的区别是：牛顿主要是在力学研究的基础上，运用几何方法研究微积分的；莱布尼茨主要是在研究曲线和切线的面积问题上，运用分析学方法引进微积分概念、得出运算法则。牛顿是在微积分的应用上更多地结合了运动学，造诣较莱布尼茨高一筹，但莱布尼茨的表达式采用的数学符号却又远远优于牛顿，既简洁又准确地揭示出微分、积分的实质，强有力地推进了高等数学的发展。

莱布尼茨在 1675 年以后，陆续创立的微积分符号有：dx 表示微分，即为拉丁“differentia”的第一个字母，意思是“分细”；dy/dx 表示导数；dnx 表示 n 阶微分；∫ 表示积分，即为拉丁文“Summa”的第一个字母“s”的拉长变形，意思是“求和”。他创立的这些符号，为数学语言的规范化和独立化起到了极为重要的推动作用，正像印度—阿拉伯数码促进了算术与代数发展一样，它推进了微积分学的发展。

然而，莱布尼茨却因微积分发现的优先权问题，蒙受了长期的冤屈。1699 年，瑞士数学家法蒂奥德迪利在寄给皇家学会的一篇文章中提出，莱布尼茨的思想获自牛顿。尽管这时牛顿参与争论，也给莱布尼茨的声誉带来了很大的影响。牛津的实验物理学讲师，后来成为萨维尔天文学教授的凯尔，指控莱布尼茨是剽窃者。为此，莱布尼茨参与了这场争论，使英国人对他不满，直到 1716 年 11 月 14 日，在莱布尼茨汉诺威默默地离开人世的时候，皇室竟不闻不问，教士们也借口说莱布尼茨是“无信仰者”而不予理睬。

趣味点击　巧用数字的对联

明代书画家徐文长，一天邀请几位朋友荡游西湖。结果一位朋友迟到，徐文长作一上联，罚他对出下联。徐文长的上联是：一叶孤舟，坐了二三个游客，启用四桨五帆，经过六滩七湾，历尽八颠九簸，可叹十分来迟。

迟到友人的下联是：十年寒窗，进了九八家书院，抛却七情六欲，苦读五经四书，考了三番两次，今日一定要中。

在科学真理面前，莱布尼茨永远是强者。英国皇家学会为牛顿和莱布尼茨发现微积分的优先权问题专门成立了评判委员会，经过长时间的调查，在《通讯》上宣布牛顿的“流数术”和莱布尼茨的“无穷小算法”只是名词不同，实质是一回事，肯定了莱布尼茨的微积分也是独立发现的。

莱布尼茨的数学业绩，除了微积分，还涉及高等数学的许多领域。争论、诬陷没有使他减弱对科学真理的追求。1678 年前他就开始对线性方程组进行研究，1693 年他在给洛必达的信中提出三条相异直线：

$$10+11x+12y=0$$

$$20+21x+22y=0$$

$$30+31x+32y=0$$

共点的条件是：

$10\cdot21\cdot32+11\cdot22\cdot30+12\cdot20\cdot31=10\cdot22\cdot31+11\cdot20\cdot32+12\cdot21\cdot30$。

如用现代通用的符号即：

$$a_1b_2c_3+a_2b_3c_1+a_3b_1c_2-a_1b_3c_2-a_2b_1c_3-a_3b_2c_1=0$$

这正好是三阶行列式的展开式。它是西方数学史上行列式的最早起源。

此外，莱布尼茨还提出了使用“函数”一词，首次引进了“常量”、“变量”和“参变量”，确立了“坐标”、“纵坐标”的名称。他对变分法的建立及在微分方程、微分几何、某些特殊曲线（如悬链曲线）的研究上都作出了重大贡献。

数理统计学的诞生

当你漫步在森林公园或在水库边领略自然风光的时候，你是否知道森林中的树有多少棵，水库里到底有多少条鱼？这些都无法具体去数，具体去量。而当我们必须知道某一无法具体测量的事物的量时，就可以用一种可行的数学方法来计算，那就是数理统计。

从一个总体中抽取样本，将收集来的样本数据加以整理，并从中得出认识总体的结论，这是科学研究工作和日常生活中屡见不鲜的手段。数理统计是现代数学中一个非常活跃的分支，它在20世纪获得巨大的发展和迅速普及，被认为是数学史上值得提及的大事。然而它是如何产生的呢？

◎随着生物学发展而产生的数学方法

莱尔根据各个地层中的化石种类和现仍在海洋中生活的种类做出百分率，然后定出更新世、上新世、中新世、始新世的名称，并于1830—1833年出版了三卷《地质学原理》。这些地质学中的名称沿用至今，可是他使用的类似于现在数理统计的方法却没有引起人们的重视。

生物学家达尔文关于进化论的工作主要是生物统计。他在乘坐“贝格尔”号军舰到美洲的旅途上带着莱尔的上述著作，二者看来不无关系。

从数学上对生物统计进行研究的第一人是英国统计学家皮尔逊。他曾在伦敦大学学院学习，然后去德国学物理，1881年在剑桥大学获得学士学位，1882年任伦敦大学应用数学力学教授。

1891年，他和剑桥大学的动物学家讨论达尔文自然选择理论，发现他们在区分物种时用的数据有“好”和“比较好”的说法。于是皮尔逊便开始潜心研究数据的分布理论，他借鉴前人的做法，并大胆创新，其研究成果见诸著作《机遇的法则》，其中提出了“概率”和“相关”的概念。接着又提出“标准差”、“正态曲线”、“平均变差”、“均方根误差”等一系列数理统计的基本术语。这些文章都发表在进化论的杂志上。

直至1901年，他创办了杂志《生物统计学》，使得数理统计有了自己的阵地。这可以说是数学在进入20世纪时最初的重大收获之一。

◎学科奠基者——费歇尔

数理统计作为一个进一步完善的数学学科的奠基者是英国人费歇尔。他1909年进入剑桥大学，攻读数学物理专业，三年后毕业。毕业后，他曾去投资办工厂，又到加拿大农场管过杂务，也当过中学教员。1919年，他开始对生物统计学产生浓厚的兴趣，而后参加罗萨姆斯泰德试验站的工作，并致力于数理统计在农业科学和遗传学中的应用研究。

年轻的费歇尔主要的研究工作是用数学将样本的分布给以严格的确定。在一般人看来枯燥乏味的数学，常能带给研究者极大的慰藉。费歇尔热衷于数理统计的研究工作，后来的理论研究成果有：数据信息的测量、压缩数据而不减少信息、对一个模型的参数估计等。

最使科学家称赞的工作则是试验设计，它将一切科学试验从某一个侧面“科学化”了，不知节省了多少人力和物力，提高了若干倍的工效。

费歇尔培养了一个学派，其中有专长纯数学的，有专长应用数学的。在20世纪30—50年代，费歇尔是统计学的中心人物。1959年费歇尔退休后在澳大利亚度过了最后三年。

◎源自战争需要的统计思想

英国是数理统计的发源地和研究中心，但从第二次世界大战开始，美国也发展得很快。

在战争中，人们要研究飞机上某种投弹装置的效果。如果用数学分析的方法要列出连续向矩形阵地靶子投三颗炸弹的方程，不仅方程难列，计算也相当复杂，然而实际获得的结果又很少。如果使用若干统计数据，综合投弹的概率模型，就很容易得出许多重要的信息。因此，数学研究方法的改变伴随统计方法的运用而产生。美国在第二次世界大战中，就有三个统计研究组在投弹问题上进行了九项研究。

1943 年，被称为“30 年来最有威力的统计思想”——序贯分析出现了。序贯分析是数理统计学科中最占优势的领域之一，它是由于军事上的需要而产生的。

1942 年底，美国科学研究发展局首脑韦弗给哥伦比亚大学应用数学研究组一项任务，要求对在海军中服务的斯凯勒的一项简化公式作出评价。这项公式来自英国，用来求出敌机一次射击恰巧击中并引爆飞机携带炸弹的概率。

哥伦比亚小组中的沃利斯和保尔森认为斯凯勒的公式不大好，提出了一个更简单的公式。斯凯勒认为这个公式虽好，但为了达到精密度需要很大的样本，而且需要实弹试验。这种好几千项的实弹试验实在太浪费了。

能不能设想出一条原则，当试验达到一定精密度时会自动停止，节约一些呢？

1943 年春天，沃利斯仍然没有办法。于是他们请来了数理统计专家沃尔德帮助研究这一问题。

沃尔德第一天没有表态，他把自己关在屋子里苦思冥想，时而列表、时而计算、时而做图、时而做模拟试验，终于在第二天宣布他已经有办法了。这就是序贯分析法。

序贯分析的创始人沃尔德是罗马尼亚出生的犹太人，先后就读于克卢日大学和奥地利的维也纳大学。在那里门杰指导他学了一些统计学和经济学。1938 年德寇侵战奥地利，沃尔德被送进集中营。不久，美国设法把他营救出来，并让他移居美国。

基本小知识

分析法

通过对事物原因或结果的周密分析，从而证明论点的正确性、合理性的论证方法。也称为因果分析。从求证的不等式出发，“由果索因”，逆向逐步找这个不等式成立需要具备的充分条件。事物都有自己的原因和结果，从结果来找原因，或从原因推导结果，就是找出事物产生、发展的来龙去脉和规律，这就起到了证明论点的合理性和正确性的作用。

沃尔德用他以前学得的经济和统计学知识在大经济学家摩根斯顿那里工作。沃尔德以前是研究纯粹数学的，到美国才转搞统计。在第二次世界大战期间，他首创序贯分析法与决策函数理论，开创统计学的新局面。

1950 年沃尔德因飞机失事不幸在印度遇难，当时只有 48 岁。他从事统计研究工作也只有 12 年。

序贯分析法在战后获得巨大发展。沃尔德的决策函数理论也赢得了广泛的赞誉。人们把他看作 20 世纪最杰出的统计学家之一。

◎引人注目的广泛应用

近几十年来，数理统计的广泛应用是非常引人注目的。在社会科学中，选举人对政府的意见调查、民意测验、经济价值的评估、产品销路的预测、犯罪案件的侦破等，都有数理统计的功劳。

在自然科学、军事科学、工农业生产、医疗卫生等领域，没有一个门类能离开数理统计。

具体地说，与人们生活有关的如某种食品营养价值高低的调查；通过用户对家用电器性能指标及使用情况的调查，得到全国某种家用电器的上榜品牌排名情况；一种药品对某种疾病的治疗效果的观察评价等都是利用数理统计方法来实现的。

飞机、舰艇、卫星、电脑及其他精密仪器的制造需要成千上万个零部件来完成，而这些零件的寿命长短、性能好坏均要用数理统计的方法进行检验才能获得。

在经济领域，从某种商品未来销售情况的预测到某个城市整个商业销售的预测，甚至整个国家国民经济状况预测及发展计划的制订都要用到数理统计知识。

数理统计用处之大不胜枚举。可以这么说，现代人的生活、科学的发展都离不开数理统计。从某种意义上来讲，数理统计在一个国家中的应用程度标志着这个国家的科学水平。

难怪在谈到数理统计的应用时，有人称赞它的用途像水银落地一样无孔不入，这恐怕并非言过其实。

几何改革出新路

几何，其严密的逻辑推理使人信服，其精巧的思维方法令人陶醉。它以其独特的魅力吸引着众多的数学爱好者。两千多年以来，一直统治几何学的传统证题方法，在当代计算机参与下受到了挑战，从而使几何证题又出现了一条新路。

◎ 机械证明的创立

利用机械进行运算的想法，最早可以追溯到中国古代数学。中国古算以算法为中心，注重计算技术的提高，与古希腊及其延续的数学公理化和演绎推理的传统迥然不同。从实际问题出发，建立算法的机械化一直是古代中国数学研究的传统，也是中国数学家所努力的方向和孜孜以求的目标。成书于公元前1世纪的数学名著《九章算术》，是中国算法机械化的光辉典范。

《九章算术》中解决问题的方法，不是公理化的演绎法，而是按照一定的程序运算获得结果，算法化、程序化很强，即使求解几何问题也是如此。17世纪中叶，笛卡儿有过类似的思想，可惜他的设想未能实现。

近代的机器证明思想由莱布尼茨首先提出。他设想过数学领域的推理机器，并认识到这一计划的重要性。但是，莱布尼茨并没有能实际地去实现自己的计划。到了19世纪末，希尔伯特等创立并发展了数理逻辑，为定理证明机械化提供了一个强有力的工具，使这一设想有了明确的数学形式。

20世纪40年代，电子计算机的出现才使前人设想的实现有了现实可能性。到50年代，机器证明开始兴起为一个数学领域。人们试图把人证明定理的过程，通过一套符号体系加以形式化，变成一系列在计算机上自动实现的符号计算过程。数学家们首先从最古老而不太复杂的欧氏几何开刀。

我们知道，欧氏几何学中的许多性质、定理，通过观察图形或实验并不难了解，但要给出严格的证明，有时就非常困难。数学家和计算机专家瞄准这一崭新领域开始进军了。根据计算机高速运算能力和程序化过程，对几何命题的逻辑关系进行连接。1950年波兰数理逻辑学家塔斯基断言一切初等几何和初等代数范围内的命题，都可以用机械化方法判断其真伪，这使人们很受鼓舞。1956 年，美国人纽厄尔、西蒙和肖乌等人通过研究证明定理的心理过程，建立了机器证明的启发式搜索法，编制了一个“逻辑理论机”程序，用计算机成功地证明了 38 条定理。这一年被看作历史上计算机证明以至于人工智能研究的开端。1959 年，美国洛克菲勒大学数理逻辑学家王浩教授设计了一个用计算机证明定理的程序，计算机只用了 9 分钟，就证明了 350 多条并不简单的定理。

1975 年以后，数学家创立新理论，开创新方法，开始了计算机证明世界数学难题。1976 年 6 月，美国数学家阿佩尔和哈肯等人用高速计算机工作了 1200 小时，向全世界宣布证明了困扰数学界百余年的“四色猜想”难题，轰动世界，震撼全球，从中初步摸索了一些规律和途径。

◎ 中国人的骄傲

1976 年，中国科学院院士、中国科学院系统科学研究所研究员吴文俊教授，已经在拓扑学、几何学、数学史方面做出了卓越成就以后，开始了从事数学机械化尖端科学的研究。他发现《九章算术》的许多数学题都可以编成程序用计算机解答。在此基础上，他分析了法国数学家笛卡儿的数学思想，又深入探讨希尔伯特《几何基础》一书隐藏的构造性思想，开拓了机械化数学的崭新领域。

他的思路是把几何问题转变为代数问题，再按程序消去约束元或降低约束元的次数，使问题得到解决。

拓展思考

逻辑思维的特点

逻辑思维，是人们在认识过程中借助于概念、判断、推理等思维形式能动地反映客观现实的理性认识过程，又称理论思维。它是作为对认识着的思维及其结构以及起作用的规律的分析而产生和发展起来的。只有经过逻辑思维，人们才能达到对具体对象本质规定的把握，进而认识客观世界。它是人的认识的高级阶段，即理性认识阶段。

按照这一思路，他编写了一种新程序，然后在一台档次很低的计算机上，几秒钟就证明了像西孟孙线那样不简单的定理，并陆续证明了 100 多条几何定理。他的算法被誉为“吴氏方法”。数学家周咸青应用吴氏方法也证明了

600 多条定理。这一新方法引起了科学界的高度关注。1978 年初，吴文俊又把他的方法推广到高深数学分支——微分几何定理机械化的证明，走出完全是中国人自己开拓的新数学道路。

在几何定理机械证明取得重大成功之后，20 世纪 80 年代，吴教授把研究重点转移到数学机械化的核心问题——方程求解上来，又取得了重大成功。这时，他不仅建立数学机械化证明的基础，而且扩张成广泛的数学机械化纲领，解决一系列理论及实际问题。他把机器定理证明的范围推广到非欧几何、仿射几何、圆几何、线几何、球几何等领域。他的成果在国际上产生了很大反响。

◎ 消点法震惊了世界

数学命题种类繁多，不可能所有的数学命题都能一下子得到解决，于是有不少科学家研究更新的证明方法。

1991 年，中国科学院成都计算机应用研究所研究员张景中及杨路等人发明了“L 类几何定理证明器”，它可以在一台简单的电脑上判断命题的正误，也是用代数方法进行论证的。这些方法还不尽如人意，计算机只能判断命题的真假，并且计算过程很复杂，人们难以检验其是否正确。1992 年 5 月，张景中、周咸青和周小山在面积方法的基础上发明了“消点法”，编成了世界上第一个“几何定理可读证明的自动生成”软件。“消点法”把证明与作图联系起来，把几何推理与代数演算联系起来，使几何解题的逻辑性更强了。运用这一方法在微机上可以证明很多几何定理，并通过屏幕显示出证明的过程。这在当时是世界上最新、最好的几何定理证明软件。他们在电脑上证明了 600 多条较难的平面几何与立体几何定理。专家认为，这种证明方法，大多数是简捷而易理解的，甚至比数学家给的证明还要简短、实用。

“消点法”震惊了世界，它使机械证明定理上了一个新台阶。但是，“消点法”还不是证明几何题的通法，它主要是解决与面积有关的一些命题，而像几何作图、几何不等式、添加辅助线等问题尚未取得令人满意的成果。因此，“消点法”还不是机器证明几何定理的终点，这一问题有待于进一步探讨。

用电脑证明几何题，使几何学改变了从古希腊到现在一直沿用逻辑推证的传统方法，把用逻辑思维才能获得定性化结论的问题，转化成通过计算能解决的定量化问题。实现了程序化、机械化，从而降低了几何学的难度。这不仅使几何学在电子信息社会获得新发展有了可能，而且有利于解决几何与其他数学难题，将会使几何学对人类社会发展的贡献越来越大。

物 理 篇

物理学是研究物质世界最基本的结构、最普遍的相互作用、最一般的运动规律及所使用的实验手段和思维方法的自然科学，简称物理。

物理学是人们对无生命自然界中物质转变的知识做出规律性的总结。这种运动和转变有两种。一是早期人们通过感官视觉的延伸，二是近代人们通过发明创造供观察测量用的科学仪器、实验得出的结果，间接认识物质内部组成基础。物理学从研究角度及观点不同，可分为微观与宏观两部分。

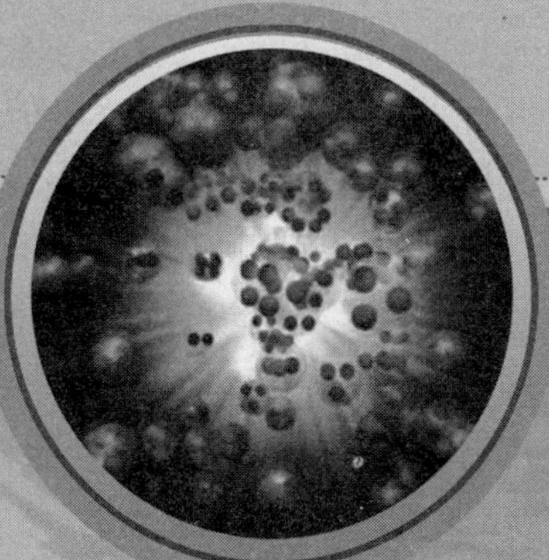

阿基米德浮体原理

公元前287年，阿基米德出生于古希腊西西里岛东南端的叙拉古城。当时古希腊的辉煌文化已经逐渐衰退，经济、文化中心逐渐转移到埃及的亚历山大城；但是另一方面，意大利半岛上新兴的罗马帝国，也正不断地扩张势力；北非也有新的国家迦太基兴起。阿基米德就是生长在这种新旧势力交替的时代，而叙拉古城也就成为许多势力的角力场所。

基本小知识

浮 力

浸在液体或气体里的物体受到液体或气体向上托的力叫做浮力。漂浮于流体（液体或气体）表面或浸没于流体之中的物体，受到各方向流体静压力的向上合力。其大小等于被物体排开流体的重力。在液体内，不同深度处的压强不同。物体上、下面浸没在液体中的深度不同，物体下部受到液体向上的压强较大，压力也较大，可以证明，浮力等于物体所受液体向上、向下的压力之差。例如石块的重力大于其同体积水的重量，则下沉到水底。浮木或船体的重力等于其浸入水中部分所排开的水重，所以浮于水面。

阿基米德的父亲是天文学家和数学家，所以受家庭影响，他从小就十分喜爱数学。大概在他9岁时，父亲送他到埃及的亚历山大城念书，亚历山大城是当时世界的知识、文化中心，学者云集，举凡文学、数学、天文学、医学的研究都很发达。阿基米德在这里跟随许多著名的数学家学习，包括几何学大师欧几里得，这奠定了他日后从事科学研究的基础。在他众多的发现当中，阿基米德原理是最为重要的发现。这还要从下面的故事讲起……

国王请金匠打造了一顶纯金王冠，做好了以后，国王怀疑金匠不老实，可能造假掺了“银”在里面，但是又不能把王冠毁坏来鉴定。怎样才能检验王冠是不是纯金的呢？于是国王把这个伤脑筋的问题交给了阿基米德。可是阿基米德想了好久，一直没有好方法。

有一天，他在洗澡的时候发现，当他坐进浴盆里时有许多水溢出来，这使得他想到了：

“溢出来的水的体积正好应该等于他身体的体积，所以只要拿与王冠等重量的金子放到水里，测出它的体积，看看它的体积是否与王冠的体积相同。如果王冠体积更大，这就表示其中造了假，掺了银。”

阿基米德想到这里，不禁高兴地从浴盆跳了出来，光着身体就跑了出去，还边跑边喊：“尤里卡！尤里卡！（我发现了）”

果然经过证明之后，王冠中确实含有其他杂质，阿基米德成功地揭穿了金匠的诡计，国王对他当然是更加地信服了。但实际上，因为王冠至少有头那么大，所用的容器也必然比王冠大，而金匠掺银的前提是不会使王冠颜色发生显著改变，所以也不会掺太多银，王冠比金块多出的体积也不会太多，所以即使王冠比金块多出的体积使水面上升，也不会十分显著，以阿基米德时代的测量技术，很难比较出王冠与金块的体积差异，即使有差异，也不能排除是实验中误差所致。一个更可能的方案是：阿基米德把王冠与金块放在天平两头，将天平置于有水的浴缸中，哪端更轻，则哪端体积更大。最终发现王冠体积更大。

你知道吗

为什么可以用吸管喝汽水

在嘴还没有从管内吸气时，管内外液面是相平的。这时，管内外液面上的气体压强相等；在嘴从管内吸气时，管内气体减少，管内液面上的压强也减少，这时管子内液面上的气体压强小于管外作用的液面上的大气压。所以说，这个现象的原因是大气压作用的结果。喝汽水时，首先要将管子插入汽水里，当嘴吸气里，管内便有一部分气体被吸进嘴里，造成了管内剩余气体体积变大，压强变小，且小于管外的大气压，因而在管外大气压的作用下，汽水便沿管子上升，被吸进嘴里。

后来阿基米德将这个发现进一步总结出浮力理论，并写在他的《浮体论》著作里，也就是：物体在流体中所受的浮力，等于物体所排开的流体的重量。阿基米德为流体静力学建立了基本的原理。而这一原理也被称为阿基米德浮体原理（或直接称为阿基米德原理）。

“磁力”的发现

1601 年的一天，英国伦敦女王卧室里的帷幔掀开了，从里面走出了一个年过五十的中年男子。他头戴黑色高帽，身穿黑色服装，系着黑色披肩。在一个小桌前面他停住了脚步，往自己的背包里放了点东西，然后对紧随其后从帷幔里走出来的女王说道：

“陛下圣体已见康复，愿主永赐大英女王健康！”

他说完，躬身行了个宫礼，女王挥了挥手，他又行了个宫礼后便走了出去。

看这个人的穿着打扮很像当时的医生。是的，他正是英国伊丽莎白女王一世的私人医生——英国物理学家威廉·吉尔伯特。

吉尔伯特于 1544 年 5 月 24 日出生于英国科尔切斯特城。他父亲是首席法官和市议会的议员。由于家庭条件较优越，他的学习生活比较顺利。

吉尔伯特

吉尔伯特在故乡读完了中学后，1558 年 5 月入剑桥的约翰专科学校学习，相继获得了科学学士、艺术硕士学衔，1569 年又取得医学博士学位。同时他被接纳为剑桥科学协会的会员。

不久，他动身去欧洲大陆旅行，在欧洲获得物理学博士称号。

无论是在旅途中，还是在英国本土，吉尔伯特始终致力于医学实践，并取得了巨大的成就，赢得了较高的声望。1573 年，他被选为英国皇家学会会员，并担负了许多要职，1600 年当选为该学会会长。由于他医学成就卓著、名传四海，1601 年被任命为伊丽莎白女王一世的私人医生。

吉尔伯特离开女王伊丽莎白后，伊丽莎白独自一人，沉思不语。她对自己的医生很满意。女王心想："他的确医术很高明，果真是名不虚传。用他做私人医生真是再好不过的人选了！"然而女王觉查到，医生并不满意自己身处宫廷的生活。的确，吉尔伯特没有白得年俸100镑的薪水，他工作认真尽职，但却从不参加上流社会的活动。由于某种原因他总是躲避交际场合，他的大部分时间都是在他的住宅里度过的，那是宫廷拨给他作为女王私人医生的专用宅邸。有人说吉尔伯特在他的宅邸里进行某种神秘的试验，使女王疑惑不解。女性的好奇与女王的尊严在伊丽莎白的内心深处斗争着、矛盾着，于是她坐立不安。假如派人监视，看他如何度过空闲时间，结果将会怎样呢？她知道，这样做不太好，还是自己亲行为佳。

于是，她击了一掌，吩咐走进来的宫女："请赛斯尔勋爵立刻前来见我。"

宫女行完礼走了出去。赛斯尔·威廉·伯利勋爵似乎早就在门外恭候，立刻走了进来。他是国务秘书，也是女王信赖的顾问。

"早安，陛下。"赛斯尔行礼问候。他很关心女王的健康，当他听说最近几天来一直折磨着伊丽莎白的背痛已经好了之后，顿时表现出安稳的神态。

知识小链接

静　电

静电，是一种处于静止状态的电荷。在干燥和多风的秋天，在日常生活中，人们常常会碰到这种现象：晚上脱衣服睡觉时，黑暗中常听到噼啪的声响，而且伴有蓝光；见面握手时，手指刚一接触到对方，会突然感到指尖针刺般刺痛，令人大惊失色；早上起来梳头时，头发会经常"飘"起来，越理越乱；拉门把手、开水龙头时都会"触电"，时常发出"啪、啪"的声响。这就是发生在人体的静电。

"是的，我的好友吉尔伯特治好了我的病。"伊丽莎白说道，"但是，身为英国女王，我一定要注意本国的臣民，拯救他们的灵魂，关心他们的生活与敬神方式。"她的声音里突然间出现了一种庄严的语调。

赛斯尔勋爵听罢疑惑不解，感到心神不安，刚想问女王有什么旨意，可是话音还没有吐出唇外，伊丽莎白又说道："您去通知吉尔伯特大夫，今天下午，我想看看他在家里都干些什么。告诉他，我亲自去看他。"

"陛下，我担心……"赛斯尔勋爵本想加以劝阻，但是，女王的决心已经下定了。

“去吧!”她简单地命令道，“不要忘了，今天下午您陪我去。”

不错，吉尔伯特在家里确实做着神秘的实验。

吉尔伯特除医学实践之外，还积极地进行自然科学研究。在电学与磁学现象的独创研究上取得了巨大的成就。他发现并仔细地描述了用天然磁石（磁铁矿石）摩擦铁棒，使铁棒磁化的方法。他又发现被磁化的金属丝处在向地球磁极方向偏转的位置上，如果铁在磁化之前经过锻造，这个效果就更强了。

他是一个出色的铁匠，而且还掌握了不少其他手工艺。这些条件使他能在崭新的实验基础上研究磁力现象。例如，他发现铁在被烧得通红的情况下，其磁性就消失了。

电磁场

电磁场是有内在联系、相互依存的电场和磁场的统一体和总称。随时间变化的电场产生磁场，随时间变化的磁场产生电场，两者互为因果，形成电磁场。电磁场可由变速运动的带电粒子引起，也可由强弱变化的电流引起，不论原因如何，电磁场总是以光速向四周传播，形成电磁波。

吉尔伯特善于继承和发展前人的实验工作，经过自己实验得到了大量磁力现象，建立了重要的理论体系。他曾按照马里古特的方法，制成球状磁石，并在其上画出子午线，同时证明了表面不规则的磁石其磁子午线也是不规则的。马里古特是 13 世纪的物理学家，他曾对磁石进行过大量的实验，后来诺曼在 1581 年出版的《新奇的吸引力》一书也记叙了他的大量有关磁现象的实验。诺曼曾发明过罗盘，发现过磁倾角，实验测定过磁力不具有重量，还得出过磁力只是一种定向力而不是运动力的结论。吉尔伯特还证明了诺曼发现的磁倾角的存在。

吉尔伯特研究过地球磁场。为了进行这项研究，他使用了特殊的、自制的指南针，并得出了结论，认为地球本身就是一个大磁体，其磁极就在地极附近。

应该指出的是，吉尔伯特认为最强的磁体是罕见的、珍贵的天然磁铁，这一点是他在磁学研究中的宝贵贡献。他从事过各种电效应的研究，并发现不仅是琥珀，而且还有许多其他东西都可以摩擦生电。吉尔伯特在广泛的实验工作和理论研究的基础上，结出了丰硕的成果——《论磁体》。该著作共6卷，于1600年出版。它为电磁学的产生和发展奠定了重要基础，因而吉尔伯特被后人誉为“磁学之父”。

前面谈过，女王已派人到吉尔伯特宅邸送了圣旨：“下午女王要来亲临视察。”上午9时半吉尔伯特接到圣旨。

吉尔伯特如同往常一样，又到“赫姆普希尔双头羊”酒馆里同朋友们坐在一起，吃酒、用饭、畅谈科学中的许多问题。

吃过午饭，这群人坐在一起开始聊了起来。他们对吉尔伯特的实验都很关心。吉尔伯特是个快乐而真诚的人，他有许多朋友，其中有些人在当时颇有名气。其中有一位正与其他人亲切谈话的就是知名的航海家和旅行家弗朗西斯·德雷克，另一位就是托马斯·卡文迪什。

从前，在吉尔伯特家里经常举行这样的聚会，然而自他担任女王的私人医生以后，他不得不搬进宅邸，他们只能偶尔在某个小酒馆里聚会一下。

吉尔伯特击掌请大家安静。

“我的朋友们，”他半庄重半戏谑地说道，“最后，我向你们讲一讲关于我所得到的最大荣耀。”

朋友们你一句，我一句，顿时响起了喧哗的声音，其中一位笑着问道：

“什么荣耀，你的为人已是十分令人敬佩了。”

大家哄堂大笑。

吉尔伯特做了个让大家安静下来的手势。

“今天我接到了通知，午饭后大英女王要亲临视察，观看我的试验室。”

于是，震耳的喧笑声重新又传了出来。

“仁慈的女王伊丽莎白万岁！”

“这可要庆祝一番！”有人喊了起来，“哎，老板，请再把酒拿来！”

这天下午，吉尔伯特的实验室里，不像往常那样寂静和凄凉，一些最显贵的人物都聚集在这里。伊丽莎白女王在桌旁上座就坐，宫女们和贵族随员们簇拥在她身后。与吉尔伯特站在一起的是赛斯尔勋爵，为使视察进行得顺利，他负责安排好一切。

“这是磁体和琥珀。”吉尔伯特转身对女王说，“它们之所以享有盛名和光荣，是因为许多学者提过它们的名字。借助于它们，有些哲学家解释了各种秘密。好学不倦的神学家们在解释人类感情里的宗教秘密时，同样也常常依赖于磁体和琥珀。”

伊丽莎白女王是个非常笃信上帝的人，不高兴吉尔伯特过于大胆地涉及这个题目。因此，当吉尔伯特提到神学家时，她的脸色顿时发生了变化。

可是吉尔伯特并没有看到这一情景，继续说道：

“而以伽林为首的医生们，就曾用磁体来解释过泻药的作用。但是，他们并不了解磁力现象的原因和所观察到的琥珀现象有根本的区别，而把这两种现象称为引力。他们虽然将这些现象进行了比较，但他们却始终迷惑不解。这就使他们进而再犯错误。”

吉尔伯特拿起一块琥珀，接着说下去。

“琥珀在希腊语里是埃列克特伦，经过毛皮的擦拭，它就开始吸引细小的草枝和干果皮。”

说罢，他立即将刚才所说的现象向来宾做了表演。

“我发现不仅琥珀有这种特性，许多宝石、硫磺、玻璃，甚至火漆也都具有这种特性。”

吉尔伯特拿起一根玻璃棒，将它擦了几下，于是干草枝和果皮屑都顺从地从桌子上蹦到了玻璃棒上。

来宾看到这奇异的现象，不由得鼓起掌来。显然，他们都在期待看别的奇迹！只有女王对此试验的兴趣不大，指着桌子上的手稿，要求吉尔伯特念给她听。

“德玛格耐特，玛格耐提西斯克……”吉尔伯特开始读起来，但女王打断了他的话。

“得了吧，亲爱的吉尔伯特！拉丁语并不使我感到悦耳，你最好还是用我们古老的、中听的英语给我讲讲吧。”

当吉尔伯特接下来讲述他的实验时，女王则回忆起了往事……

在议院首次会议之前，她曾颁布过指令，要求在祈祷仪式中只能讲英语以代替拉丁语。同时，她还带领臣民们用英语祈祷。她制定了新教教会的教规，而她本人则是新教的首领。

是的，正是因为这个原因，在吉尔伯特解释他的试验的时候，来宾们都兴奋异常，而女王却默不作声。

吉尔伯特结束了演讲后，躬身行礼。来宾们都纷纷准备退席。可女王伊丽莎白却在椅子上一动不动地又坐了好一会儿。

“您知道吧，亲爱的吉尔伯特！”她沉思着说道，“您这本书如果是用拉丁文来写，那反倒更好。我觉得没有必要让更多的人来了解这一切事情……”

当然，吉尔伯特通过实验驳斥了许多迷信的说法，动摇了神权的统治，女王不会赞同的。可是，由于他医学水平较高，女王也只好对他的创举默然不语。

吉尔伯特终生独身，但是他与科学却结成终身伴侣。他除了研究医学、化学和磁学以外，还研究了天文学，并置身于第一批以新的、革命的观点来宣传地球和天体运动的英国科学家之列。他在宇宙结构的问题上，详尽阐述了大胆的见解，他接受了哥白尼的观点，是英国教会认为第一个接受哥白尼观点的“异端分子”。他认为，星球与地球之间的距离在不断的变化中。假如在吉尔伯特时代的2000年以前，毕达哥拉斯虚构的天球最终被证明是不存在的话，那么，首先推测出什么力量使行星保持在它们的轨道上的是吉尔伯特。他认为使行星保持在其轨道上的力量是一种磁性引力。

1603年3月，伊丽莎白女王一世死后，吉尔伯特又成为詹姆斯一世的私人医生，可是为时不久，9个月后，即1603年12月10日，这位学者在科尔切斯特城因染鼠疫而暴卒。

吉尔伯特在临终之时，将自己的私人图书馆、地球仪、仪器和矿石标本全部遗赠给皇家医学学会的一所医科大学，遗憾的是后来在一场大火中，这些遗产全被烧毁。

“场”的提出

“场”这个概念在今天已经被大家所熟悉。电场、磁场、引力场……有物质存在就有场，场是同实物不同的另一种物质，可以相互转化。然而，场是怎样发现的呢？

磁　场

19世纪中叶以前，电力、磁力和引力都被认为是超距作用：两物质之间没有传递物，不需要时间作用就可以完成传递。牛顿等科学家都不能解释和说明超距作用。他们曾设想过一种叫作“以太”的介质，但“以太”也让人捉摸不定，说不清楚。法拉第从实验观测中对超距作用持怀疑态度，认为电力和磁力不能凭空传递。但介质到底是什么样子呢?

基本小知识

电磁场

有内在联系、相互依存的电场和磁场的统一体的总称。随时间变化的电场产生磁场,随时间变化的磁场产生电场,两者互为因果,形成电磁场。电磁场可由变速运动的带电粒子引起,也可由强弱变化的电流引起,不论原因如何,电磁场总是以光速向四周传播,形成电磁波。电磁场是电磁作用的媒递物,具有能量和动量,是物质存在的一种形式。

1845 年,法拉第把一块玻璃放在电磁铁的两极之间,用一束偏振光沿着磁力作用的方向透过玻璃,发现光线振动面偏转,并且偏转角度同磁力强度正相关,这叫磁致旋光效应。

法拉第换用一根玻璃棒放在磁铁两极间做相同实验时,却发现玻璃棒停在同磁力垂直的方向,不能进入磁极间,表现出对磁力的反抗作用。他又进一步用铜棒、木块,甚至面包和牛排等进行实验,也都表现出抗磁性。磁致旋光效应和反磁体的发现,使法拉第心中渴望已久的击破超距作用观念的证据出现了。这就是“磁力线”。

为了从实验中证明磁力线概念,法拉第把铁粉撒在磁铁周围,铁粉立刻呈现有规则的曲线排列,从一个磁极到另一个磁极,连续不断。磁力线被直观地证明了。磁力线越密的地方,磁的强度也

你知道吗

跳高运动员为什么要助跑

跳高运动员能腾起越过横杆,靠的是助跑的惯性力和起跳蹬地的支撑反作用力。由于惯性力的方向是水平向前的,而支撑反作用力是垂直(或近似垂直)向上的,所以起跳后的身体重心沿着一个抛物线轨迹运动。这个抛物线轨迹的高度,取决于起跳时腾起初速度和腾起角的大小,也就是说,腾起初速度和腾起角是增加跳高高度的关键。一般说来,应该尽可能增大这两项数值。腾起初速度越大,跳得就越高。当腾起角一定时,腾起初速度是起决定作用的。

越大。电感应的大小是由导线截割磁力线数目的多少决定的。法拉第进一步把布满磁力线的空间称作磁场，磁力通过磁场传递，由此开始了场物理学的历史。这一事实又一次证明了实验对推动理论发展的重要意义。

马德堡半球实验

1654 年的一天，天空晴朗，万里无云。德国马德堡市的中心广场显得格外引人瞩目。人们议论纷纷，奔走相告，熙熙攘攘的人群涌向中心广场。原来这里正要进行一个有趣的实验，即“马拉铜球”实验。在场的观众数

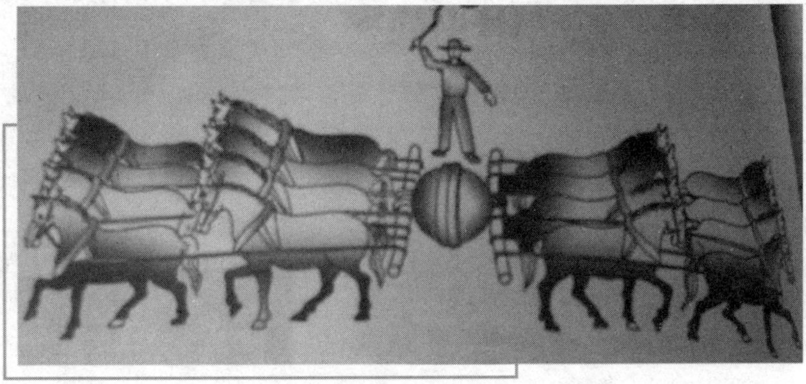

马德堡半球实验

不胜数，不仅有知名的贵族、热心科学研究的学者、平民百姓，而且国王也亲临现场。在他们当中，既有支持实验、希望实验取得成功的人；也有怀疑和反对实验的人。议论、争论、吵吵嚷嚷，这个露天实验场上显得十分热闹。在广场的中央位置站着一位中年男子，正在向观众宣讲：“大气压力是普遍存在的……”他就是著名的德国物理学家、马德堡市市长奥托·格里克。

实验开始了，格里克和他的助手先在两个精心制作的直径为 14 英寸(35.7 厘米）的半球壳中间垫上橡皮圈，再把两个半球灌满了水合在一起，然后把水全部抽出使球内形成真空，再把气嘴上的龙头拧死，这时周围的大气把两个半球紧紧地压在一起。

一系列工作做完后，格里克一挥手，4 名马夫牵来 8 匹高头大马，在球的

两边各拴上4匹。然后，格里克一声令下，4名马夫用皮鞭猛抽两边的马。无奈马的力量太小，两个半球仍然紧紧地合拢在一起。这时在场的观众无不感到惊奇，广场上肃静起来，一双双带有疑惑的眼睛都注视在这8匹马拉这2个半球上来。格里克见到8匹马没有拉开合拢在一起的2个半球，又命令马夫牵来8匹高头大马，一边增加4匹马。这样，在16匹马的猛拉下，两个半球才勉强被拉开。在两半球分开的一刹那，外面的空气以巨大的力量、极快的速度冲进球内，实验场上发出了震耳的巨响。

基本小知识

大气压力

大气压力是地球表面覆盖有一层厚厚的由空气组成的大气层。在大气层中的物体，都要受到空气分子撞击产生的压力。也可以认为，大气压力是大气层中的物体受大气层自身重力产生的作用于物体上的压力。

由于地心引力作用，距地球表面近的地方，地球吸引力大，空气分子的密集程度高，撞击到物体表面的频率高，由此产生的大气压力就大。距地球表面远的地方，地球吸引力小，空气分子的密集程度低，撞击到物体表面的频率也低，由此产生的大气压力就小。因此在地球上不同高度的大气压力是不同的，位置越高大气压力越小。

在场的人们无不为这科学的力量而惊叹。在大家为市长的实验成功而欢呼时，格里克当众对实验作了解释：大气的压力是普遍存在的，人们之所以感觉不到它的存在，是作用在人体上的大气压力相互抵消的缘故。两个半球不易被马拉开，是因为球内的空气抽出以后，球里就没有空气的压力了，而球外两面的大气压就像两只大手，把两半球紧紧地压在一起。这个压力是相当大的。最后，市长高声说道："请大家相信吧，大气压力是普遍存在的！"

格里克的马德堡半球实验，是物理学史上的一次著名的实验，它为人们确信大气压力的存在做出了杰出的贡献，推动了物理学的发展。

这位市长能够成功地完成这一重大实验，决不是一时心血来潮，是他长期钻研科学的结果。格里克1602年11月20日生于德国的马德堡市。他从小就喜欢看书，读书的范围也很广泛。他看书有个特点，凡是看到比较重要的地方，就停下来合上书本，想一想，然后再继续看下去，这使他养成了独立思考问题的习惯。他很注重实践，从不迷信书本。他对伽利略的注重实验、尊重事实的科学态度十分赞赏，并自觉地把他作为自己从事科学研究的楷模。

中学毕业后，格里克先在莱比锡大学学习。1621 年，他转到耶拿大学攻读法律。1623 年，他到莱顿大学学习数学和力学。他博览群书，知识广博，对天文学、物理学、数学、法律学、哲学和工程学等多种学科都有较深的造诣。

1631 年，他参军后，在军队中担任军械工程师，工作很出色。离开军队后，他开始投身政界。1646 年，他被市民选举为马德堡市市长。不管在军队还是在政界，他都没有停止对科学的探索。

这一时期，抽水机已在工农业生产上得到了广泛的应用。但当时还不知道为什么抽水机只能把水升到大约 10 米的高度，再深一点它就无能为力了。由于采矿业发展较快，人们急需把较深矿坑中的水抽上来，于是矿主纷纷聘请最好的技师来改进抽水机。但不管技师多么高明，抽水机也始终不能把超过 10 米深的矿坑中的水抽到地面上来。

为此许多技师都曾集中精力苦心研究设法解决这一难题，但他们大都把注意力集中在改进抽水机装置上，力求在技术上有所突破。经过长时间的努力，问题还没有解决。当他们已到了山穷水尽的地步时，不得不向当时最著名的大物理学家伽利略请教。遗憾的是，这时伽利略已经年迈，双目失明，还受着宗教势力的迫害，他已不能深入地研究这一问题。1642 年，惨遭罗马教皇迫害的伽利略饮恨身亡后，在科学同神学斗争面前，伽利略的学生托里拆利挺身而出，开始着手研究这个问题，坚决地对宗教神学进行了挑战。

拓展阅读

熟鸡蛋遇冷水容易剥壳

我们知道，大多数物质都有“热胀冷缩”这一物理特性。但是，各种物质的伸缩程度又各不相同。鸡蛋是由于硬的蛋壳和软的蛋白、蛋黄组成的，它们的伸缩情况也不一样。在温度变化不大或温度变化均匀时，还显不出什么，但一到温度剧烈变化时，蛋白和蛋壳的步调就不一致了，当煮得滚热的鸡蛋骤然浸到冷水里时，冷水使它的温度发生很大的变化。这就形成了蛋白与蛋黄的脱离。因此，剥起来就不会连蛋壳带肉一起下来了。

托里拆利在研究这个问题时，用玻璃管代替不透明的金属圆管；用水银代替水做了许多实验。他发现，水银在玻璃管内上升的高度仅是水上升高度的$\frac{1}{14}$左右，而玻璃管内水银的上方就是真空。1643 年，托里拆利通过实验终于解决了这一难题。抽水机只能把水吸到大约 10 米的高度而不能再升高的根本原因，是普遍存在着的大气压力。

托里拆利虽然发现了存在着大气压力，但由于2000 多年来，亚里士多德“自然害怕真空”的谬论在当时的科学技术界影响很大，因而许多人都不肯相信大气压的存在。这样，“大气压力是否存在?”在当时引起了激烈的争论。有的人认为有，有的人认为没有。针锋相对，互不相让，由于争论的双方都没有充分的证据，因而谁也不肯相信对方。

科学的新发现在其诞生之时就是这样争论不休，哥白尼的“日心说”，如果没有后人的一些科学发现去证明，神幻的“地心说”就不会破灭，科学就很难从神学中解放出来。因此说，托里拆利发现大气压力为科学的发展树起了一块丰碑，同样格里克证明了大气压力的普遍存在，在科学的发展中也起到了极为重要的作用。

格里克认真地研究了托里拆利的实验，确信大气压力是普遍存在的。在做马德堡半球实验之前，他曾做过一些有关的实验。例如：他曾将密封好的木桶中的空气抽走，结果木桶被大气“炸”碎（实际是压碎)。后来，他用薄铜片做了一个球壳，也将其中的空气抽走，结果这个薄球壳同样被大气压扁了。这些实验为马德堡半球实验做了准备，使他对实验的成功充满了信心。

为了消除人们对“大气压力普遍存在”的怀疑，作为马德堡市市长的格里克经过精心设计，私人破费4000 英镑，在马德堡市进行了这次著名的“马拉铜球”实验，以令人信服的实验证明了大气压力的存在。这个实验由于是在马德堡市进行的，所以被称为“马德堡半球实验”。

此外，格里克在物理学的其他领域也取得了许多杰出的成就。例如，在1650 年，他发明了空气泵，成功地产生了部分真空。他还从实验中得出光能通过真空而声音不能通过真空的结论。

格里克在任马德堡市市长和勃兰登堡地方官期间，很重视科学研究工作。他除身体力行，自己积极从事科研外，还大力支持和资助其他人从事这方面的工作，大大地推动了这两个地区的科学事业。作为一位市长，能在科学上取得如此辉煌的成就，确实是难能可贵的。

1686 年 5 月，格里克在汉堡去世。但是，他的科学实验却永远在马德堡，在勃兰登堡，在德国，在全世界被传为佳话。他对科学的贡献将永远载入科学史册。

自由落体定律的发现

人类认识自然规律必须经过反复观察、实验和理性思维，只有把观察到的实验事实和理性思维相结合，才能透过自然现象的表面，达到对本质的真正把握。自由落体运动定律的发现就充分说明了这一点。

◎亚里士多德的权威

亚里士多德是古希腊一位伟大的思想家、哲学家和科学家，他对物体下落运动的规律曾经提出一种独特的学说。

重物坠地、烟气升腾是日常生活中司空见惯的自然现象，亚里士多德从表面现象的观察出发，认为重物竖直下落和轻物竖直上升的运动都是自然运动。那么，为什么会发生这种运动呢？亚里士多德认为，重物的天然位置在地心，轻物的天然位置在天空，所有的物体都有向着天然位置运动的倾向，所以，重物下坠，烟气升腾。亚里士多德根据他的这个理论指出，物体越重，下坠的倾向越大，下落得也就越快；物体越轻，下坠的倾向性越小，下落得也就越慢。物体下落的快慢和它的重量成正比。

显然，亚里士多德的这个论断是不正确的。然而在古代，由于亚里士多德的巨大声望，大家都把他看作是绝对权威，谁也不敢怀疑亚里士多德的话是错误的。所以在将近2000年的漫长岁月里，人们一直把亚里士多德的论断当作真理。直至16世纪，这个论断才被意大利物理学家伽利略推翻，这才有了比萨斜塔实验的故事。

◎比萨斜塔的落体实验

比萨斜塔是举世闻名的奇观之一，它坐落于意大利比萨城大教堂前面的广场上，塔高约55米，为八层罗马式建筑，全部用白色大理石砌成，外部还饰以美丽的彩色大理石。比萨斜塔从1174年建造开始一直在不断倾斜，至今斜塔的塔顶已超出基边线5.3米左右。伽利略做落体实验时就把比萨斜塔选作理想的实验场地。

据说1590年的一天，26岁的伽利略来到比萨斜塔的七层阳台上，将一个约4.5千克重的石块和约0.45千克重的小石块同时放下，结果两石块同时落地。

基本小知识

重 力

物体受到地球引力场的力叫作重力。引力场物质因为有质量而相互吸引的力叫做万有引力，简称引力。实物周围普遍存在引力场，处在引力场之中的实物会受到引力。产生引力场的实物叫做引力场的场源。关于重力有各种不同的解释，如，是一个物体在宇宙中受到其他物体万有引力作用的总合；重力即地球对物体的吸引力；重力是由于地球的吸引而使物体受到的力。

在场的数以百计的学者和观众，目睹了这一精彩的场面，伽利略用活生生的事实向人们展示了轻重相差悬殊的两个物体同时落地的现象，从而推翻了亚里士多德的错误理论，发现了物体下落的真正运动规律——自由落体定律。这个故事是伽利略的学生维维安尼在《伽利略传》中首先讲到的，它流传十分广泛，今天几乎是人人皆知的了。

现在的科学史研究表明，伽利略实际上没有在比萨斜塔做落体实验。无论是当时的文献资料记录，还是伽利略的著作，在任何地方都没有这个实验的记载。况且在伽利略时代，连一般的计时钟都没有，更谈不上有准确的计时装置，这个实验当时根本就没有办法做出来，从所有的证据材料考察，这仅仅是一个传说而已。伽利略虽然没有在比萨斜塔做实验。但是，他发现了自由落体定律的确是千真万确的事实。

◎自由落体定律的发现

既然比萨斜塔落体实验只是一个美丽的传说。那么，伽利略又是怎样发现自由落体定律的呢？原来，伽利略是利用斜面实验，并把实验和科学思维相结合，通过严密的数学推理才完成这一发现的。

伽利略首先运用理想实验的方式进行逻辑推理，从推理中发现物体下落的快慢和它的重量无关。伽利略设想，如果亚里士多德的观点是正确的，那么，让轻重不同的两个物体下落时，重的物体下落快，轻的物体下落慢。可是，把它们绑在一起让其下落会出现什么情形呢？按照亚里士多德的观点，绑在一起后的物体会比原来重的物体更重，所以它们就比重的物体下落得更快。可是，从另一方面分析，绑在一起后，由于重的物体要带动轻的物体运动，它们应该比重的物体下降得慢一些。这显然是两个互相矛盾的结论。无论如何，绑在一起的两个物体只能以一个速度下落，而推理的过程又是完全正确的，因此推理的前提必然是错误的。伽利略由这个推理得出结论：物体下落的快慢与重量无关，所有物体下落快慢都是相同的。

伽利略的论断后来得到了实验证实。当抽气机发明之后，人们就用一根长玻璃管，在管中装入羽毛和铅块，将玻璃管密封，抽出其中的空气，使内部形成真空。此时如果让羽毛和铅块在管中下落，就会看到它们下落的快慢是相同的。

伽利略并不满足于得到的定性结论，他又继续研究物体下落运动的定量规律，探索下落距离和所用时间的关系。前面已说过，伽利略那个时代还没有计时的钟，那么伽利略是怎样测量时间的呢？

为了测量时间，伽利略在一个大的盛水桶底部钻一个小孔，并安上龙头，在龙头下面放上接水容器。打开龙头水就会流入接水容器，称量容器中所接水的质量就可以确定经历的时间。

广角镜

自来水管“出汗”

夏天自来水管壁大量“出汗”，常是下雨的征兆。自来水管“出汗”并不是管内的水渗漏，而是自来水管大都埋在地下，水的温度较低，空气中的水蒸气接触水管，就会放出热量液化成小水滴附在外壁上。如果管壁大量“出汗”，说明空气中水蒸气含量较高，湿度较大，这正是下雨的前兆。

物体下落时运动很快，经历时间也极短。用伽利略的计时装置对落体运动进行精确研究是办不到的。怎么办呢？伽利略又想出了一个“冲淡重力”的方法。他仔细观察小球在斜面上的运动时发现，斜面越陡，小球运动得越快。伽利略想，如果斜面是垂直的，那么，它的运动就是小球的下落运动。因此，小球下落运动可以看作是小球斜面运动的一种特殊情况。因此用斜面做实验就可以研究物体下落的规律。做斜面实验时，斜面的倾斜度可以任意调节，调节到较小的倾斜度时，小球在斜面上运动就比较缓慢，此时用他的计时装置就可以进行较为精确的研究。伽利略反复进行斜面实验，测量出小球在斜面上运动的距离和所用的时间，通过推导距离、时间、速率和加速度之间的关系，伽利略得到小球沿斜面滚下或自由下落的运动都是匀加速运动的结论，又进一步发现了物体下落运动的规律——自由落体定律，即物体从静止状态开始下落运动，物体运动的距离同下落的时间的平方成正比。

自由落体定律的发现是伽利略把科学实验和理性思维相结合解决物理学问题的典范。它不仅发现了物体下落运动的客观规律，而且为人类认识自然找到了一条正确的途径和方法。因此，现在人们称伽利略为物理学之父。正是由于伽利略创立的科学方法，物理学研究才走上正确的道路。

万有引力定律的发现

牛 顿

艾萨克·牛顿是英国物理学家、数学家、天文学家。他由于在科学上的发明创造重大，对人类和科学的贡献卓著，而闻名于世。这位伟大的科学家和发明家，总结了力学三大定律，证明了万有引力，发明了三棱镜和反射望远镜，创立了微分学，攻破了颜色之谜……

牛顿为什么会有这么多的发现和发明呢？

也许有人认为完全是因为他天资聪明、才能出众。事实上，这种看法就连牛顿本人也不会同意的。他说：“我只是对一件事情很长时间、很热心地去考虑罢了！”勤奋地学习，废寝忘食地工作，专心致志地长时间思考，是他成功的主要原因。

要想了解牛顿的生活全貌和他的重大发明，故事就要从头说起。

1642 年圣诞节（12 月 25 日）的早晨，在英国北部的一个偏僻的农村

——伍耳索浦的农民家里，诞生了一个男孩，他就是艾萨克·牛顿。他生下来不足1.5千克，属早产儿，只有一点点气息。在他出生前的几个星期父亲就离开了人间。两岁时母亲改嫁，由外祖母抚养他。后来，他母亲又第二次变为寡妇。这个苦命的孩子，真是多灾多难！

牛顿并不是一个聪明伶俐的孩子，胆子很小，不过他喜欢独自沉思默想。在小学念书的时候，他只擅长数学，其他功课都不太好。老师在提到学习成绩不好的学生时，差不多总提到他，因此，他很少得到老师的赏识。然而，说来也奇怪，这个劣等生却有着特殊爱好，并能持之以恒。他课余时间经常把母亲给的一点零花钱拿去买斧子、凿子等木工工具，做了许多风车、风筝、日晷、漏壶、木制时钟等实用器械，非常精巧，常常受到同学和邻居的称赞。

一天早晨，牛顿兴致勃勃。平时，这个什么也不会的小家伙，总是一个人呆呆地站在校园的角落里，可是这天却变成了另外一个人。原来他又做成了一台心爱的小水车，爱不释手，紧紧地抱在怀里。

"艾萨克，你做了个什么呀！"

一进校门，小朋友们就一窝蜂似的拥到他的面前，七嘴八舌地问个不休。

"水车呗！"

"能转动吗？"

"当然能转啦！还没有试车呢。中午休息时，咱们试试看吧！"

基本小知识

摩擦力

相互接触的两个物体，当它们要发生相对运动时，摩擦面就产生阻碍运动的力。摩擦力一定要阻碍物体的相对运动，并产生热。当你扔出一个球，球在空气之中运动时，球与空气之间就存在摩擦力，我们称之为空气阻力。当太空的尘埃物质进入地球大气层，与空气发生剧烈运动而发生剧烈摩擦而发光，这就是流星。物体表面越粗糙，摩擦力越强。人走路不会滑倒是因为有摩擦力，若摩擦力太小，人就会滑倒。摩擦力分为滑动摩擦、静摩擦和滚动摩擦。

刚到中午，艾萨克就抱着水车到小河边去了。在他的后边，一个跟着一个地来了许多小朋友。

校园的一角，有一条美丽的小河。艾萨克和小朋友们一起动手用小石头把靠近两岸河水浅的地方堵住，水车就架在这窄窄的河水上。刚开始，水车嘎嗒嘎嗒直响，不一会儿就轱辘轱辘地转动起来了。“哎呀！转了！转了！”小朋友们都拍着手欢呼起来，赞不绝口地说他“了不起”。这时，班里一个成绩优秀的少年，听见他们吵吵嚷嚷的声音，也凑了过来，说：“嘿，这水车做得可真好哇！是谁做的呀？”

“是艾萨克做的。真漂亮！”

素日，这个少年最瞧不起牛顿。他看大家都在夸牛顿，非常气愤，便想找碴儿给牛顿一个难堪。

“喂，听着！艾萨克，为什么水车碰上水，它就转了？”因为牛顿认为有了水，水车就会转，这是天经地义之事，所以他什么也没答出来。

“不知道了吧！不懂道理就瞎干，任何价值也没有。你倒说说呀！”这个少年阴阳怪气地说。牛顿的脸一下涨红了，战战兢兢地小声说：

“那是因为水冲撞的缘故呗！”

“那说明不了问题！说不清道理，顶多也不过是个笨木匠。”于是，那些小朋友们也开始对牛顿起哄，叫喊：“笨木匠！”“笨木匠！”……这时，有个粗暴的少年说：“为什么一声不吭，你这个笨蛋！”他一边喊着，一边冲着牛顿的腰窝狠狠地踢了一脚。

“哎呀，好疼！”这个平时不爱生气的胆小鬼，再也忍受不住。他站起来大声喊道：

“你想干什么……”接着就向那个小家伙猛冲过去，在班上一向夸耀自己是力大无比的野小子，没有料到竟被牛顿撞得一趔趄。豁出命来的牛顿，不容对方站稳，接二连三地冲撞，终于把他打倒在地了。从此以后，牛顿便产生了自信心。他那一直沉睡着的“顽强精神”被唤醒了。牛顿开始努力学功课，不久，对各门功课都发生了兴趣，终于成了班里数一数二的优秀生。

进入中学后，牛顿寄宿在一个药剂师的家里。当时，镇里安装了一架用于水利排灌的风车，大家都感到新奇，从老远跑去参观。牛顿看了风车回来，精心制作了一个小风车，放在药剂师家的房顶上。然而，风车在没风时是不会转动的，于是，牛顿便抓了一只老鼠，放到风车里。由于老鼠在风车里爬动，风车便转动起来了。少年牛顿不仅是模仿，而且还有创造呢！

1658 年 9 月 3 日，多年罕见的狂风暴雨侵袭着英国北部农村大地。那天，天空一片漆黑，狂风怒吼，已经没有人在室外活动，唯独牛顿在暴雨中。他顺着风拼命起跳，接着又迎风拼命地跳，接着又侧身向着风跳着，并且还把斗篷扣子打开，兜着风跳。每跳一次，就量一下跳的距离，然后计算风的力量。这对于一个十多岁而又不懂多少数学的孩子，是何等地困难啊！正是这股劲，为了攀登科学高峰不畏艰难险阻，才使他考上英国名牌大学——剑桥大学。

1661 年，牛顿进入剑桥大学，同来自全国各地的优秀学生一道开始了顽强的学习。虽然，艾萨克在伍耳索浦是优等生，可是，在剑桥大学却不是这样。这里集中了各地的高才生，牛顿显得很不起眼。他在各门课程里，数学最差。尽管自己花费比别人多两三倍的时间，可是还赶不上别人。但牛顿并不因此而气馁，经过百折不挠的努力，大学三年级时，数学终于成了牛顿最拿手的一门功课，他的成绩名列前茅。这给他后来的伟大发明打下了基础。

1665 年，牛顿从剑桥大学毕业，为了继续搞研究，他仍留在大学的研究室工作。年轻的牛顿终于迈进了自己新的研究阶段了。

可是，就在这年 6 月，“鼠疫已在伦敦流行”的风声传到了剑桥大学。剑桥大学当局怕传染上这可怕的疾病，决定暂时停课，牛顿无奈又回到故乡伍耳索浦去了。他虽然回到乡下，可是丝毫也没有倦怠，因为要研究的问题堆积如山。在学校里读书、做实验，固然是做学问，但更重要的是，在有了一定基础之后，必须充分思考，把学到的知识加以归纳整理，这才能做到百尺竿头，更进一步。对牛顿来说，在故乡安安静静的两年，也是丰收的两年。

那是一个自然科学飞速发展的时代。望远镜打开了观察太阳黑子、月球上的山峦和峡谷、木星和土星的通道；显微镜揭示了生物结构的内幕，人类科学研究开始进入一个崭新的微生物世界；折射定律的数学公式，望远镜的光程设计，气泵的发明，血液循环和红血球的发现——这一切都是自然科学在许多领域（天文学、光学、热学、气体力学、化学和生理学等）取得的重大进展。这对牛顿的影响是很大的。然而，牛顿研究科学的方法，与同时代的科学家相比，却显得很独特。正如他在《光学》一书中开头所写的那样：“我写这本书的想法，不是以假设来解释光的种种性质，而是以理论和实验提出光的种种性质，并加以证明。”牛顿善于观察自然现象，进而发现自然规律，认识科学规律的本质。

让我们看看牛顿在故乡 18 个月写下的光辉的科学发现的新篇章吧！

“当汽车急刹车时，车上的人都往前倾斜。”这个现象大家都会解释：那是由于惯性的缘故。但在三百五六十年前，牛顿在研究惯性定律的时候，却是颇费心机的。当时物体的运动规律对于人们还是一个谜。有名的亚里士多德曾对运动进行研究，他认为要使一个静止的物体产生运动，必须人推、手提、马拉，根据直觉认为运动是与推、提、拉相连的，于是得出结论："推一个物体的力不再去推它时，原来运动的物体便归于静止。"

这成为后来两千多年中大家公认的一条原理。现在我们知道它错了。它究竟错在哪里呢？三百五六十年前的人们无法弄清，科学家对此也是模糊不清。

牛顿更加严格地考察了运动。他通过观察指出，假如有人推着一辆小车在平路上行驶，然后突然停止推它，小车不会立刻静止，它还会继续运动一段很短的距离。怎样才能增加这段距离呢？牛顿想出了很多办法，像在车轮上涂油，把路修得平滑等。车轮转动得愈容易，路愈平滑，车便可以继续运动得愈远。但这些做法有什么作用呢？牛顿思考着。他自言自语地说："这只有一种作用：外部的影响减少了。"即车轮里以及车轮与路面之间的那种所谓摩擦力减少了。对一般人来说，这已经是对观察得到的现象的一种理论解释了，但牛顿并没就此止步，而是进一步去考察、研究……他终于想出了当路面绝对平滑时，车轮也毫无摩擦，那就没有什么东西会阻止小车，而它就会永远运动下去，由此得出最原始的牛顿第一定律——任何物体，只要没有外力改变它的状态，便会永远保持静止或匀速直线运动状态。

那么，当有外力作用时，它将会怎样运动呢？牛顿认为："当物体受到外力作用时，它的加速度与作用于它上面的力大小成正比例。加速度的方向与力的方向相同。"因此，在有阻力存在的情况下，运动会停止。这就发明了运动的第二定律。

经过分析和实验，牛顿得出："当一个物体对另一个物体施加力的时候，承受力的物体也用同样的力，反过来作用于对它施加力的前一个物体上。"这一规律，就是牛顿发现的运动的第

趣味点击　为什么暖水瓶能保温

热的传递方式有三种：热对流，热传导，热辐射。热的对流主要发生在液体和气体之间，热流上升，冷流下降，通过不断循环达到动态平衡；热的传导发生在热的导体上，热从高温的一端向低温一端传导；热的辐射不需要媒介，它通过辐射的方式向低温处传热。暖水瓶的瓶胆与外壳之间是空气，空气是热的不良导体，热传导降低了许多，瓶胆内部光滑如镜，降低了辐射，所以暖水瓶能保温。

三定律，也叫作作用与反作用定律。

牛顿对物理学最重要的贡献，是发现了万有引力定律。

那是1666年一个秋天，天空晴朗，灿烂的阳光同往日一样照耀着伍耳索浦这个和平的村庄。牛顿这天一早就开始在屋里埋头用功，感到有些疲倦。他想休息休息，于是，手里拿着笔记本到后院散步。

后院连着田地，那里的苹果树上结满通红的苹果，在晚霞的沐浴下闪闪发光，格外好看。这些天，占据牛顿心灵的，到底是什么问题呢？哥白尼提出地动说，一开始就遭到了罗马教皇在宗教上的残酷迫害。可是，由于伽利略、开普勒等人的研究，即使是反对地动说的一些人，也不得不承认这种学说是正确的。关于地球、火星、金星等行星怎样运行的规律，已由开普勒定律证明。至于行星为什么要那样运行的道理，谁也不知道。

今天，从早到傍晚，关于天体运行的问题一直在他头脑中回旋。

“为了使地球、火星、金星等围绕太阳运转，太阳就必须牵引着这些行星。为了使月球围绕着地球运转，同样地球也必须牵引着月球。因此天体之间肯定是引力在起作用。”

正当坐在苹果树下的牛顿沉浸在苦苦思索之中时，忽然有一个苹果从树上落了下来，掉在他的身边。

他看见了，觉得很奇怪。他想，这个苹果为什么会落下来呢？风平浪静的。

“那一定是因为它熟透了。”牛顿自言自语地说，“可是，为什么苹果只向地上落，不向天上飞呢？”

一会儿，牛顿的眼里闪出奇异的光芒。长时期以来他想了又想的问题，终于找到了解决的线索。“苹果落到地上，那是因为地球吸引它。地球对苹果的引力，就是在高山上，也不减弱。这样看来，这种地球引力没有不到达月球的道理呀！”于是，牛顿就在笔记本上，画了下边这样的图：

在地面高处，取一个P点，从这里把一块石头轻轻地放开，这样石头就落到正下方A点上。这就是作用于石头的地球引力——重力的缘故。那么，如果不是轻轻松手，而是向水平方向抛出去，石头就落到B点、C点或更远，运行轨迹是一条曲线（抛物线），而且速度越大落地越远，这是因为石头向水平方向飞行的同时，又被地球吸引着，所以飞过的路线就成了曲线。如果抛出的速度非常快的话，它就不落到地面上而是继续沿着D、E、F各点的轨道，围绕着地球转起来了！

想着想着，牛顿开始联想到月球：“月球之所以能以一定距离围绕地球转动，就是因为月球总是向地球方向下落的缘故。就像苹果落地一样，月球也是向着地球下落。”

“啊！明白了。”牛顿就像在大海里迷失方向时找到了罗盘针一样，高兴得不得了。他情不自禁地大声喊出来。

太阳落山了，周围变得模糊不清了。牛顿方才想起回家。

晚上，根据笔记本的记录，牛顿开始计算起来，得出地球引力的减弱是与从地球中心到月球的距离的平方成反比的。这就叫作“平方反比律”，后来他又联想到太阳、行星，终于计算出引力同距离的平方成反比。事实上，这时牛顿已经发现了万有引力定律，但本着严谨的科学态度，他没有立即发表这一重大发现。

13 年后，牛顿又使用了准确的资料，重新应用伽利略关于运动的定律和开普勒关于天体运行的定律，进行严格的计算，从而证明了万有引力定律，即任何两物体之间都有相互吸引力，力的大小跟它们的质量成正比，跟它们之间距离的平方成反比。

能量转化和守恒定律的发现

物理学是一门研究与揭示自然界基本规律的科学。今天，物理学已成功地解释了我们所观察到的大部分自然现象，既有宇宙的构造、天体的形成和运动，也有物质微观世界基本构造的规律。

但当我们回顾几百年来物理学的发展历程以及它所取得的巨大成就时却惊奇地发现，这门伟大的自然科学，除了它所必须的各种原始的、现代的、普通的、精密的实验设备外，整个理论完全是建立在一些简单的基本定律之上。中学物理讲到的能量转化与守恒定律就是其中最重要的一个。

◎运动与做功

自远古以来，人类就一直与各种生产劳动和社会实践活动相伴随，并且在漫长的岁月里逐渐有了运动物体能够做功的概念。比如举高的大石块落下时可以砸开坚硬的物体、夯实房屋的地基；流动的河水能够推动简单的传动装置，带动石磨加工粮食……

但是怎样才能知道运动物体做功本领的大小呢？人们想到测量任何东西的大小都要有一把合适的尺子。例如测量时间就要有计时工具，从古代的沙漏、水漏，几百年前的摆钟到今天的原子钟，都是不同时期测量时间的“尺子”。那么运动物体做功本领的大小用什么测量呢？同样需要一把“尺子”。

◎“尺子找到了”

人们在苦苦寻找这把尺子，但始终求之不得。然而到了16世纪，有人发现了它，这个人便是意大利科学家伽利略。

伽利略在他的研究中发现，从同一高度掉下两个质量不同的物体时，它们会以相同的速度落下。但重的物体撞击地面的力量比轻的物体大得多，显然它们的运动量并不相同。于是伽利略提出用运动物体的质量和速度的乘积来测量运动物体的运动量是合适的。但是他并没有把这个研究进行下去，只是用它解释了几个试验而已。后来，法国数学家笛卡儿觉得伽利略的发现很重要，便继续进行研究。笛卡儿根据碰撞理论，用数学方法证明“质量乘以速度”的确可以测量运动物体运动量的大小。

这样的“尺子”合适吗？德国数学家莱布尼茨首先不同意。他做了这样的实验，用10米/秒的初速度向上抛一块石头，石头上升的高度约为5米；当速度扩大2倍为20米/秒时，石头达到的高度却并非扩大2倍而是4倍，达到20米的高度；如果速度扩大3倍为30米/秒，高度则扩大9倍达45米。莱布尼茨发现这与笛卡儿的观点相矛盾，因而于1686年发表文章，提出用“质量乘以速度的平方”测量运动量的大小。

莱布尼茨的看法立即遭到笛卡儿派的反对，接着他们以及各自的支持者就此形成两大派别展开了激烈的争论。在其后的一个多世纪里，经过达朗贝尔、科里奥利、托马斯·杨等许多科学家的不断深入研究，终于发现能够测量运动物体做功本领最合适的“尺子”既不同于笛卡儿的，也有别于莱布尼茨的，而是“质量乘以速度的平方之一半”，并且把运动物体具有的这个量叫作物体的“活力”。1801年，托马斯·杨在英国皇家科学院的一次讲演中，提出用“能”这个词代替“活力”。按照他的解释，运动物体具有的能的多少就是其做功本领的大小。

◎能量与能量转化

有了测量物体的运动量即能量这把尺子之后，对运动物体的研究就进入到一个更深的层次。但是科学家很快发现，自然界存在各种形式的运动，它们之间有着广泛和深刻的内在联系，并且各种形式的运动之间经常发生着转化，因而以前那种把各种运动分割开来单一研究的方法已举步难行。1799 年德国哲学家谢林就指出："磁的、电的、化学的甚至有机的现象都会编织成一个大综合。"

当时，机械运动和热运动之间的联系在实验和技术上已被揭示出来。钻木取火现象早在远古就被发现；1797 年伦福德的钻炮摩擦生热以及 1799 年英国科学家戴维在真空中使两块冰摩擦融化的实验都显示出机械运动向热运动的转化。而蒸汽机的发明和改进又使热运动转化为机械运动，这些使得机械运动和热运动之间的转化过程完成了循环。

热和电之间的转化则在稍后的 1821 年由德国物理学家塞贝克发现。为了验证关于电流的磁性的某种猜想，他用一根铜导线和一根铋导线连接成回路。当把一个结头握在手中时发现，只要两个结头之间出现温度差，回路中就产生了电流，并且在一定的范围内，电流大小与温差成正比。而在 1840 年和 1842 年，英国物理学家焦耳和俄国物理学家楞次又分别发现电流通过导线时的热现象，并由此得到了电学中著名的焦耳－楞次定律。这些都使人们相信，电能和热能之间也存在相互转化。

与此同时，能量转化研究的范围已扩大到有生命的领域。19 世纪初以后，科学家就发现植物从它周围的土壤中吸取水分和其他营养，从空气中获取二氧化碳。在太阳光的照耀下，这些物质依靠植物叶子里一种叫叶绿素的化合物变成了淀粉、糖分和纤维素等。这种转化过程称为光合作用，它是太阳能转化为植物所具有的化学能的过程。当植物被用来做食物或者燃料时，化学能又转化为机械能或热能。

科学家还发现动物和人类等生物体的活动与生存也来自于能量的转化，或者说来自于食物中的化学能。动物和人类的运动是依靠肌肉有节奏地收缩产生的，少数动物像蜘蛛腿上没有肌肉，行动靠腿骨内的液体流动产生，其原理类似于机器里的液压传动。

肌肉是怎样产生收缩运动的呢？科学家开始认为生物如同一架蒸汽机，先把食物的化学能转化为热能，然后热能再转化为肌肉的机械能。但他们发现在生物体内能量并不是按这种方式转化的，因为动物转化能量的效率为80%左右，而最好的蒸汽机的效率却只有7%左右。后来的研究表明，在生物体内，化学能是直接转化为机械能的，当然转化过程是比较复杂的。首先，食物在肠道内被分解为糖分，糖分透过肠道壁进入血管并被血液送到肌肉里。这时糖分继续分解并放出能量，但这些能量并不直接为肌肉使用，而是保存在一种化合物三磷酸腺苷中。当肌肉收到大脑发出的收缩指令后，三磷酸腺苷才放出能量供肌肉使用。然而，肌肉是如何把化学能变为机械能的呢？对此转化过程科学家仍在继续研究。

在19世纪中叶之前，科学家已发现了当时所知道的大多数形式的能量间的相互转化过程。除了已讲到的外，还有电能与磁能、机械能与电能、电能与化学能等能量间的转化关系。从这些事实人们认识到自然界的能量有多种形式，但不同形式的能量是可以转化的，因而能量转化是自然界的一条基本规律。

◎ 永动机之谜

能是物体做功的本领，物体在做功的同时必然消耗一部分能量，这在今天看来无疑是最简单的科学道理。但在科学史上相当长的一段时间，许多人都做过一个相同的梦：制造出一种机器，它不需要消耗能量却能做功。这些人中不乏技艺高超的能工巧匠，也有聪明绝顶的著名科学家。

最早的永动机方案是13世纪一个叫亨内考的法国人提出的。他在一个轮子的边缘上等距离地安装12个活动短杆，杆端分别套一个重球。亨内考认为，无论轮子转动到什么位置，右边的重球总比左边的重球离转动轴更远一些。这样右边的重球就会压着轮子永不停顿地沿顺时针方向转下去。可是根据这一设计制作的永动机只转了几圈后便停下来，更不用说再对外做功。

著名的意大利画家达·芬奇不仅画技高超，而且还是一位科学家。他也设计了另外一种永动机，他认为右边的钢球比左边的钢球离轮心更远，在两边不相等的作用下轮子就会沿着箭头方向转动不息。但按达·芬奇的设想制作的永动机同样逃脱不了失败的命运。后来各种各样的永动机方案还是层出不穷，有的利用重轮的惯性，有的利用浮力、细管的毛细作用、磁性之间同性相斥的性质……但五花八门的永动机设计方案都在科学的严格审查和实践的验证下一一失败了。以致法国科学院在1775年正式宣布永动机是不可能制成的，并声明“本科学院以后不再审查有关永动机的一切设计”。

但在科学上发现不同形式的能量可以转化后，一度匿迹息声的永动机之梦又开始死灰复燃，有人企图在能量转化的过程中，实现能量的递增从而制成永动机。一个典型的永动机方案就是用一台电动机带动水泵把水抽到一定高度储起来，再利用水的落差带动一台功率更大的发电机发出多于用于电动机的电来。但是所有的永动机都失败了，无论设计者怎样改进，不论结构多么严密和精巧，都无一能够成功。人们在痛定思痛之余，对这些机械进行细致地科学分析，原来永动机的设计者违背了自然界的另一条基本原理——能量守恒定律。

◎能量是守恒的

早在15世纪的明末清初之际，我国著名的思想家王夫之就有过运动守恒的思想，之后西方的科学家伽利略、笛卡儿等也提出过运动不灭，但是人类真正从科学上开始认识能量守恒却是19世纪40年代的事情。

基本小知识

能量

能量是物质运动的量化转换，简称“能”。世界万物是不断运动着的，在物质的一切属性中，运动是最基本的属性，其他属性都是运动属性的具体表现。当运动形式相同时，两个物体的运动特性可以采用某些物理量或化学量来描述和比较。例如，两个作机械运动的物体可以用速度、加速度、动量等物理量来描述和比较；两股作定向运动的电流可以用电流强度、电压、功率等物理量来描述和比较。但是，当运动形式不相同时，两个物质的运动特性唯一可以相互描述和比较的物理量就是能量，即能量特性是一切运动着的物质的共同特性，能量尺度是衡量一切运动形式的通用尺度。

罗伯特·迈耶是德国的一位医生，他从生理学入手，通过哲学上的思考，较早地发现了能量守恒原理。1840年迈耶在一艘从荷兰驶往东印度的船上当医生，在航至爪哇附近时，他给船上生病的欧洲船员放血时发现，病人的静脉血不像生活在温带的人的血颜色发暗而像动脉血一样鲜红。迈耶对此迷惑不解，甚至怀疑自己是否弄伤了病人的动脉，但是在港口当地的医生告诉他这种现象其实在热带地区很普遍。

这是为什么呢？迈耶决心把问题弄清楚，他在大学没有学过数学和物理学，但行医前在巴黎学习过法国化学家拉瓦锡的燃烧理论。因此迈耶试图用燃烧理论解决这一问题，他设想人体的体热是由所吃的食物和血液中的氧气化合而释放的，在热带的高温环境下，人的机体需要较少的热量，所以氧化过程减弱了，于是在流回心脏的血液中留下了较多的氧，静脉中的血液的颜色就鲜红一些。

这次航行结束后，迈耶根据自己的理解写了一篇题为“论力的量和质的测定”文章，并寄给当时德国的权威刊物《物理学和化学年刊》。由于迈耶在数学、物理学上的知识不足以及缺少精确的实验根据，所以文章没有发表。这件事激励迈耶自学了有关的数学知识，在1842年又写出第二篇文章《论无机界的力》并发表在《化学和药学年刊》的5月号上。在这篇文章中迈耶首次提出“能量是不灭的、可转化的、无重量的客体”，并运用这一观点讨论了“势能、动能、热能之间的转化和守恒”，根据当时的气体比热值，首次测出热的机械当量。

1845年，迈耶又发表了《论有机运动与新陈代谢》一文，再次讨论了能量转化和守恒的科学性。他研究了运动的五种形式和能量的五种形式，并非常形象地描绘了运动转化的25种情况。迈耶进一步提出有机体内发生着化学能转化为其他形式能量的复杂过程，生命现象也遵守能量转化和守恒原理。由于迈耶不是物理学家，所以在很长的一段时间里，他的研究成果不被人们接受，观点受到怀疑和嘲笑。但是他始终坚持自己的科学信仰，即使在两个孩子夭亡、自己身体残废的困境中也矢志不移。

如果说迈耶从理论上揭示了能量守恒原理，那么，另一位英国物理学家焦耳对于热的机械当量的精确测定则为这一原理的建立提供了最重要的实验基础。焦耳年轻时也是个永动机迷，但他在失败后立即放弃了这种念头。为了清楚永动机为什么不能成功，他开始探索不同形式的能量在转化过程中是越来越多，还是永远保持不变。

1840年，焦耳首先研究电流的热效应，他通过一系列实验验证了电流生热的定量关系：导线的发热量与通过它的电流的平方成正比。接着焦耳开始研究机械运动和热转化的关系，他用至今仍出现在物理教科书上的那个经典实验证明：处在55°~600°的1磅水温度上升10°，需要的热量等于772磅重物下降1英尺（0.3048米）所做的功。焦耳对热的机械当量的测定，前后用了近40年的时间，做了400次实验。焦耳的成果得到了科学上的承认，也为能量守恒原理的建立扫除了最后的障碍。

历史上能量守恒原理的发现和建立过程相当复杂，除了迈耶、焦耳之外，许多科学家如德国物理学家亥姆霍兹、法国工程师卡诺等都进行过这一研究，并且都在1832—1854年以不同形式彼此独立地提出了能量守恒原理。后来科学界把能量转化和能量守恒原理合二为一，并表述为这样一条定律：对应着各种不同的运动形式，有各种不同形式的能量。任何一种形式的能量在转化为其他形式能量的过程中，总能量是守恒的。能量既不能创生，也不能消灭，只能由一种形式转化为另一种形式，或由一个物体传给另一个物体。

◎ 伟大的科学定律

能量转化与守恒定律为人类深刻揭示了自然界各种运动状态的普遍联系和统一性，找到了各种运动的公共量度——能量，因而这个定律是全部自然科学的基石。也正因为这样，伟大的革命导师恩格斯指出这一定律与进化论、细胞学说是19世纪自然科学的三大发现。

这一定律是在长期的生产实践和大量科学实验的基础上确立起来的，直到现在，科学上还未发现违反这一定律的实验事实，反而科学家却根据这一定律不断地解决了一系列重大的科学问题。

20世纪初，物理学研究发现在一种放射性原子核衰变为另一种核的衰变过程中，放出的电子携带的能量不够多，与衰变前后原子核的能量损失不相等。由于当时无法找出丢失的能量，科学界极为惊慌，就连大名鼎鼎的物理学家玻尔也认为在微观世界

拓展阅读

触电的手会被电吸住

人手触电时，由于电流的刺激，手会由痉挛到麻痹。即使发出抽回手的指令，无奈手已无法执行这一指令了。调查表明，绝大多数触电死亡者，都是手的掌心或手指与掌心的同侧部位触电。刚触电时，手因条件反射而弯曲，而弯曲的方向恰使手不自觉地握住了导线。这样，加长了触电时间，手很快地痉挛以致麻痹。这时即使想到应松开手指、抽回手臂，已不可能，形似被“吸住”了。如若触电时间再长一点，人的中枢神经都已麻痹，此时更不会抽手了。

应放弃能量守恒。但是年轻的奥地利物理学家泡利坚信能量守恒是自然界的普遍规律，他认为衰变过程中能量并没有丢失，而是被某种当时还不知道的粒子带走了，并做出了著名的中微子假设。到了20世纪50年代，人们终于发现了中微子。

这个定律的应用还有很多很多。在营养学方面，专家通过测量各种活动对能量的需求，制定出合理的营养标准。比如从事不同运动项目的运动员就有不同的食谱。在医院里，医生测量病人对能量的消耗，就能对某些疾病做出诊断。病人吃得越来越多却越来越消瘦，那就可能患有甲状腺机能亢进。

工程师设计一座火力发电厂，就得按照预定的发电量，根据能量定律确定电厂的规模、汽轮机的大小、锅炉的容量、煤的消耗量等。同样，一架飞机、一辆汽车、一艘轮船的设计都离不开这个定律。

自能量转化与守恒定律发现以来，人类在对能量的认识上取得了两个伟大的成就：一是能量子的发现，即自然界各种形式的能量都是由一份一份的能量子构成的，这一发现直接导致了现代物理学的诞生；二是质能关系的发现，即一定的质量必与一定的能量等当。这一发现使人类找到了新的能源——原子能。但是能量世界还有许多未知的东西需要人们去探索、去发现，因而将来人类对能量的认识一定会更丰富多彩。

光的色散的发现

在自然科学中，光学是一门历史悠久、内容丰富的学科，人类的科学进步始终与光学的发展和人们对于光的认识有着极其密切的关系。在光学发展300多年的历史上，许多著名的科学家都进行过这一科学领域的研究，人类最伟大的科学家牛顿就是其中之一，而且他在实验物理方面的工作主要是体现在光学上。

◎ 发现七彩光带

牛顿在大学期间，特别喜欢物理实验，接触了许多光学仪器。虽然当时光学仪器的缺陷和毛病很多，但大家都找不出其根源所在。对于这一问题牛顿牢牢地记在心里，他想一旦有了机会必须弄清楚它们。

1665 年，牛顿大学毕业了。当时的英国正受到瘟疫的侵袭，为了减少传染的机会学校都关了门，无学可上的牛顿只好回到农村的家中。他虽然也去田间干农活，但更多的精力却是用于科学研究，其任务之一就是要弄清大学实验室的光学仪器为什么会有那么多的不足。

那个时代的光学仪器还非常原始，无非是一些平面镜和凹、凸透镜及三棱镜等元件，因而牛顿能够在家里方便地开展自己的研究工作。

一天，天气很好，阳光从窗子射进屋内，牛顿拿出一块玻璃三棱镜准备实验。忽然，他发现地面上出现了红、黄、青、紫等颜色的光排成的鲜艳彩带。这是怎么回事呢？他已多次使用过这块三棱镜，但从来没有见过这种现象。

基本小知识

光的折射

光从一种透明介质斜射入另一种透明介质时，传播方向一般会发生变化，这种现象叫光的折射。光的折射与光的反射一样都是发生在两种介质的交界处，只是反射光返回原介质中，而折射光则进入另一种介质中，由于光在两种不同的物质里传播速度不同，故在两种介质的交界处传播方向发生变化，这就是光的折射。在两种介质的交界处，既发生折射，同时也发生反射。反射光光速与入射光相同，折射光光速与入射光不同。

牛顿开始认真地研究这一现象，他用支架把三棱镜安放好，接着拿出两张硬纸板。在一张纸板上刻出一条缝放在棱镜前面，将另一张放在棱镜后面做光屏。当一束阳光穿过窄缝射到棱镜上时，在进入棱镜的一面发生一次折射，从棱镜的另一面射出时又发生一次折射。经过两次折射后，光线的方向变了，在后面的屏上形成一条由红、橙、黄、绿、蓝、靛、紫七种颜色排开的彩色光带。难道白色的阳光是由这七种颜色的光组成的吗？牛顿还不能肯定，他开始查找资料，很快发现了对这一现象的解释：白色的光通过三棱镜后之所以变成依次排列的各色光，并不是白光有复杂成分，而是白光与棱镜相互作用的结果。

◎决不轻信别人

事实是这样的吗？牛顿是个特别认真的人，要让他相信什么，除非是他亲眼所见或者亲身经历过。

牛顿开始这样考虑问题，如果白光通过棱镜后变成七种颜色的光是由于白光与棱镜的相互作用，那么，这些各种颜色的光经过第二个棱镜时必然会再次改变颜色。他根据自己的想法继续做实验，他在棱镜后面竖放一张开有小孔的屏，这样转动前面的棱镜，就可以使不同颜色的光单独地穿过小孔。在屏的后面再放一块三棱镜，就能观察到这些单色光通过第二块棱镜后颜色是否会改变。但实验的结果表明，这些单色光经过第二块棱镜后没有再分解，颜色也没有变化，看来别人的解释并不正确。

拓展阅读

服装的颜色要随季节变化

太阳不仅给人们送来光明，而且还送来了大量的辐射热。对于辐射热来说，黑色只吸收，不反射，而白色正好相反。白色的东西能够反射所有颜色的光线，而黑色的东西却能吸收所有颜色的光线，没有光线反射回来。一般说来，深色的东西，对太阳光和辐射热，吸收多，反射少；而浅色的东西，则反射多，吸收少。因此，夏天人们都喜欢穿浅色衣服，像白色、灰色、浅蓝、淡黄等，这些颜色能把大量的光线和辐射热反射掉，使人感到凉爽；冬季穿黑色和深蓝色的衣服最好，它们能够大量地吸收光和辐射热，人自然就感到暖和了。

接着牛顿开始想，既然一块棱镜能把白光分解成七种颜色的光，那么用另一块棱镜就可能使这些彩色的光复原为白光。于是他又在第一块棱镜后倒放了一块顶角较大的棱镜，果然实验成功了，七种颜色的光带又变成白光。

这些成功的实验使牛顿认识到白色的阳光的确具有复杂的成分，它由七种不同颜色的光组成。三棱镜之所以能把它们分开，是因为各种单色光相对于棱镜有不同的折射率。后来牛顿的发现得到科学界的承认并被写进教科书，而这些实验则被称为著名的“光的色散实验”。

◎ 牛顿与现代光谱学

光的色散现象的发现是17世纪的事情，这在当时并无特别重要的意义，但是牛顿的实验却开创了现代物理学的重要领域——光谱学研究的先河。

随着科学的发展和技术的进步，人们逐渐发现了红外线、紫外线以及各种各样的其他光谱，更重要的是认识到这些光谱反映了物质的微观世界——分子、原子里面发生的事情。因而光谱学的研究就成为科学家认识物质微观结构的有力手段。

通过光谱学，人类发现了新的物质元素，找到了“解释原子密码”的依据。特别是20世纪60年代后，随着激光技术、计算机以及各种先进的电子技术、测量技术的出现，人们更容易获得各种物质元素的光谱，并且更为方便准确地进行研究。通过光谱反映的信息，可以了解它们的成分和结构、弄清它们的理化性质。可以说，没有光谱学的成就，就不会有物理学、生物学、化学等许多科学的今天。

目前，光谱学已发展成为一门内容丰富的专门学科。从物质结构上讲，有原子光谱学、分子光谱学；从光谱波长上分，有X射线光谱学、红外线光谱学；从光谱形式上看，有激光光谱学、荧光光谱学……而且，光谱学的应用已遍及化学、生物学、天文学、地质学、冶金学、医学、刑事学等现代科学的许多领域。

今天，光谱学的发展远远超越了牛顿所研究的范围，但是我们不应忘记牛顿的功绩：他发现了获得光束中电磁辐射的强度按波长或频率分布的一个表象的原始方法。

光的衍射及波动性的发现

自有人类以来，人们就一直和光打交道。光不但是人类赖以生存的重要条件，而且也是人类获得信息的重要渠道。我们之所以能看到身边这个五彩缤纷的世界，正是由于物体辐射、反射或散射的光进入人眼的结果。

光与人类有着如此密切的关系，人们必然会去研究它。从公元前5世纪起，人们就开始积累对光的感性认识，观察和实验光的直线传播、反射和折射现象。但是人类对光的本性的认识却是晚至16世纪之后的事情。

◎微粒说称雄一时

光是什么呢？牛顿认为光是沿直线飞行的微粒流，而且他用这种微粒说成功地解释了光的传播、反射、折射及色散等现象。但是与牛顿同时代的荷兰人惠更斯、意大利人格里马耳迪等却认为光是一种波动。格里马耳迪发现，在窗户的护窗板上钻两个紧挨的小孔，太阳光经过这两个小孔射入室内形成两个锥形光柱。再将一个屏放在光柱相互重叠的区域就可发现，在某些位置上，屏上的亮度反而比只有一个光柱照亮时还要暗些。格里马耳迪称这种现象为光的干涉现象。显然，光的干涉现象与光的微粒说不相符合。

不久，格里马耳迪又发现，如果在狭窄的光束路径上放置一物体，那么在置于其后的屏上看到的就不是物体轮廓分明的影子，其影子不但比较模糊而且沿着边缘还出现彩带。格里马耳迪称这种现象为光的衍射，衍射现象也与光的微粒说相矛盾。

格里马耳迪和其后的许多科学家都观察到了光的干涉和衍射现象，特别是英国物理学家托马斯·杨在18世纪初进行的光学双孔干涉研究中，把光学现象与水面上的机械波相类比，明确地提出光具有波动性。

应该说人们已经找到了光是波动的有力证据，但是他们当中却无人能对这些现象以波动理论做出正确的解释。因而光的波动说在与光的微粒说的论战中始终无法占据优势，况且由于牛顿在物理学中的崇高威望无人可比，更使光的微粒说不可动摇。

显然，要使人们承认光的波动说，不但要有实验证据，最重要的是要能用波动理论对这些实验现象做出令人信服的科学解释。尽管这太困难了，但是年轻的法国工程师菲涅耳终于取得了成功。

◎波动说不甘寂寞

1788年5月10日，菲涅耳出生于法国的诺曼底。菲涅耳小时候就喜欢钻研技术和精密科学，青年时期则更是醉心于光学研究。虽然他在政府的桥梁和道路管理部门任工程师，却把所有的业余时间用在光学实验上。1814年，他在著名的“菲涅耳双镜”实验中观察到新的光的干涉现象，之后他又成功地完成了许多光的衍射实验。由于菲涅耳的出色工作，他开始在法国光学界崭露头角，并成为光的波动说的信奉者。

基本小知识

光的反射

光遇到水面、玻璃以及其他许多物体的表面都会发生反射。垂直于镜面的直线叫作法线；入射光线与法线的夹角叫做入射角；反射光线与法线的夹角叫做反射角。在反射现象中，反射光线、入射光线和法线都在同一个平面内；反射光线、入射光线分居法线两侧；反射角等于入射角。这就是光的反射定律。如果让光逆着反射光线的方向射到镜面，那么，它被反射后就会逆着原来的入射光的方向射出。这表明，在反射现象中，光路是可逆的。凹凸不平的表面（如白纸）会把光线向着四面八方反射，这种反射叫作漫反射。

1817 年，法国科学院举办一次科学竞赛会，要求参会者用精确的实验来演示光的全部衍射效应，并且必须建立相应的理论来解释清楚这些效应。虽然参加这样的竞赛会要冒一定的风险，但知难而进的菲涅耳还是报了名。他用比较长的时间写了一篇有关自己研究的论文，准备了有关的实验。第二年年初，菲涅耳把论文递交给法国科学院。

◎ 菲涅耳敢上擂台

法国科学院对这次竞赛极为重视，他们组成了专门的委员会审议所有的应征论文。委员会的成员都是当时法国科学界的知名学者，其中有泊松、毕奥、拉普拉斯这几位信奉光的微粒说的大科学家。

委员会对所有的论文进行了严格的审议，尤其是对像菲涅耳这样认为光是波动的论文更加关注。虽然菲涅耳的波动理论比较严密，而且计算结果也与实验数据完全相符，但由于委员会中相信微粒说者占优势，因此委员会提出让菲涅耳演示自己的实验、宣讲自己的论文，回答委员们的质疑。

在答辩会上，菲涅耳精细地演示了光的衍射现象。他不但在点光源发出的光束照明下使一根细丝的影子中呈现出明暗相间的衍射图样，而且他还用小孔实验表明，当小孔的直径小到可与入射光的波长相比拟时，光通过小孔后能产生圆孔衍射图样，这是一圈一圈明暗交替的同心圆。接着菲涅耳又演示了光通过圆屏、锋利的直边等障碍物时产生的衍射效应。

在实验的基础上，菲涅耳提出了今天称为“惠更斯－菲涅耳原理”的理论，这是建立在光的波动说上的一种新的光学理论。菲涅耳用这一理论的数学方法计算出实验中衍射带的分布，并计算出光通过小孔时在屏上会产生什么样的图样。菲涅耳的理论和实验配合得天衣无缝，以至于多数委员都认为他应该获奖。但就在答辩即将结束时，一件意料之外的事件发生了。

◎波动说终获成功

泊松信奉光的微粒说，因而他在审查菲涅耳的论文时就特别挑剔。他在详细地研究菲涅耳的理论和数学方法时发现，按照菲涅耳的波动说，在圆屏衍射实验中会得到一个难以置信的结论：在圆屏的阴影中心会出现一个亮点。这一现象是所有的委员谁也不曾见过的，即使菲涅耳本人也没有观察到。在菲涅耳的答辩即将结束时，泊松突然提出这个问题，并借此难住菲涅耳并驳倒他的波动说。

对于泊松的发难菲涅耳确有些措手不及，但是他很自信，他相信自己的理论是正确的。菲涅耳再次演示实验，他精心地做准备，使所有的工作都严格符合要求。果然，圆屏的衍射实验成功了，当圆屏的半径很小时，阴影的中心出现了一个亮点。这个结果泊松同样没有想到，但对此无言以对，那些信奉微粒说的委员也都无话可说。菲涅耳的论文当之无愧地获得一等奖。菲涅耳的成功是对光的微粒说信奉者的巨大震动，由于泊松等知名学者都改弦更张，其他人也就不再固守自己的看法。这是在光学发展史上波动说第一次战胜微粒说。

拓展思考

自行车的尾灯

自行车上的红色尾灯，不能自行发光，但是到了晚上却可以提醒司机注意，因为自行车的尾灯是由很多蜂窝状的“小室”构成的，而每一个“小室”是由三个约成 90 度的反射面组成的。这样在晚上时，当后面汽车的灯光射到自行车尾灯上，就会产生反射光，由于红色醒目，就可以引起司机的注意。

由于菲涅耳对光的波动说的兴起有巨大的贡献以及他在其后所做的许多

有重要意义的工作，1823 年，菲涅耳当选为法国巴黎科学院院士，1825 年又被英国皇家学会聘为会员。但是令人遗憾的是菲涅耳卓有成就的一生太短了，1827 年他因肺病在巴黎附近的乡村逝世，年仅 39 岁。

◎既是粒子又为波

光是一种波动吗？由于菲涅耳的巨大成功以及 1865 年英国物理学家麦克斯韦提出光的电磁理论后，人们对此更是深信不疑。

但是从 19 世纪末到 20 世纪初，光的波动说又一次遇到危机。科学家在研究黑体辐射、光电效应及 X 射线散射等问题时发现，光的波动说对许多科学现象根本无法解释。以至于像普朗克、爱因斯坦、康普顿等许多著名物理学家不得不再次提出光是一种微粒流。

光到底是波动还是微粒，科学的发展使这个问题变得越来越复杂，因而科学家始终无法给出定论，光的本性成了科学家面前最棘手的难题。但是到了 1924 年，法国年轻的物理学家德布罗意提出任何实物粒子都有波动性之后，科学家才为光的本性是什么找到了答案：光既是一种波动，又是一种微粒，光和实物粒子一样具有波粒二象性。在一些场合尤其是涉及光的吸收和辐射问题时，单个光子无疑会明显地具有微粒性。但我们平常看到的是大量光子的集体行为，光子出现的概率确实按照波动说的预言来分布，因而光就明显地呈现出波动性。

光的波动性的发现以及人类对光的本性的认识，是科学史上最困难的事情之一，从牛顿最初提出光是微粒流到德布罗意提出光具有波动和微粒二象性，历经 300 余年。在这期间，反反复复、争执不断，光的本性的发现过程因此成为人类科学发展史上最美好的回忆之一。

光的波动性的发现在科学上具有极其重大的意义，现代光学的主要理论大部分都是建立在光的波动性学说上。人们设计光学元件、制造光学仪器时无一不考虑光的波动性。光的波动理论指出，任何光学仪器的分辨本领都与所使用的照明光的波长有关。波长越短，光的波动性的表现——衍射效应越弱，分辨本领越高。今天我们使用的电子显微镜就是据此制造的。由于电子的波长只有普通光波波长的$\frac{1}{1000}$，因而电子显微镜的分辨本领就比光学显微镜高 1000 倍。

α、β、γ射线的发现

19 世纪末，贝克勒耳、居里夫妇发现的放射性现象在世界科学界引起了巨大的震动。这种特殊的射线是从哪里来的？它是由什么构成的？人们非常渴望有谁来揭开这一科学现象的神秘面纱。于是科学家纷纷行动起来，开始探索和研究放射性的本性，其中英国物理学家卢瑟福取得了最辉煌的成就。

◎杰出的青少年时代

厄内斯特·卢瑟福1871 年8 月31 日出生于新西兰的纳尔逊。他的祖籍是英格兰，祖父和外祖父都是从英格兰到新西兰的第一批移民，世代为农民兼手工业者。

卢瑟福有十个兄弟姐妹，童年生活相当贫困，因此他从小就目睹父辈为全家人的温饱而辛苦操劳。从进入学校的第一天起，他就树立起一个坚定的信念：除非好好学习，否则长大后就会和父辈一样当农民。

卢瑟福是个好学生，从小学毕业之后，他一直是依靠奖学金完成中学至大学的全部学业。为了保证及时得到奖学金，他所有功课的学习成绩都是最优秀的，这不但有他擅长的数学、物理等理科课程，还有并不感兴趣的历史、法语、拉丁语、希腊语等文科课程。人们对青少年时代的卢瑟福的一致评价是：这是一个坦

广角镜

X 射线

X 射线是波长介于紫外线和 γ 射线间的电磁辐射。X 射线是一种波长很短的电磁辐射，由德国物理学家伦琴于 1895 年发现，故又称伦琴射线。伦琴射线具有很高的穿透本领，能透过许多对可见光不透明的物质。X 射线的特征是波长非常短，频率很高。因此 X 射线必定是由于原子在能量相差悬殊的两个能级之间的跃迁而产生的。所以 X 射线光谱是原子中最靠内层的电子跃迁时发出来的，而光学光谱则是外层的电子跃迁时发射出来的。X 射线用来帮助人们进行医学诊断和治疗，用于工业上的非破坏性材料的检查等。

诚俭朴、令人喜欢的青年，虽然带有孩子气，但只要认准目标，就会勇往直前奔向它。

◎ 剑桥大学的研究生

1895 年，卢瑟福获得大英博览会奖学金，从新西兰来到当时世界著名的科学研究中心——英国剑桥大学的卡文迪许实验室做研究生。本来，卢瑟福的目的是继续他比较熟悉而且已做出不少成绩的无线电研究。

1897 年，卡文迪许实验室主任汤姆孙教授在研究阴极射线性质的过程中发现了电子，这是人类有史以来认识的第一个亚原子粒子。电子的发现揭开了人类研究物质更深层次的序幕。卢瑟福也由此看到，明天科学的发展就在于今天对于微观世界的了解，这一认识又使卢瑟福从科学的应用方面转到科学的基础研究上。

卢瑟福在基础研究上接触到的第一个题目是关于 X 射线对气体导电性的作用。这是汤姆孙教授的研究项目，但作为汤姆孙的研究生和助手，卢瑟福在工作中担当了重要的角色，特别是那一系列精密的实验仪器的设计和制作，许多实验方案的提出和实施，无一不表现出卢瑟福的天才和智慧。由于他出色的工作能力，1898 年在汤姆孙的推荐下，卢瑟福到加拿大的麦克吉尔大学任教授。

◎ 放射性的成分

1896 年 2 月，法国物理学家贝克勒耳发现了铀的放射性。此后不久，在居里夫妇等人的努力下，放射性越来越强的元素钍、钋、镭等被相继发现。消息传到远在北美的加拿大，卢瑟福如获至宝。他立即停下正在进行的其他工作，开始研究放射性的种类、性质和本性。

卢瑟福从铀的辐射入手，并采用了与研究 X 射线对气体导电作用的类似方法。他把两块面积各为 20 平方厘米的锌板平行置放、间隔 4 厘米，在一块板上均匀涂上粉末状的放射性铀化合物，在另一块上接上电流计。当两块板接上电源后，由于铀辐射对空气的电离作用，两板之间的空气变得能导电，这样通过电流计的读数便可知道在辐射作用下气体的导电量。

接着卢瑟福在两板之间放置多层厚度 0.0005 厘米的铝箔，研究辐射穿过金属层后的衰减情况。卢瑟福发现，在两板间逐次放 3 层铝箔时，电流计的读数变化缓慢，但当放上第四层时，电流计的读数突然下降到原来的$\frac{1}{20}$。再逐次加放铝箔一直到20层，电流计读数的变化始终不大。辐射强度在第四层前后为什么会发生突变呢？卢瑟福认为一定是铀辐射的成分在这一层前后发生了变化，即铀辐射中有着不止一种的射线，某一种射线在经过第四层时被吸收了，而其他成分的射线则依然存在。为了简单起见，卢瑟福用希腊文“alphabeta……”的头几个字母的读法，把那种容易被吸收掉的射线称为“alpha”，而其余的称为“beta”，即“α”和“β”射线。其后不久，卢瑟福和法国科学家维拉德又同时发现铀辐射中还有一种比β射线穿透本领更强的射线，并由卢瑟福命名为“γ”射线。

◎三种射线的性质

卢瑟福发现，α、β、γ三种射线是当时科学界最重要的事件之一，然而卢瑟福对此并不满足。关于三种射线他要做的事情还有很多，首先是查清楚它们的身份。当时许多科学家已进入这一研究领域，首先是放射性的发现者贝克勒耳证明β射线可以在静电场中偏转，其行为与阴极射线一致，并由此确定β射线就是速度很高的电子流。

你知道吗

射 线

射线是指由各种放射性核素发射出的、具有特定能量的粒子或光子束流。反应堆工程中常见的有的射线、射射线、γ射线和中子射线。

但对α射线其他人就重视不够，认为它在电场、磁场中毫无反应，穿透性弱且不能使照相底片曝光，似乎无关紧要。但卢瑟福始终坚持对α射线的研究，1902年他用8000高斯的强磁场、15000伏/厘米的强电场，分别实现了α射线在磁场、电场中的偏转，证明了α射线是一种带正电的粒子流，并测定出其电荷与质量的比值为氢的一半，速度为光速的$\frac{1}{10}$。1908年卢瑟福又用光谱方法证明α射线是氦的原子核，它带有铀辐射全部能量的98%。而γ射线的确认则更为困难，直到1914年卢瑟福才肯定它是类似于X射线的电磁波。

三种射线的发现以及它们身份的确定彻底改变了人们对于传统物理学的认识，而卢瑟福则从更深的层次上去探索放射性的本性。

在大量实验事实的基础上，卢瑟福对放射性的产生提出了当时最令人满意的解释：所有放射性变化都可以看作一种物质由于放出射线而同时生成另一种物质的过程。当然今天对放射性本性的认识，比卢瑟福的解释更为全面和准确：放射性是发生在原子核内的事情，在自然界中，大多数的原子核是不稳定的，当原子核由不稳定状态向稳定状态转变的过程中，就以放出不同粒子的方式释放能量，并且由此形成放射性，产生出 α、β、γ 三种射线。

◎放射性与现代科学

对于放射性和三种射线的不断认识，为人类展现出一幅五彩缤纷、生动无比的微观世界景像，唤起了自然科学史上的又一次革命。

接着卢瑟福开始研究放射性的规律，他首先提出了一个重要概念：半衰期，即某种元素的辐射能力衰减到初值一半时所用的时间。这样对放射性的描述就有了定量性，物理学也第一次有了“寿命”的概念。而卢瑟福把铀、钍、镭的衰变过程分为几个阶段，绘制出这些元素衰变家族的图谱，从图谱上就可清楚地知道某种放射性元素经过什么过程、经过多长时间衰变成什么元素。从图谱上对某一元素上溯，也能查到它的祖先和根系，而对其追踪就可知道它的子孙后代和最终结局。

放射性衰变理论是现代物理学的重要组成部分，在科学上具有极其重要的应用价值。在考古中，利用放射性衰变理论可以推算出生物死亡的年代。实验证明，在生物活体中含有与空气相同比例的 C－12 和 C－14，虽然 C－14 具有放射性，但生物可以从食物和空气中得到补充。生物死亡后，C－12 保持不变，而 C－14 却因不断衰变而减少。因此测出生物遗骸中 C－12 和 C－14 的含量比，就可知道生物死亡的年代。同样，科学家用这一理论解决了地球、月球和许多宇宙天体的年龄、太阳的寿命及各种矿石的生成年代等重大科学问题。

由于放射性现象伴随着原子核的变化，原子核能够自发地由一种变为另一种，从理论上讲就能用人为的方法使一种元素变为另一种元素。卢瑟福在人类历史上首次成功地分裂了原子，使元素氮转变为另一种元素氧。20 世纪 30 年代初，卢瑟福与他的两个学生瓦尔顿和科克拉夫特设计了一架巨型原子捣碎机，并用这一设备把轻金属锂变为氦。

1932 年，卢瑟福在英国皇家学会公开了他们改变元素的成就之后，立即轰动了舆论界。报纸以大标题报道“原子分裂了”、“现代社会有了炼金术士”，而商业报纸则大声呼喊：“黄金即将被制造，货币很快贬值。”

卢瑟福是一位伟大的物理学家，他在原子核、放射性等许多物理学领域有着卓著的成就，但他在科学上获得的最高荣誉却是1908年诺贝尔化学奖。在瑞典皇室招待他的宴会上，卢瑟福风趣地讲了这样一段话：“我曾处理过多个时期的许多不同的变化，但我遇到的最快变化则是一瞬间自己由一个物理学家变成一个化学家。”

光电效应的发现

阿尔伯特·爱因斯坦是人类历史上成就超凡的科学巨匠。他之所以被誉为20世纪的哥白尼、20世纪的牛顿，是因为他在现代物理学的许多重要领域都有奠基性的贡献；他之所以为世人所景仰，是因为他创立了狭义相对论、广义相对论，把20世纪的科学引入一个由三维空间和一维时间构成的四维时空。1921年，爱因斯坦荣获诺贝尔物理学奖，但授奖的主要原因却是他的另一贡献——光量子理论及对光电效应的理论解释。

什么是光量子理论？什么是光电效应？爱因斯坦又是如何对光电效应做出理论解释的呢？

◎赫兹的发现

自丹麦物理学家奥斯特发现电流的磁效应和英国物理学家法拉第发现电磁感应现象后，人们对电磁理论的研究逐步深入。1864年，英国物理学家麦克斯韦用严格的数学方法证明了电磁波的存在，并认为光就是一种电磁波。

电磁波既不像水波可以看见，又不像声波能够听见，这在当时看来颇有点神秘莫测。那么到底有没有电磁波，麦克斯韦的理论是否正确，唯有实验事实才能回答。然而由于这样的实验难度极大，在十多年后仍无人问津。鉴于弄清这个问题的重要性，1878年德国柏林科学院悬赏求贤。1883年，年仅26岁的物理学家赫兹站出来勇敢接受了这一难题，几年之后赫兹不仅在实验上证实了电磁波的存在，而且还发现了另一重要的科学现象。

1887年初的一天，已经担任德国卡尔斯鲁厄高等学校教授的赫兹正在继续他的电磁波实验。他使用的仪器为：变压器 T 和电容器 C 组成振荡电路，F 是一对由纯锌材料制作的电极。赫兹在实验中发现，调大电极 F 间的间隙，电容器 C 放电的火花就很难在两电极间跳过。但这时如果用水银灯的光照射电极时，火花则容易跳过。赫兹对这一现象很感兴趣，反复进行了实验，最后他得出结论：在这一现象中起作用的是水银灯光中的紫外光部分，当光照射 F 的负极时作用更明显。当时赫兹还无法解释这种现象，但他如实做了记录，并在当年发表的题为《论紫外光对放电现象的效应》一文中首次描述了这一发现。

◎光电流与光电效应

赫兹本人对他的发现并没有继续研究，但这一现象却引起其他科学家的极大兴趣。赫兹的助手勒纳于 1889 年开始这方面的研究。他先认为这一现象是由阴极射线引起的，但到 1894 年用实验证明这种看法并不符合实际。1899 年，英国物理学家，即发现电子的老汤姆孙用磁偏转法测定从电极放出的火花是由与阴极射线相同的一类带电粒子组成。在老汤姆孙的启示下，勒纳 1900 年用类似的方法测出了这种带电粒子的荷质比，其值与电子的荷质比一样，勒纳认为这种火花就是光电流。

接着勒纳开始新的研究，试图找出产生光电流的基本规律。他在实验中发现，当光射到处在高度真空管内的阴极 C 的表面时，就有电子发射出来，在加速电场作用下这些电子移向阳极 A 并在外电路中形成电流。勒纳的实验告诉人们，赫兹的发现实际上是在光的作用下电子从金属表面的发射现象，并称之为光电效应。

接着，科学家对光电效应进行了更广泛的研究，很快发现了

你知道吗

产生光电流的二极管

光敏二极管与半导体二极管在结构上是类似的，其管芯是一个具有光敏特征的 PN 结，具有单向导电性，因此工作时需加上反向电压。无光照时，有很小的饱和反向漏电流，即暗电流，此时光敏二极管截止。当受到光照时，饱和反向漏电流大大增加，形成光电流，它随入射光强度的变化而变化。当光线照射 PN 结时，可以使 PN 结中产生电子一空穴对，使少数载流子的密度增加。这些载流子在反向电压下漂移，使反向电流增加。因此可以利用光照强弱来改变电路中的电流。

这种现象的主要特征。比如，对于不同材料制作的阴极都存在一个截止频率，当入射光的频率低于截止频率时，无论光的强度多大也不论照射多长时间，都不会产生光电流；但只要入射光的频率大于截止频率，无论入射光的强度多小都能产生光电流。而且从光照到金属表面开始到光电流的产生几乎是同时的，最长的时间间隔也不超过 10^{-9}秒的数量级。

在取得光电效应的实验证据后，科学家开始对其进行理论分析。他们认为电子从金属表面逸出是入射光波的电场分量与电子间谐振的结果，但如果确是这样，电子发射只会发生在入射光的单个不连续的频率上。即使在最好的情况下，也只能出现在某些相当窄的频带上。而现在的事实是，只要入射光的频率大于截止频率，所有频率的入射光都能产生光电流。

科学家认为光电效应的能量传递过程也是由共振引起的，但这种看法在研究时间关系时导致了一个更为惊奇的结论：即使入射光的频率大于截止频率，波长等于电子的线度，若电子能全部吸收照射到它上面的能量，那么电子需要 500 年才能积累到逸出金属表面的能量。而实验事实是这两者几乎同时发生，根本无须时间积累。看似完善的经典理论对光电效应问题竟如此无能为力，大大出乎科学家的意料！科学家们叹息，晴朗的物理学天空出现了一朵乌云，经典物理学陷入了困境。正在科学家一筹莫展时，年轻的德国物理学家爱因斯坦以超人的智慧，提出了光量子理论并对光电效应做出了令人信服的理论解释。

◎ 科学巨匠的青少年时代

阿尔伯特·爱因斯坦 1879 年 3 月 14 日出生于德国的乌尔姆城，父母都是犹太人。1880 年爱因斯坦全家迁居慕尼黑，在那里他父亲和叔叔合办一家小工厂。6 岁那年，爱因斯坦在慕尼黑开始了学生时代。

小时候的爱因斯坦性情沉静，加上他表现木讷也不太合群，因而不为学校的老师喜欢。甚至有一次他父亲无意当中问校长："这个孩子长大后应该选择什么职业?"校长竟然直率地说："干什么都一样，他不会有很大的出息。"

但是在另外一些方面，爱因斯坦的表现却远远超过了一般的儿童。爱因斯坦四五岁时父亲给他玩一个小小的指南针，他对指针始终指向北方感到惊奇。他边看边琢磨并对父亲说："我看这针的周围一定有什么东西在推它。"爱因斯坦后来回忆这件事说道："指针是那样顽固，它给我留下了卓然不移的印象。”爱因斯坦还有极好的音乐天赋，他 6 岁起跟随酷爱音乐的母亲学小提琴，几年工夫，他的技艺已达到登台伴奏的水平。可以说，从孩提时代起小提琴就成为他的终身伴侣。

爱因斯坦喜欢古典文学特别是歌德的作品。在三年级时，爱因斯坦得到一本精装的几何课本，从第一页起欧几里得在抽象思维的峭壁上所画的每一条线都强烈地吸引着他。在中学他的几何是最好的，他经常因为对问题有独特的见解而得到老师的赞扬并得到最高分。十四五岁爱因斯坦就自学了高等数学，懂得了微积分，拥有比同龄孩子多得多的知识。16 岁时，同学们正在忙于应付功课，而爱因斯坦已想到：如果我以真空中光的速度追随一条光线，那么看到的将是一个在空间振荡而停滞不前的电磁波。伟大的相对论产生于一个孩子，这不能不说这是人类科学史上的奇迹！

1896 年爱因斯坦考上了瑞士苏黎世联邦工业大学师范系学习物理。4 年当中除了规定的课程外，他专心致志地阅读了基尔霍夫、亥姆霍兹等物理学大师的著作，同时还有菁芜混杂的哲学著作。正是这些著作，使得爱因斯坦从青年时代起就善于思辨、富有哲理，使得他能够站在前人的肩膀上穿过当时物理学晴空中的乌云，看到新时代的曙光。

1900 年 8 月，爱因斯坦大学毕业。尽管他才华横溢，但由于是犹太人总找不到适当的职业。在几乎贫困潦倒的困境中，他当过家庭教师，甚至打算拉小提琴沿街卖艺。1902 年，爱因斯坦在大学同学格罗斯曼的父亲的帮助下，才找到一份正式的工作，在伯尔尼瑞士联邦专利局当一般职员。这对他太重要了，他至少有了生活保证。

这个时候的爱因斯坦年轻、精力旺盛，他常常用 3—4 个小时就干完 8 个小时的本职工作，然后开始研究自己关心的物理问题。但在办公室是不能干私活的，他便用一张张的小纸片写啊算啊，一旦有人来，小纸片便掉进抽屉。在专利局的 7 年中，爱因斯坦的科学论文一篇接一篇发表了。每一篇都涉及物理学的最前沿问题，每一篇都具有划时代的科学意义，每一篇都使经典物理学的大山底下爆发一次猛烈的震动。

◎ 光量子与光电效应的解释

随着 19 世纪的逝去和 20 世纪的来临，经典物理学越来越清楚地显示出其内在的缺陷，诸如迈克尔孙－莫雷实验、黑体辐射、光电效应等问题极大地困扰着科学家，然而正是在这种情况下一些有卓越见识的物理学家开始建立新的物理理论以摆脱困境。1900 年，德国物理学家普朗克在研究黑体辐射时得出一个非常惊人的结论：黑体空腔的能量在辐射过程中是不连续的，而是一份一份的能量子，能量子的值取决于辐射场的频率。但是能量分立的结论与经典物理学能量连续的观念是如此抵触，以致能量子的出现被认为是科学上的“怪胎”。即使普朗克本人对此在相当长的一段时间也表现犹疑。他曾对自己的儿子说：“我现在做的事情，或者是毫无意义，或者可能成为自牛顿之后物理学的最大发现。”

爱因斯坦接触到普朗克的理论后，似乎看到了物理学的另一个全新世界，他开始用能量子来构造这个世界。

1905 年，爱因斯坦发表了一篇《关于光的产生和转换的一个启发性观点》的文章。他在文章中论述道：“不仅黑体辐射的能量是分立的，而且所有电磁辐射的能量都应是分立的。光是一定波长的电磁波，光在传播过程中具有波动性，但是光的能量并不是均匀分布在波阵面上，而是由个数有限的、局限于空间各点的能量子——光量子所组成，每个光量子携带的能量为 $h\nu$（h 为普朗克常量，ν 为光的频率）。当光照到金属上，金属中的电子要么吸收一个光量子，要么完全不吸收。如果光量子的能量 $h\nu$ 大于金属表面对电子的逸出功，电子就能脱离金属表面。由于电子吸收两个光量子的概率极小，更不要说电子有可能吸收多个光量子积累能量，因而光量子的能量 $h\nu$ 小于一定值时，无论多么强的光都不能使电子逃逸金属表面。”

趣味点击　冰棍冒气的秘密

夏天，由于外面的气温比冰棍的温度高得多，冰棍一旦遇到空气就要融化，融化时要从周围的空气中吸收大量的热，使空气的温度下降。平时空气里含有一定量的水蒸气，由于温度突然降低，就达到饱和或过饱和状态。也就是说，冰棍周围的空气由于温度降低，使容纳不下原来所含的那么多水蒸气了。在这种情况下，多余的水蒸气就结成微小的水珠，形成一团团飘浮着的雾状水滴，经光线照射，就成了白色的水汽。

根据这一观点，爱因斯坦写出了著名的光电效应方程：$h\nu = \varphi + \frac{1}{2}mv^2$。

$h\nu$ 为光量子的能量，φ 为金属表面对电子的逸出功，$\frac{1}{2}mv^2$ 为电子离开金属表面时具有的动能。

爱因斯坦以全新的物理观念解释清楚了光电效应表现的一切现象，可是这个理论不是出自于某个大物理学家，而是一个年仅 26 岁的专利局小职员那里，因而没有得到科学界的承认，即使相信量子论的一些物理学家包括普朗克本人也对此持反对态度。爱因斯坦的理论需要实验的证实，然而他却没有任何的实验条件并且也不擅长于实验。但是，一个伟大的物理理论最终是不会被扼杀在萌芽中的。

◎ 实验物理学家的贡献

爱因斯坦的文章发表后，光量子理论得到美国芝加哥大学的密立根教授的高度重视。从 1905 年起他就开始从事光电效应的定量研究以证实爱因斯坦的理论正确与否。

密立根教授是一位具有非凡才能的实验物理学家，但是验证爱因斯坦理论的实验太难了，甚至超过了他测定电子基元电荷的工作。在经过较长时间的考虑之后，密立根认为实验的关键是如何清除金属表面的氧化层，因而他设计的整个实验都是在高度真空的条件下进行的，并且依靠他独创的“真空机械车间”使实验获得圆满成功。但是这项伟大的工作决不是一朝一夕而是花费了密立根教授近十年的心血。

从 1907 年至 1912 年的 5 年间，密立根教授不断发表这项工作的消息，最后的实验结果是 1914 年首次报告于美国物理学会学术会议。密立根的实验相当成功，精确的数据表明爱因斯坦的光电效应方程所包括的五个主要内容是正确的。这不但使得光量子理论和光电效应方程得到科学界的广泛承认，也使得爱因斯坦因此荣获 1921 年诺贝尔物理学奖，而且密立根教授也因为这项工作及测量出电子基元电荷而获 1923 年诺贝尔物理学奖。

◎ 伟大的科学发现

爱因斯坦的光量子理论及光电效应方程有着极其重大的科学意义。首先它变革了人们思想上根深蒂固的经典观念，认识到物质微观世界的能量是离散式的而不是连续的。这一认识直接导致现代物理学的诞生，并使 20 世纪的科学进入一个崭新的时代。

爱因斯坦光电效应方程的实验验证使得光量子不仅成功出现于物理理论，更使其成为真实的客观实体。光量子的真实性为自牛顿时代以来争论不休的光的本性问题做出了最终裁决：光既是波动又是粒子，具有波粒二象性。1924 年法国物理学家德布罗意根据光的波粒二象性，提出了实物粒子也同光一样具有波粒二象性，这一假设其后得到英国物理学家小汤姆孙和美国物理学家戴维森的证实，使得人类对物质世界的认识进入一个更深的层次，并建立起现代物理学最重要的理论量子力学。今天我们熟悉的客观世界是由原子和分子构成的精巧建筑物，而量子力学便是营造这些建筑物的法规。

对于今天的科学技术来说，光电效应的重要性也日益增大，由光电效应发展而成的光电子发射谱技术已成为实验物理学最先进、最富有成就的领域之一。这种科学手段在探测原子、分子、固体和金属表面的电子结构方面起着极其重要的作用，有力地促进了材料科学、半导体科学的飞速发展。除了在高科技领域大显身手外，根据光电效应原理制成的各种各样的光电管正在走进我们的日常生活，并不断改善与提高着我们的生活质量。测到在质子和反质子相互湮灭时，粒子团之间存在的微弱的相互作用，就能间接地证明暗物质存在。科学家们猜测，宇宙间 90% 的物质是由神秘的暗物质组成的。

电子波动性的发现

19 世纪末与 20 世纪相交之际，X 射线、电子、放射性三大发现彻底改变了以往人们对于物理学的看法，科学家们认为应以它们为基础再建造一座崭新的现代物理学大厦。于是其后接踵而来的 20 多年就成为物理学发展史上最令人激动的时期之一。这一阶段，新思想、新理论此起彼伏、层出不穷；新实验、新发现一个接着一个，使人目不暇接。电子波动性的发现就是这其中之一。

◎ 大胆的科学假设

1900 年，德国物理学家普朗克在德国物理学会会议上公布了一个令人震惊的结果：黑体辐射中所放出的能量是不连续的，而是以一个与辐射频率有关、以 $h\nu$ 为最小能量单位一份一份地发出的。普朗克为人们描绘的自然界是离散式的。1905 年爱因斯坦以量子论成功地解决了光电效应问题及 1906 年密立根对爱因斯坦光电效应方程的实验验证，使得光的粒子性被人们普遍接受。另一方面，1912 年德国物理学家劳厄的 X 射线衍射实验和 1922 年美国的物理学家康普顿的 X 射线散射实验，使人们对电磁辐射的波动、粒子二象性有了清楚理解。

知识小链接

电磁辐射

电场和磁场的交互变化产生的电磁波，电磁波向空中发射或泄露的现象，叫电磁辐射。电磁辐射是以一种看不见、摸不着的特殊形态存在的物质。人类生存的地球本身就是一个大磁场，它表面的热辐射和雷电都可产生电磁辐射，太阳及其他星球也从外层空间源源不断地产生电磁辐射。围绕在人类身边的天然磁场、太阳光、家用电器等都会发出强度不同的辐射。

这一切都似乎在不显山水地提醒科学家注意：既然像光这类电磁辐射都具有微粒性，那么，实物粒子为什么不具有波动性呢？对此，科学家们心照不宣，他们需要足够的勇气。

1924 年，法国巴黎大学年轻的研究生、在物理学界还是无名小卒的德布罗意经过较长时间的思考之后，果然在他的博士学位答辩论文中提出一个大胆的设想：实物粒子具有波动性。他认为 19 世纪在对光的研究上，只重视了它的波动性而看轻了其粒子性，而对实物粒子的研究上却只看重了它的粒子性而轻视了其波动性。

德布罗意还提醒答辩委员会注意，他的假设可以通过电子的运动加以证实，并天才地预言当电子束从小孔穿过时就能呈现出衍射效应——表现出波动性。由于德布罗意的假设在当时过于超前离奇，以致答辩委员会在决定是否应授予他学位时举棋不定而不得不征求大名鼎鼎的爱因斯坦的意见。爱因斯坦尽管认为这一假设对真实粒子的适用性如何，尚是一个需要实验验证的悬念，但同意授予德布罗意博士学位。

科学上的每一个假设必须得到实验的证实，否则它便无法成立。那么谁来对实物粒子具有波动性这一假设来验证呢？当时几乎没有人认为这是可能做到的，也没有人关心这方面的实验，直到四年之后，美国的物理学家戴维森和英国物理学家 G. P. 汤姆孙用不同的方法证实了电子具有波动性。

◎成功来自于失败

1881 年 12 月 22 日，戴维森出生于美国伊利诺伊州的不鲁明顿，他的父亲是荷兰和法国移民的后裔，母亲是英格兰和苏格兰人的后裔。1902 年，戴维森中学毕业后由于数学和物理成绩优异获得奖学金进入芝加哥大学学习，但由于经济困难，一年之后又不得不回到家乡谋职求生。由于他在芝加哥大学曾受教于著名实验物理学家密立根教授，而且在离开芝加哥大学后始终得到密立根教授的关怀和帮助，因而戴维森并未中断自己的学习和科学研究。1927 年，当他转到贝尔电话实验室任职时，其科学研究的能力和水平已令人刮目相看。

中国有一句成语叫“塞翁失马，焉知非福”，戴维森的电子波动性的发现，正好应验了这句话。他是在一次不幸的实验事故中取得成功的。

1925 年的一天，戴维森和他的助手革末正在实验室做电子的晶体散射实验，研究电子经普通镍靶散射后角分布的规律。由于靶子温度很高，真空管突然破裂，从破裂口进去的空气又使镍靶严重氧化。他们不得不维修设备，由于使用的镍靶是经过特殊抛光的。在修复真空管时，还必须使镍靶在真空中长时间加热以去净表面的氧化物。

两个月后他们恢复了实验，但第一次的实验结果就使他们大吃一惊，电子的角分布曲线几乎变成了 X 射线的衍射花样。他们对此迷惑不解，因为经过反复检查后，并没有发现 X 射线，有的只是电子流。为了查明原因，他们不惜又一次中断实验，锯开真空管，并请来有名气的显微镜专家鲁卡斯帮助找原因。在鲁卡斯的协助下，他们发现镍靶已在修复当中因加热发生了变化，原来磨得极光、包含许多小晶粒的镍靶表面已变成了几块较大的单晶体。他们推测，这种新的散射花样可能是由于镍靶晶体中原子的重新排列所引起的。

面对这一预想不到的重要的新现象，戴维森和革末不是回避它，而是积极地去探索。他们不但继续做实验，而且还利用由不同制备过程得到的镍靶的实验结果与之进行比较。但是两年过去了，他们所有的努力都付诸东流，再也没有获得那次偶然事件的实验曲线。

1926年春季，戴维森到英国度假，期间他顺便参加了在牛津举行的英国科学促进会。当他听了物理学家玻尔的报告后，感到十分惊讶，因为早在两年前德布罗意就提出了实物粒子具有波动性的假设，而自己在美洲大陆竟对此一无所知。并且他正在做的工作与德布罗意建议的实验是如此相近，以至于他似乎觉得那种特殊的曲线也许能验证德布罗意的假设。

回到美国之后，戴维森和革末立即恢复工作，他们的目的非常明确，设法用实验证实德布罗意的假设。戴维森在实验中通过改变加速电压使电子具有不同的能量。1927年1月，他们终于发现当电压为65伏时，在与电子流入射法线为45度的散射方向上出现了最强的电子束。经过初步的理论分析，他们认为这与发现电子具有波动性的距离已经很近了。

趣味点击　电子束

电子束是指电子经过汇集所成束。具有高能量密度。它是利用电子枪中阴极所产生的电子在阴阳极间的高压（25－300kV）加速电场作用下被加速至很高的速度（0.3－0.7倍光速），经透镜会聚作用后，形成密集的高速电子流。

到了这年8月份，他们共获得30种这类电子射束的曲线，更使他们惊喜不已的是其中的29种竟可以用德布罗意的理论给出圆满的解释，结论可靠无误，电子确有波动性。12月份，他们在《物理评论》上发表了关于实验结果和理论分析的文章，得到了物理学界的强烈反响，事实上，物理学家早就急切地等待这一奇迹的出现。在此还要提到另一位英国物理学家汤姆孙，他是那位因发现电子而荣获1906年诺贝尔物理学奖的老汤姆孙的儿子。小汤姆孙从小就受到良好的科学教育，成年后又跟随父亲老汤姆孙在卡文迪许实验室从事物理学研究。1922年，年仅30岁的小汤姆孙已是阿伯丁大学的物理学教授。1926年，小汤姆孙出席了在牛津举行的科学促进会，并与当时许多参加会议的著名物理学家讨论德布罗意的理论。会议结束后，小汤姆孙突然想到如果电子具有波动性，那就会产生衍射效应，于是他立即开始工作。但他使用的样品不是单晶体，而是一张薄金属箔，这样的样品是由无数取向杂乱的微细晶体组成的。

在实验中，小汤姆孙保持电子的能量不变，电子流穿过样品后在照相板上形成了同心环纹。这与德拜的 X 射线粉末衍射图样完全相似，因而小汤姆孙就用另一种方法证实了电子具有波动性。

◎现代科学的基石

电子波动性的发现是 20 世纪物理学上最伟大的发现之一。正是由于有了可靠的实验支持，德布罗意的理论才得到科学界的承认。并且，以德布罗意的理论为基础迅速地发展起来现代物理学上最重要的理论量子力学。

根据我们日常的经验，微小的物质世界已经超出人们的感觉。但是我们能够触及和看到的所有一切，包括传递触觉的神经脉冲和光在内，其特性都归结于原子和分子构成的精巧建筑物，而量子力学便是营造出这些建筑物的法规。至于那些直接依赖原子过程的宏观现象，例如激光、超导材料、固体电子学等现代科学技术的研究更是要用到量子力学。因而我们应当说，如果没有电子波动性的发现，就不会有现代科学的今天。

电子具有波动性这一功能本身也广泛地应用于现代科学技术之中，电子显微镜便是其中之一。

电子波动性的发现，使得德布罗意由于提出实物粒子具有波动性这一假设得以证实，并因此而获得 1929 年诺贝尔物理学奖。而戴维森和小汤姆孙由于发现了电子的波动性也同获 1937 年诺贝尔物理学奖。但是两位物理学家一个在欧洲大陆，一个在美洲大陆，并且在根本不了解对方工作的情况下，采用不同的方法几乎同时完成一个伟大的发现，也是科学史上一个少见的巧合。另外，父亲老汤姆孙因发现电子是粒子而不是波动获得诺贝尔奖，而儿子小汤姆孙又因发现电子既是粒子又是波动也获得诺贝尔奖，更是物理学上的一件趣事。

宇宙射线的发现

所谓宇宙射线，指的是来自于宇宙中的一种具有相当大能量的带电粒子流。1912 年，德国科学家韦克多·汉斯带着电离室在乘气球升空测定空气电离度的实验中，发现电离室内的电流随海拔升高而变大，从而认定电流是来自地球以外的一种穿透性极强的射线所产生的，于是有人为之取名为“宇宙射线”。

知识小链接

太阳辐射

太阳辐射是指太阳向宇宙空间发射的电磁波和粒子流。地球所接受到的太阳辐射能量仅为太阳向宇宙空间放射的总辐射能量的二十亿分之一，但却是地球大气运动的主要能量源泉。

宇宙射线一般指约在 46 亿年前刚从太阳星云形成的地球。初生的地球，固体物质聚集成内核，外周则是大量的氢、氦等气体，称为第一代大气。

那时，由于地球质量还不够大，还缺乏足够的引力将大气吸住，又有强烈的太阳风（是太阳因高温膨胀而不断向外抛出的粒子流，在太阳附近的速度为 350 ~450 千米/秒），所以以氢、氦为主的第一代大气很快就被吹到宇宙空间。地球在继续旋转和聚集的过程中，由于本身的凝聚收缩和内部放射性物质（如铀、钍等）的蜕变生热，原始地球不断增温，其内部甚至达到炽热的程度。于是重物质就沉向内部，形成地核和地幔，较轻的物质则分布在表面，形成地壳。

初形成的地壳比较薄弱，而地球内部温度又很高，因此火山活动频繁。从火山喷出的许多气体，构成了第二代大气即原始大气。

原始大气是无游离氧的还原性大气，大多以化合物的形式存在，分子量大一些，运动也慢一些，而此时地球的质量和引力已足以吸住大气，所以原始大气的各种成分不易逃逸。以后，地球外表温度逐渐降低，水蒸气凝结成雨，降落到地球表面低凹的地方，便成了河、湖和原始海洋。当时由于大气中无游离氧（O_2），因而高空中也没有臭氧（O_3）层来阻挡和吸收太阳辐射的紫外线，所以紫外线能直射到地球表面，成为合成有机物的能源。此外，天空放电、火山爆发所放出的热量，宇宙间的宇宙射线（来自宇宙空间的高能粒子流，其来源目前还不了解）以及陨星穿过大气层时所引起的冲击波

（会产生几千到几万摄氏度的高温）等，也都有助于有机物的合成。但其中天空放电可能是最重要的，因为这种能源所提供的能量较多，又在靠近海洋表面的地方释放，在那里作用于还原性大气所合成的有机物，很容易被冲淋到原始海洋之中。

◎现代的宇宙射线探测方式

直接探测法——1014eV 以下的宇宙射线，通量足够大，可用面积为平方米左右的粒子探测器，直接探测原始宇宙射线。这类探测器需要人造卫星或高空气球运载，以避免大气层吸收宇宙射线。

间接探测法——1014eV 以上的宇宙射线，由于通量小，必须使用间接测量，分析原始宇宙射线与大气的作用来反推原始宇宙射线的性质。当宇宙射线撞击大气的原子核后产生一些重子、轻子及光子（γ 射线）。这些次级粒子再重复作用产生更多次级粒子，直到平均能量等于某些临界值，次级粒子的数目达到最大值，称为簇射极大，在此之后粒子逐渐衰变或被大气吸收，使次级粒子的数目逐渐下降，这种反应称为“空气簇射”。地球地表的主要辐射源是放射性矿物，空气簇射的次级粒子是高空的主要辐射源，海拔 20 千米处辐射最强，100 千米以上的太空辐射则以太阳风及宇宙射线为主。

你知道吗

电冰箱的节电方法

电冰箱应放置在阴凉通风处，决不能靠近热源，以保证散热片很好地散热。使用时，尽量减少开门次数和时间。电冰箱内的食物不要塞得太满，食物之间要留有空隙，以便冷气对流。准备食用的冷冻食物，要提前在冷藏室里慢慢融化，这样可以降低冷藏室温度，节省电能消耗。

J/ψ 粒子的发现

在发现了电子及构成原子核的质子、中子后，物理学的研究进入了更小、更复杂的亚核粒子世界。但是物理学家很快就发现，以往的研究手段在亚核粒子领域无能为力。于是从 20 世纪 40 年代起，物理学家便制造出一种更为先进的实验工具——加速器。美籍华裔物理学家丁肇中博士就是一位操纵着加速器驰骋于亚核粒子世界的实验物理学大师。

◎ 童年的童话

丁肇中是美籍华人，但是他的美国国籍却是由于意外的出生而得到的。1936 年，在中国当教授的父母去美国密执安大学安阿伯学院进行学术访问。本来父母亲都以为孩子应该在访问结束后出生在中国，但在美国，母亲却偏偏早产了。由于美国的法律规定凡在美国境内出生者都可享有美国国籍，于是从出生的第一天起，丁肇中就是美国公民。

丁肇中的童年是在抗日战争期间度过的，他能回忆起跟随父母去过的很多地方，但却鲜有学校和教室的印记。那是因为日本飞机经常轰炸，他只上了几天一年级就不得不离开了学校。1945 年，丁肇中一家迁居台湾。父母亲仍在大学当教授，他也终于能上学了，那时他刚好 9 岁。尽管他的起步比同龄者要晚，而且基础差得多，但他聪明好学，很快就成为品学兼优的好学生。

◎ 志趣的改变

1956 年 9 月，丁肇中在台湾中学毕业。他觉得自己应该在一所更好的大学学习，于是怀揣父母给的 100 美元来到他的出生地美国密执安大学上学。本来他读的是工学院，但由于英语水平低，又看不懂工程图，所以考试差点不能及格。于是第二学期他仅选学自己觉得容易的数学和物理。他认为如果不这样，就无法取得好成绩，会失去奖学金。在这种情况下，指导老师让他第二年转到物理学系。但丁肇中后来讲，他真正对物理学有兴趣是在大学三年级。

知识小链接

粒 子

粒子是指能够以自由状态存在的最小物质组分。最早发现的粒子是电子和质子，1932 年又发现中子，确认原子由电子、质子和中子组成，它们比起原子来是更为基本的物质组分，于是称为基本粒子。以后这类粒子发现越来越多，累计已超过几百种，且还有不断增多的趋势。此外这些粒子中有些粒子迄今的实验尚未发现其有内部结构，有些粒子实验显示具有明显的内部结构。看来这些粒子并不属于同一层次，因此基本粒子一词已成为历史，如今统称为粒子。

丁肇中本来有志于理论物理，但后来却转向了实验物理。那是 1960 年 4 月，他正在密执安大学读研究生时，马丁教授急需找一名助手，而且条件非常优厚，即在加利福尼亚的伯克利做一个暑假的实验，有 300 美元的工资，并提供来回机票。这些不薄的条件使丁肇中第一次进入实验物理学领域。

暑假结束后，丁肇中决定在伯克利继续干下去。这倒不是他真的喜欢上了实验物理学，而是马丁教授看中了这个具有东方血统的年轻人，教授极力挽留他并许诺，如果他工作再努力，就能很快地取得硕士学位。还有什么话比这更能使一名研究生欣喜呢？

拓展思考

诺贝尔奖介绍

诺贝尔奖是以瑞典著名的化学家、硝化甘油炸药的发明人阿尔弗雷德·贝恩哈德·诺贝尔的部分遗产（3100 万瑞典克朗）作为基金创立的。诺贝尔奖分设物理、化学、生理或医学、文学、和平五个奖项，以基金每年的利息或投资收益授予前一年世界上在这些领域对人类作出重大贡献的人，1901 年首次颁发。诺贝尔奖包括金质奖章、证书和奖金。1968 年，在瑞典国家银行成立 300 周年之际，该银行捐出大额资金给诺贝尔基金，增设“瑞典国家银行纪念诺贝尔经济科学奖”，1969 年首次颁发，人们习惯上称这个额外的奖项为诺贝尔经济学奖。

丁肇中对自己职业的决定非常慎重，到底是从事理论物理还是实验物理，他询问了著名的物理学家、电子自旋的发现者乌伦贝克教授。教授告诉他：“做一名普通的物理实验员比一名平常的理论物理学家更重要，在理论物理学领域，只有极少数的理论物理学家是重要的。但你在实验室里，不论能做点什么，都是一种贡献。”丁肇中想有所贡献，于是选定了实验物理，并且一直从事亚核粒子物理学研究。

◎圆青年时代的梦

从青年时代起，丁肇中对光子就有了深刻的印象。因为物理学的许多发展或多或少都与人们对光的认识有关，这种看法吸引他最后走上了研究光子、重光子（性质与光子相同，但有一定质量）的道路。“自然界中到底有多少种重光子，它们有什么性质”？这样的问题经常在他的大脑中出现。

1971 年，丁肇中终于有机会去实现自己的理想。他受麻省理工学院之聘，主持该院布鲁克海文国家实验室的研究工作。当时理论上已经认为，两个质子相碰撞，会产生正、负电子对，而当正、负电子因相遇湮灭时有可能产生新的类光子粒子。以往进行的这类实验由于使用的电子对撞机能量有限，很难获得成功。但是丁肇中认为，尽管每十几亿次质子的碰撞才有一次机会出现正、负电子对，但布鲁克海文有能量为 300 亿电子伏特的质子加速器，可以提供强大的质子流，实验极有可能成功。

1972 年，当丁肇中提出要进行这项工作时，受到了很多的批评和责难。首先有人认为他的这项工作复杂，成功可能性不大。丁肇中的回答十分简单：“在美国波士顿的雨季，也许一秒内降下的雨有一百亿滴，假如其中有一滴的颜色稍有不同，我们要找的就是这一滴。”还有人认为像他那为了谋求微小的目标，动辄耗资千百万美金，不惜动用庞大的实验设备和人力，实在是不值得。但丁肇中的看法却是，物理学的研究坚持这样一条反比定律：珍宝越小，锁头越大。丁肇中就是要做一个最好的锁匠。

◎J 粒子的发现

1972 年，丁肇中的“冒险”工程启动了。首先为了防止来自加速器的强大粒子流危及工作人员的安全，为了排除所有来自外界的对探测仪可能的干扰，他们采取了严密的防护措施，用 1 万吨混凝土、100 多吨铅和 5 吨肥皂把整个工作室屏蔽起来。

为了避免错过任何一次有价值的发现，丁肇中还制定了一套严格的工作制度，每 30 分钟检查一次仪器的工作情况，并规定物理学家必须跟班检查。另外他还吸取别人的经验教训，不在探测仪的灵敏度上下太大功夫，而是努力提高它的分辨本领，事实证明丁肇中是正确的。1974 年夏天，所有的实验设备开动了。起初他们试图在 40 亿 ~ 50 亿电子伏特能量之间发现新东西，因为从理论上讲在这个量程里成功率最大，但是大半个夏天过去了，什么也没有发现。到了 8 月份，丁肇中及时修改实验方案，把能量降到 30 亿 ~ 40 亿电子伏特之间。很快，探测仪开始显示出结果，当把能量调到 31 亿电子伏特时，仪器记录到的正、负电子对数突然成倍增加，并且集中在一个宽度为 500 万电子伏特的能量区间。在排除了各种可能的因素后，丁肇中预感新的发现就要诞生了。

也许是作为实验物理学家慎重所致，丁肇中不急于宣布他们的发现。到了 11 月，他们已有了 500 个这种同类事件的记录。测量数据表明，他们的发现是一种新的、完全没有预料到的粒子。这种新粒子的质量为质子的 3 倍多，寿命约为 10^{-20} 秒。丁肇中命名这种粒子为 J 粒子，这是一个有意义的名字，J 既是他的英文名的第一个字母，又与他的中文姓“丁”极为相似。

◎ J 粒子与 J/ψ 粒子

1974 年 11 月初，丁肇中去斯坦福加速器中心参加学术会议，加速器专家里奇特教授也在这儿进行着与他类似的工作。会议之暇，丁肇中在斯坦福直线加速器实验室见到里奇特。他拿出自己的实验报告说：“教授，我有件工作上的要闻告诉你，你会对它有兴趣。”里奇特看过报告后，立即表现出极度的兴奋。他说：“丁博士，我也有重要的情况告诉你。”里奇特的报告和丁肇中的报告并排放在一起，所有的实验结果、测量数据、理论分析完全一样。唯一的区别是丁肇中的发现为 J（吉）粒子，里奇特的发现为 ψ（普赛）粒子。

丁肇中感到事不宜迟，立即打电话告诉麻省的助手迅速公布成果。11 月 10 日，《物理评论快报》公布了 J 粒子的发现，几乎与此同时里奇特也公布了自己的发现。由于发现的是同一种粒子，两人又未能在命名上达成一致，这种新粒子最后命名为 J/ψ 粒子。也就是说，在美国东海岸的麻省，人们叫它 J，而在西部的斯坦福，人们又叫它 ψ。如果你弄不清楚，就叫这种粒子为“吉普赛”好了。

◎ J/ψ 粒子与诺贝尔奖

J/ψ 粒子的发现，显示出物质结构的丰富多彩，使人们对基本粒子的认识前进了一大步。科学家通过对 J/ψ 粒子的深入研究，找到了通向物质微观领域更深层次的一条有效途径。1976 年，丁肇中和里奇特由于这一不约而同的发现而共同获得诺贝尔物理学奖。

在 J/ψ 粒子的发现之前，物理学上已经很长时间没有新粒子出现，从 1957 年发现反质子之后，活跃的物理学就进入“冬眠”状态，而 J/ψ 粒子的发现，标志着这一时期已经结束。全世界各国的物理学家纷纷放下手头的工作，改进原来的设备参与对 J/ψ 粒子的研究。他们确实发现了十几个与 J/ψ 粒子有关的新粒子，但它们都是 J/ψ 家庭的成员。

J/ψ 粒子的发现和诺贝尔奖金的获得，使得丁肇中瞬间成为全世界知名的科学家。但丁肇中对此却很漠然，他认为不断有新的发现只不过是实验物理学家的日常工作。

量子电动力学

量子电动力学是量子场论中最成熟的一个分支，它研究的对象是电磁相互作用的量子性质（即光子的发射和吸收）、带电粒子的产生和湮没、带电粒子间的散射、带电粒子与光子间的散射等等。它概括了原子物理、分子物理、固体物理、核物理和粒子物理各个领域中的电磁相互作用的基本原理。

量子电动力学是从量子力学发展而来的。量子力学可以用微扰方法来处理光的吸收和受激发射，但却不能处理光的自发射。电磁场的量子化会遇到所谓的真空涨落问题。在用微扰方法计算高一级近似时，往往会出现发散困难，即计算结果变成无穷大，因而失去了确定意义。后来，人们利用电荷守恒消去了无穷大，并证明光子的静止质量为零，由此量子电动力学得以确立。量子电动力学克服了无穷大困难，理论结果可以计算到任意精度，并与实验符合得很好，量子电动力学的理论预言也被实验所证实。到 20 世纪 40 年代末 50 年代初，完备的量子电动力学理论被确立，并大获全胜。

基本小知识

量　子

一个物理量如果有最小的单元而不可连续的分割，我们就说这个物理量是量子化的，并把最小的单元称为量子。量子一词来自拉丁语，意为“多少”，代表“相当数量的某事”。

在物理学中常用到量子的概念，量子是一个不可分割的基本个体。例如，一个“光的量子”是光的单位。而量子力学、量子光学等更成为不同的专业研究领域。其基本概念是所有的有形性质也许是“可量子化的”。“量子化”指其物理量的数值会是一些特定的数值，而不是任意值。

量子电动力学认为，两个带电粒子（比如两个电子）是通过互相交换光子而相互作用的。这种交换可以有很多种不同的方式。最简单的是其中一个电子发射出一个光子，另一个电子吸收这个光子。稍微复杂一点，一个电子发射出一个光子后，那光子又可以变成一对电子和正电子，这个正负电子对可以随后一起湮灭为光子，也可以由其中的那个正电子与原先的一个电子一起湮灭，使得结果看起来像是原先的电子运动到了新产生的那个电子的位置。更复杂的是，产生出来的正负电子对还可以进一步发射光子，光子可以再变成正负电子对……而所有这些复杂的过程，最终表现为两个电子之间的相互

拓展思考

量子的发现

1900年，普朗克在对热辐射的研究中第一个窥见了量子。这一年的12月14日，普朗克在德国物理学会会议上宣布了他的伟大发现——能量量子化假说。根据这一假说，在光波的发射和吸收过程中，发射体和吸收体的能量变化是不连续的，能量值只能取某个最小能量元的整数倍，这一最小能量元被称为“能量子”。普朗克的能量子概念第一次向人们揭示了微观自然过程的非连续本性，或量子本性。

1924年，德布罗意提出了物质波假说，最终将光所具有的波粒二象性赋予了所有物质粒子，从而指出了自然界中的所有物质都具有波粒二象性，或量子特性。

作用。量子电动力学的计算表明，不同复杂程度的交换方式，对最终作用的贡献是不一样的。它们的贡献随着过程中光子的吸收或发射次数呈指数式下降，而这个指数的底，正好就是精细结构常数。或者说，在量子电动力学中，任何电磁现象都可以用精细结构常数的幂级数来表达。这样一来，精细结构常数就具有了全新的含义：它是电磁相互作用中电荷之间耦合强度的一种度量，或者说，它就是电磁相互作用的强度。

1965 年诺贝尔物理学奖授予日本东京教育大学的朝永振一郎、美国马萨诸塞州坎布里奇哈佛大学的施温格和美国加利福尼亚州帕萨迪那加州理工学院的费曼，以表彰他们在量子电动力学所做的基础工作，这些工作对基本粒子物理学的发展具有深远的影响。

爱因斯坦的相对论

汽车是运动的，树木是静止的，这样说大家都能接受，但如果反过来说树木是运动的，汽车是静止的，则会有很多人说你痴人说梦。其实在物理学上这两种说法都是正确的，只是所选的参照系不同而已。这也是爱因斯坦伟大的相对论创建的基本出发点。

基本小知识

经典物理学

由伽利略和牛顿等人于 17 世纪创立的经典物理学，经过 18 世纪在各个基础部门的拓展到 19 世纪得到了全面、系统和迅速的发展而达到了它辉煌的顶峰。到 19 世纪末，已建成了一个包括力、热、声、光、电诸学科在内的、宏伟完整的理论体系。特别是它的三大支柱——经典力学、经典电动力学、经典热力学和统计力学——已臻于成熟和完善，不仅在理论的表述和结构上已十分严谨和完美，而且它们所蕴涵的十分明晰和深刻的物理学基本观念，对人类的科学认识也产生了深远的影响。

相对论是关于时空和引力的理论，主要由爱因斯坦创立，依其研究对象的不同可分为狭义相对论和广义相对论。相对论和量子力学的提出给物理学带来了革命性的变化，它们共同奠定了近代物理学的基础。相对论极大地改变了人类对宇宙和自然的“常识性”观念，提出了“同时的相对性”、“四维时空”、“弯曲时空”等全新的概念。不过近年来，人们对于物理理论的分类有了一种新的认识——以其理论是否是决定论的来划分经典与非经典的物理学，即“非经典的 = 量子的”。在这个意义下，相对论仍然是一种经典的理论。

◎狭义与广义相对论的分野

传统上，在爱因斯坦刚刚提出相对论的初期，人们以所讨论的问题是否涉及非惯性参考系来作为狭义与广义相对论分类的标志。随着相对论理论的发展，这种分类方法越来越显出其缺点——参考系是跟观察者有关的。以这样一个相对的物理对象来划分物理理论，被认为较不能反映问题的本质。目前一般认为，狭义与广义相对论的区别在于所讨论的问题是否涉及引力（弯曲时空），即狭义相对论只涉及那些没有引力作用或者引力作用可以忽略的问题，而广义相对论则是讨论有引力作用时的物理学的。用相对论的语言来说，就是狭义相对论的背景时空是平直的，即四维平凡流型配以闵氏度规，其曲率张量为零，又称闵氏时空；而广义相对论的背景时空则是弯曲的，其曲率张量不为零。

◎狭义相对论

爱因斯坦在他 1905 年的论文《论动体的电动力学》中介绍了其狭义相对论。狭义相对论建立在如下的两个基本假设上：

（1）狭义相对性原理（狭义协变性原理）。一切的惯性参考系都是平权的，即物理规律的形式在任何的惯性参考系中是相同的。这意味着物理规律对于一位静止在实验室里的观察者和一个相对于实验室高速匀速运动着的电子是相同的。

（2）光速不变原理。真空中的光速在任何参考系下是恒定不变的，这用几何语言可以表述为光子在时空中的世界线总是类光的。也正是由于光子有这样的实验性质，在国际单位制中使用了“光在真空中$\frac{1}{2}$、9979、2458 秒内所走过的距离”来定义长度单位“米”。

在狭义相对论提出以前，人们认为时间和空间是各自独立的绝对的存在。而爱因斯坦的相对论首次提出了时空的概念，它认为时间和空间各自都不是绝对的，而绝对的是一个它们的整体——时空，在时空中运动的观者可以建立“自己的”参照系，可以定义“自己的”时间和空间（即对四维时空做“3+1 分解”)，而不同的观者所定义的时间和空间可以是不同的。具体地说，在闵氏时空中，如果一个惯性观者相对于另一个惯性观者在做匀速运动，则他们所定义的时间和空间之间满足洛伦兹变换。而在这一变换关系下就可以推导出“尺缩”、“钟慢”等效应。

在爱因斯坦以前，人们广泛地关注于麦克斯韦方程组在伽利略变换下不协变的问题，也有人注意到爱因斯坦提出狭义相对论所基于的实验(如光程差实验等)，也有人推导出与爱因斯坦类似的数学表达式（如洛伦兹变换)，但只有爱因斯坦将这些因素与经典物理的时空观结合起来提出了狭义相对论，并极大地改变了我们的时空观。在这一点上，狭义相对论是革命性的。

◎广义相对论

在本质上，所有的物理学问题都涉及采用什么时空观的问题。在 20 世纪以前的经典物理学里，人们采用的是牛顿的绝对时空观。而相对论的提出改变了这种时空观，这就导致人们必须依相对论的要求对经典物理学的公式进行改写，以使其具有相对论所要求的洛伦兹协变性而不是以往的伽利略协变性。在经典理论物理的三大领域中，电动力学本身就是洛伦兹协变的，无须改写；统计力学有一定的特殊性，但这一特殊性并不带来很多急需解决的原则上的困难；而经典力学的大部分都可以成功地改写为相对论形式，以使其可以用来更好地描述高速运动下的物体，但是唯独牛顿的引力理论无法在狭义相对论的框架体系下改写，这直接导致爱因斯坦扩展其狭义相对论，而得到了广义相对论。

爱因斯坦在 1915 年左右发表的一系列论文中给出了广义相对论最初的形式。他首先注意到了被称为（弱）等效原理的实验事实：引力质量与惯性质量是相等的（目前实验证实，在 10 ~ 12 的精确度范围内，仍没有看到引力质量与惯性质量的差别）。这一事实也可以理解为，当除了引力之外不受其他力时，所有质量足够小（即其本身的质量对引力场的影响可以忽略）的测验物体在同一引力场中以同样的方式运动。既然如此，则不妨认为引力其实并不是一种“力”，而是一种时空效应，即物体的质量（准确地说应当为非零的能动张量）能够产生时空的弯曲，引力源对于测验物体的引力正是这种时空弯曲所造成的一种几何效应。这时，所有的测验物体就在这个弯曲的时空中做惯性运动，其运动轨迹正是该弯曲时空的测地线，它们都遵守测地线方程。正是在这样的思路下，爱因斯坦得到了其广义相对论。

广义相对性原理：任何物理规律都应该用与参考系无关的物理量表示出来。用几何语言描述，即为任何在物理规律中出现的时空量都应当为该时空的度规或者由其导出的物理量。

因为在现有的广义相对论的理论框架下，等效原理是可以由其他假设推出。具体来说，就是如果时空中有一观者，则可在其世界线的一个邻域内建立的局域惯性参考系，而广义相对性原理要求该系中的克氏符在观者的世界线上的值为零。因而现代的相对论学家经常认为其不应列入广义相对论的基本假设，其中比较有代表性的观点是：等效原理在相对论创立的初期起到了与以往经典物理的桥梁作用，它可以被称为“广义相对论的接生婆”，而现在“在广义相对论这个新生婴儿诞生后把她体面地埋葬掉”。

拓展思考

伟大的物理学家牛顿

艾萨克·牛顿爵士，英国皇家学会会员，是人类历史上出现过的最伟大、最有影响的科学家，同时也是物理学家、数学家和哲学家，晚年醉心于炼金术和神学。他在 1687 年 7 月 5 日发表的不朽著作《自然哲学的数学原理》里用数学方法阐明了宇宙中最基本的法则——万有引力定律和三大运动定律。这四条定律构成了一个统一的体系，被认为是“人类智慧史上最伟大的一个成就”，由此奠定了之后三个世纪中物理界的科学观点，并成为现代工程学的基础。牛顿为人类建立起“理性主义”的旗帜，开启工业革命的大门。

如果说到了20世纪初，狭义相对论因为经典物理原来固有的矛盾、大量的新实验以及广泛关注而呼之欲出的话，那么，广义相对论的提出则在某种意义下是“理论走在了实验前面”的一次实践。在此之前，虽然有一些后来用以支持广义相对论的实验现象（如水星轨道近日点的进动），但是它们并不总是物理学关注的焦点。而广义相对论的提出，在很大程度上是由于相对论理论自身发展的需要，而并非是出于有一些实验现象亟待有理论去解释的现实需要，这在物理学的发展史上是并不多见的。因而在相对论提出之后的一段时间内其进展并不是很快，直到后来天文学上的一系列观测的出现，才使广义相对论有了比较大的发展。到了当代，在对于引力波的观测和对于一些高密度天体的研究中，广义相对论都成为其理论基础之一。而另一方面，广义相对论的提出也为人们重新认识一些如宇宙学、时间旅行等古老的问题提供了新的工具和视角。

相对论直接和间接地催生了量子力学的诞生，也为研究微观世界的高速运动确立了全新的数学模型。

人类在科学上的发现

化　学　篇

RENLEI ZAI KEXUE
SHANG DE FAXIAN

化学是重要的基础科学之一，在与物理学、生物学、地理学、天文学等学科的相互渗透中，得到了迅速的发展，也推动了其他学科和技术的发展。例如，核酸化学的研究成果使今天的生物学从细胞水平提高到分子水平，建立了分子生物学；对各种星体的化学成分的分析，得出了元素分布的规律，发现了星际空间有简单化合物的存在，为天体演化和现代宇宙学提供了实验数据，还丰富了自然辩证法的内容。

当今，化学日益渗透到生活的各个方面，特别是与人类社会发展密切相关的重大问题。总之，化学与人类的衣、食、住、行以及能源、信息、材料、国防、环境保护、医药卫生、资源利用等方面都有密切的联系，它是一门社会需要的实用学科。

燃烧现象的实质

我们的祖先，很早就知道钻木取火，利用火来烤熟食物、取暖和吓唬野兽等。可是，究竟燃烧是怎么一回事，却谁也弄不清楚，甚至还把火当作神灵来供拜。后来，人们对物质的燃烧和金属的焙烧等过程，虽然也提出不少看法，但都未能接触到它们的实质。其中在化学发展史上影响最大的，要算17世纪德国史塔尔（1660—1734）提出的燃素学说。史塔尔认为，一切可燃的物体中，都含有一种特殊的物质叫作燃素。当物体燃烧（或金属焙烧）时，它本身所含的燃素便飞散出去，等到物体中含有的燃素完全跑掉后，燃烧也就停止了。燃烧过的产物，只须任何含有多量燃素的物质如木炭、烟炱等供给它燃素，它就能复原为原来的物质。例如，锌加热焙烧后，它本身含有的燃素就跑掉了，变成白色的烧渣。如果把这烧渣和木炭等富有燃素的物质一起加热，锌又被蒸馏出来。

基本小知识

化学的分类

化学在发展过程中，依照所研究的分子类别和研究手段、目的、任务的不同，派生出不同层次的许多分支。在20世纪20年代以前，化学传统地分为无机化学、有机化学、物理化学和分析化学四个分支。20年代以后，由于世界经济的高速发展，化学键的电子理论和量子力学的诞生、电子技术和计算机技术的兴起，化学研究在理论上和实验技术上都获得了新的手段，导致这门学科从30年代以来飞跃发展，出现了崭新的面貌。现在把化学内容一般分为生物化学、有机化学、高分子化学、应用化学和化学工程学、物理化学、无机化学七大分支学科。

燃素学说在当时被普遍采用，它在某种程度上统一地解释了大量实验事实，并引起了许多新的研究课题，对化学的发展曾起过一定的推动作用。但燃素究竟是一种什么样的物质，人们从来没有在实验室里把它分离出来过。而且所有焙烧过的金属，总是比它焙烧前重些，燃素跑掉了，反而重量增加，个中原由却无法得到合理的解释。这就不能不引起人们对它的怀疑。随着当时许多种气体被发现，人们对金属、氧化物、盐类等物质积累了更多的感性知识，这种虚构的、自我矛盾的燃素学说，就反而成为化学科学向前发展的绊脚石，在它统治化学领域近100年之后，终于被彻底否定了。

18世纪下半叶，法国化学家拉瓦锡（1743—1794）做了许多关于燃烧和焙烧的实验，他在工作中重视应用定量研究的方法。例如，他通过一个著名的实验证实了关于大气组成的见解。拉瓦锡的实验是这样的：在曲颈甑中装一定量水银，曲颈甑跟钟罩内水银面上的空气连通着，空气的体积也已被测定。将甑加热一段时间后，他发现甑内水银面上生成红色鳞斑状的水银烧渣，经过12天后，烧渣不再加多，于是停止加热。这时钟罩内空气缩减到原来体积的$\frac{4}{5}$，拉瓦锡把这剩余的气体叫作“大气的碳气”（后来改称氮气）。接着，他把甑内水银烧渣收集起来加热，又得到水银和一种气体，量得这种气体的体积跟加热水银时缩减掉的空气体积相等，它比一般空气更利于呼吸和助燃。把这种气体跟“大气的碳气”混和，就成为一般空气。拉瓦锡认为这种气体就是不久以前英国科学家普列斯特利所发现的氧气。

广角镜

氯化钠与人体健康

氯化钠是人体组织中的一种基本成分，对保证体内正常的生理、生化活动和功能，起着重要作用。Na^+和Cl^-在体内的作用是与K^+等元素相互联系在一起的，错综复杂。其最主要的作用是控制细胞、组织液和血液内的电解质平衡，以保持体液的正常流通和控制体内的酸碱平衡。Na^+与K^+、Ca^{2+}、Mg^{2+}还有助于保持神经和肌肉的适当应激水平；NaCl和KCl对调节血液的适当黏度或稠度起作用；胃里开始消化某些食物的酸和其他胃液、胰液及胆汁里的助消化的化合物，也是由血液里的钠盐和钾盐形成的。此外，适当浓度的Na^+、K^+和Cl^-对于视网膜对光反应的生理过程也起着重要作用。

通过实验，拉瓦锡有力地证明：燃烧不是史塔尔所谓的可燃物放出燃素的分解反应，而恰恰相反，它是可燃的物质跟空气里的氧气所发生的化合反应。由此揭示了燃烧过程的实质，并开始建立起现代的化学体系。从此近代化学便迅速地发展起来。

拉瓦锡在科学上是革命的，在化学发展史上有着令人难忘的功绩。但因为同法国政治上的保守分子和税务总局以及旧政权的其他机构有牵连，在1794年，他被送上了断头台。他在科学上和政治上走的是两条截然不同的道路。

元素的确立

17世纪，在英国伦敦附近的斯泰尔桥有一座楼房，一层是宽敞的大厅和藏书丰富的图书室，二层是卧室。马车夫每个星期都要从伦敦运来一箱又一箱新书，同时装备实验室的工作也在迅速地进行着。这里的主人是谁呢？原来他就是著名的英国化学家、物理学家罗伯特·波义耳。

罗伯特·波义耳

1627年1月25日，波义耳生于爱尔兰斯莫尔的伯爵家庭里。在伊顿学院毕业后，他和家庭教师一起到法国、瑞典、意大利旅行和学习，由此开阔了他的知识视野。他对科学愈来愈发生兴趣，开始研究伽利略的著作。

父亲死后，波义耳继承了一大笔遗产。1644年末，他在伦敦定居，博览了科学、哲学和神学等许多方面的书籍。此后在他的实验室开始进行物理学、化学和农业化学方面的研究工作。他喜欢齐头并进地研究几个课题。通常，他总是先给助手们详细地布置当天任务，然后自己回到书房，口述自己的论文，由秘书记录下来。

波义耳是位学识渊博的科学家，在研究生物学、医学、物理学和化学的同时，对哲学、神学和语言学也有很大兴趣。弗兰西斯·培根是英国哲学家和政治家，堪称英国唯物主义和实验科学的始祖。波义耳则是他的忠实信徒，因此，他把实验室的研究工作看成是头等重要的大事。他的化学实验是饶有趣味的，而且是多种多样的。波义耳认为，化学理应成为哲学中的一门基础科学，必须从炼金术和医学中脱胎出来。然而，那个时代的人们，尤其是一些科学家却认为，化学只是有助于药剂师制药，有助于炼金术士寻找点金石的一种技能罢了。

为了使化学这门科学真正确立起来，波义耳投入一个又一个紧张的化学实验……

基本小知识

组成物质的元素

元素又称化学元素，指自然界中存在的一百多种基本的金属和非金属物质，同种元素只由一种或一种以上有共同特点的原子组成，组成同种元素的几种原子中每种原子中的每个原子的原子核内具有同样数量的质子，质子数决定元素的种类。人们在自然中发现的物质有3000多万余种，但组成它们的元素只有118种（目前发现）。

一天，实验室里和往常一样进行着热烈而又紧张的工作：炉子在燃烧，曲颈瓶里的各样物质在加热。波义耳正在准备进行晨间的例行检查时，一个园丁走进书房，把一篮子美丽的深紫色紫罗兰放在一个角落里。波义耳欣赏紫罗兰的妍丽和芬芳，随手摘了一束花就匆忙向实验室走去。他想：现在需要对“矾类”（重金属硫酸盐）加以蒸馏，以取得“矾油”——浓硫酸。波义耳刚把实验室的门打开，缕缕浓烟就从玻璃接受器里冒出来。

“工作进行得怎么样了？威廉。”他说。

“还是从阿姆斯特丹从鲁道夫·格劳贝尔那里买来的。”

“我想看看这种酸。请往烧瓶里倒上一些。”

波义耳把紫罗兰放在桌上，帮助威廉倒盐酸。刺激性蒸气从瓶口冒出来，慢慢地散在桌子周围。烧瓶里的淡黄色的液体也在冒烟。

“好极了！搞完蒸馏以后，请上楼到我那儿去，我们讨论一下明天的工作计划。”波义耳从桌子上拿起那束紫罗兰，就回到书房里去了。这时，他发现紫罗兰在微微地冒烟，可惜啊，酸沫竟然溅到上面了，应该洗掉才好。他把花放进水杯里，自己则坐在窗前，拿起一本书看了起来。过了一段时间，他放下书本，瞧了一眼装紫罗兰的杯子，真是奇迹！这些紫罗兰竟然成红色的了。波义耳把书扔到一边，拿起芳香的花篮，立即到实验室去了。

波义耳把各种不同的酸用水稀释后，将紫罗兰花放进去，发现紫蓝色的花朵逐渐都变成了红色。“原来是这样，不仅是盐酸，而且其他的酸也可以将紫罗兰的蓝色变成红色。”波义耳得出了结论：“只要把紫罗兰花瓣放进一种溶液中，就能很容易地确定这种溶液是不是酸性的。”

后来，波义耳和他的助手就用水和酒精制备了一些紫罗兰花瓣的浸液。检验溶液是不是酸性的，只需加上一滴这种浸液，根据颜色的变化，他们就很容易得出正确的结论。接着又从芬芳的玫瑰花瓣中制取了一些浸液。虽然不如浸茶水那样容易，但也是一瓶一瓶地浸了出来。

“酸性”能够判断了，那么溶液的“碱性”是否也可以通过“浸液”来判断呢？波义耳思索着。

于是，这位不畏疲劳的科学家又搜集了药草、地衣、五倍子、树皮和植物的根等，同他的助手们一起制取了各种颜色的浸液。有些只是在酸的作用下改变颜色，而另一些则在碱的作用下改变颜色。反复实验后，他发现：从石蕊地衣中提取的紫色浸液最有意思，酸能使它变成红色，而碱却能把它变成蓝色。波义耳用这种浸液把纸浸透，然后再把纸烤干。把这种纸片放进被试验的溶液中，只要纸片改变了颜色，就能证明这种溶液是酸性的还是碱性的。事实上，这时波义耳就已经发明了“石蕊试剂”和“pH 试纸”。

正如科学研究经常发生的情况一样，一个发现往往引起另一个发现。

波义耳在研究用水制取五倍子浸液时发现，这种浸液和铁盐在一起，会形成一种黑色的溶液。“既然是黑色的溶液，就可以制墨水。”波义耳思索着。他仔细研究了制备墨水的条件，选定了原料配方，制造出高质量的墨水。后来人们沿用这一方法生产的墨水几乎达一个世纪，在许多科学家、作家的手中使它留下了光辉的印迹。

波义耳在硝酸银的溶液里加上一滴盐酸，发现有一种白色物质缓缓沉到容器的底部，他把这种沉淀物（氯化银）称为“月牙”。然后他又把这种沉淀物分离出来，放在一个无色的玻璃瓶中，但是他却忘记了盖盖儿。一个奇怪的现象发生了，里面的“月牙（白色物质）”怎么变黑了呢？虽然这位科学家发现了不少形成沉淀物的反应，但是，他还是认为变黑的原因应归结到空气的作用。事实上是由于光的照射而引起沉淀物（氯化银）分解所致。

在科学探索的曲折道路上，波义耳虽然步履维艰，但在实验的王国里他却开辟了许多通往真理之路。他多年的研究工作证明，用某种试剂作用于物质时，它们就能分解生成更简单的物质。有些物质会生成有色沉淀，有些物质能分解出带有特殊气味的气体，还有些物质会产生有色溶液等。利用特殊的反应，就可以确定这些化合物。波义耳把借助于特有的反应来分解物质并鉴别产生物的过程，称为“分析”。这种新的研究方法，对分析化学的确立和发展起到了巨大的推动作用。

1652 年，正当波义耳兴致勃勃地在实验室里做着燃烧的实验，炉火越烧越旺……突然从爱尔兰传来消息说，起义的农民破坏了科克庄园的别墅。这是他父亲科克公爵理查德·波义耳留下的遗产。因此，他不得不停止在斯泰尔桥的科学研究工作，回到那块祖遗领地，开始从事经营管理，恢复庄园的工作。

然而，波义耳迁居到爱尔兰还不到一年，他的心就早已不在这儿了。一个对探索自然界秘密着迷的人，怎能舍得放弃科学活动呢？当他接到朋友约翰·威尔金斯的来信时，他的心就已飞向伦敦了。“亲爱的波义耳，”威尔金斯写道，“我们的无形的大学已转移到格雷瑟姆学院来了。在牛津大学里聚集了很多英国科学家……就缺你了。依我看，隐居在爱尔兰，一点意思都没有。大家都认为，你应该来牛津和我们一起工作。”

回到英格兰去？这个主意不坏！庄园的事情早已安排好了。在牛津从事科学研究工作确实前途广阔。就在他即将动身之际又接到沃登的信，也在敦促他前往，于是波义耳起程前往牛津。

> **趣味点击**
>
> **诺贝尔奖为何下午颁发**
>
> 诺贝尔奖的发奖仪式都是下午举行，这是因为诺贝尔是 1896 年 12 月 10 日下午 4 时 30 分去世的。为了纪念这位对人类进步和文明做出过重大贡献的科学家，在 1901 年第一次颁奖时，人们便选择在诺贝尔逝世的时刻举行仪式。这一有特殊意义的做法一直沿袭到现在。

1645 年，一群对新的科学，尤其是对伽利略、托里拆利的发现感兴趣的人，聚集在伦敦大学格雷瑟姆学院里。后来由于内战引起困难，促使这一学院里的部分教授迁移到牛津，在那里成立了以约翰·威尔金斯为首的实验小组，这个小组人称“无形的大学”。波义耳到牛津后使“无形的大学”又增加了新的力量。

1654年过去了，积雪渐渐融化，春天来了。罗伯特·波义耳的心情像春天一般的欢快。他又将拥有宽敞的实验室了。除了学院的实验室外，他还要建造私人实验室。

自从他到了牛津大学以后，一天都没有闲过，他同助手吉奥姆·龚贝格一起又开始了科学研究的生涯。空气、物质结构、燃烧，他们逐一进行研究。

“单单靠分析是不够的，还需要理论，但不是臆造的，而是通过实验检验的理论。”波义耳深有体会地说。

“您大概已形成了自己的观点。”龚贝格答道。

“是的，那是毫无疑问的。这些观点正为我们多年来的研究工作所证实。难道可以用分解的方法把所有的物体都变成同一种盐、硝和汞吗？当然不是这样！”

“这是炼金术士们惯常的臆造，它们没有为实验所证实。”龚贝格表示同意。

“对，实验证明的恰恰相反……应该说，这对亚里士多德的学说同样适用。没有一种方法能够把大量各种各样的物体只变成四种元素——水、气、土和火。自然界中存在着大量的元素，它们形成复杂的物质，这些物质分解后，又产生元素。元素是不变的，因为它们不能分解。它们是由微粒构成的。”波义耳做了这样的结论。

“但是，据我所知，您不是承认存在着更复杂的粒子吗？”正在炉旁观察的一个年轻人问道。

“是的，当元素的微粒化合时，它们就会形成复杂的粒子，而且微粒是永存的。”

诚然，波义耳认为物质中存在着某种本原，这并不是新的发现，古代哲学家也认为存在着原始物质。有的人认为这是水，有的人则认为这是土……而波义耳则认为它具有一定的状态，微粒是有形态、大小和运动的，尽管他丢掉了“重量”这一重要特征，使其成为非物质的东西，但是，第一块基石却已奠定，“元素”的概念已被用来解释化学反应。这为道尔顿的原子论和后来的原子分子学说的创立起到了极为重要的作用。

波义耳和龚贝格制取并研究了许多盐以及它们的分类方法。一次次实验的进行和不断深入的研究，使物质更加条理化了。虽然他们把金属当成了最简单的化合物，还有一些对化学现象的解释不确切，甚至是错误的，但是他们的做法却是朝着循序渐进的理论迈出的勇敢的一步，是把化学从手工艺变成科学的关键一步。这是为化学奠定理论基础的尝试，没有理论基础，科学就会成为不可思议的东西，科学就不能向前迈进。

龚贝格后来回到法国，青年物理学家罗伯特·胡克成为他的助手。他们把研究工作向气体和微粒理论方面推进。波义耳发现了气体的体积随压强而改变的规律，即一定质量的气体在保持温度不变时，它的压强和体积成正比。他利用气泵阐明了气压升降的原理，使密封容器中的空气量得到控制，显示了空气在燃烧过程中、呼吸过程中和声的传播过程中所起的作用。

17 世纪 50 年代末期，政潮波及整个英国，中断了波义耳的科学研究工作。被克伦威尔残酷独裁激怒了的帝制派重新掀起了斗争。逮捕和屠杀，流血和内讧，成为国内司空见惯的现象。

波义耳辗转来到祖传的庄园，在那里又建立了一个安静的科学王国。

在波义耳的书房里，两位秘书昼夜不停地工作着。一个按照这位科学家的口述笔录他的想法；另一个则把已有的草稿誊写清楚。他们用了几个月的时间完成了波义耳的第一部科学著作——《关于空气的重量及其性质的新的物理力学试验》。此书于 1660 年问世。这部著作自然引起了亚里士多德的追随者及笛卡儿派的猛烈攻击。但是，这位温和、不喜欢争辩的科学家，却保持沉默，等待着用他的实验事实替他说话。物质，或者能转化为其他物质，那么，这种物质就不是元素。波义耳抛弃了各种错误见解，给元素下了一个明确的定义。虽然波义耳没有解决怎样得到元素和元素有哪些种等问题，但是，他从实验中已经得出结论：元素肯定不是只有三种、四种，而是有许多种，从而彻底摧毁了统治科学达 2000 多年的四元素学说，使化学开始从炼金术中脱胎出来，使化学研究开始建立在科学的基础上。正如他说的那样，“一个有决心的人，终将找到他的道路”。

查理二世登基后，国内的政治生活多少有些恢复正常，波义耳又回到牛津从事他的实验工作。这时，他已经是著述颇丰，发现、发明成果林立，涉足的领域相当广泛的大科学家。他不仅研究了有关化学、生物和物理学等方面的问题，而且也对动物的呼吸、血液循环等医学向题有所建树。因此，波义耳名声赫赫，被视若英国科学界的明星，各地纷纷授予他荣誉头衔。他经常应邀入宫，显贵们认为哪怕与这位“明星”谈几分钟话，也是光荣的。于是，他被任命为东印度公司经理。但是，所有这一切都没有使这位科学家感到沾沾自喜，放弃本职工作，相反的是，他却感到这离他的理想彼岸还相差很远。在此期间，他又写出了《流体静力奇谈》《根据微粒理论产生的形状和性质》《论矿泉水》等著作。

1663 年，波义耳被选为皇家学会会员，1680 年被选为该会的主席。

1691 年，波义耳在伦敦逝世。他为后代留下了丰富的科学遗产：

物质微粒结构理论为原子—分子理论发展开辟了道路；压强和体积的关系为新兴的物理化学制定了第一个定律；对许多显色反应和沉淀反应加以系统化，为分析化学打下了基础；他所进行的物质燃烧实验，导致创立了化学上第一个普遍理论——乔治·施塔尔的燃素论。

氧气的发现

舍 勒

那是 1775 年，有一次，瑞典国王到南欧去旅行，在旅途中偶然听人说起他们国家里出了一位闻名全欧的化学家，名字叫卡尔·威廉·舍勒。尽管国王从未涉足科学研究，对这位化学家的成就与事迹一点也不知道，但他仍深感荣幸。国王决定，授予舍勒一枚勋章。

负责发奖的官员昏庸不堪，他以为这等名气的大人物一定不在小地方，所以竟把勋章发给斯德哥尔摩科学院一个与舍勒同名的人。其实卡尔·威廉·舍勒是在瑞典一个小镇上当药剂师。是的，舍勒本人从不追求荣誉和地位。他在乡镇当了一辈子小小的药剂师。然而，在舍勒生逢的时代，对化学贡献最大的仍属于卡尔·威廉·舍勒。

舍勒于 1742 年 12 月出生在瑞典斯特拉尔松城。他的父亲是一位有名的商人，在城里有一家最大的商店。为了教育儿子，他聘请了几位教师用德语和瑞典语给他讲课。卡尔·威廉·舍勒是个勤勉的学生，很喜欢学习。然而，使他最快活的莫过于在波罗的海岸边游玩了。

瑞典斯特拉尔松城外，就是波罗的海。浩瀚的大海一望无际，蓝天白云下，几只海鸥在上下飞翔。海浪奔腾着，翻卷着，一阵阵涌向岸边。

小舍勒喜爱大海，更喜爱海边的沙滩。

知识小链接

负氧离子是怎么回事

空气是由无数分子组成，由于自然界的宇宙射线、紫外线、土壤和空气放射线的影响，有些空气分子就释放出电子，在通常的大气压下，被释放出的电子很快又和空气中的中性分子结合，而成为负离子，或称为阴离子。

负离子是指带负电荷的氧离子，无色无味。负氧离子被誉为“空气维生素”，有利于人体的身心健康。它主要是通过人的神经系统及血液循环对人的机体生理活动产生影响。

炎热的夏天，午饭后他总是到海岸边游玩，在那里搜集被海浪卷到岸滩的藻类。舍勒把这些藻类植物分成几类：绿色的、褐色的、浅红的……回家后，他把它们切成细碎的小块，分别放在从女管家那里要来的小杯子里，然后注满水或白酒。几天之后，他把浸泡的溶液分别倒在瓶子里，并整齐地摆在架子上。这就是他的“奇妙的药房”。不错，就是这个“奇妙的药房”培养了他对化学和药物学的极大兴趣。这一兴趣决定了舍勒终身在药房工作。

“药房”，一个多么不起眼的名称。市俗的人们可能会想，在一个药店工作能有什么出息？可就是这小小的“药房”为舍勒提供了众多发现的土壤。

1757 年秋，14 岁的舍勒随父亲来到哥德堡包赫的药房。包赫是舍勒父亲的朋友，他具有一定化学素养和制药知识，可算是经营药房业的行家。在包赫的店里，既有设备相当完善的实验室，也有藏书相当丰富的图书室。虽说舍勒到这里是当学徒，可他看到这样的环境却十分高兴，决心利用这儿的有利条件，学到更多的知识。

在哥德堡的生活和在斯特拉尔松城完全不同。舍勒的全部时光几乎都是在药房里度过的。他细心地观察包赫先生及其助手们的操作。有时，他还帮助制药。起初，让他在研钵里把某种盐研成粉末，切割草药的根或叶子，洗刷肮脏的器皿。但是，他知道，要成为行家，还需要大量地阅读和学习。于是，他就抽空读了勒梅里的《化学教程》、孔克尔的《化学实验》等名人的著作，获得了很多化学方面的理论知识和实际知识。他知道了德国人布朗德怎样发现磷，法国人埃洛怎样发现铋，瑞典人勒兰特和克朗斯塔特怎样发现钴和镍。前人的成就大大启发了舍勒，他深知化学史上每一重大发现，对社会生产和人们的生活都有很大的好处，因而他立下雄心壮志，决心从事化学研究，为人类做出自己的贡献。

舍勒读书，十分认真，常常是读过两遍就记得滚瓜烂熟。他的一位朋友曾赞扬说“舍勒的天才完全用于科学……虽然他有极好的记忆力，但似乎只宜于记忆有关化学的知识”。

舍勒最喜欢读的一本书，是孔克尔所著的《实验室指南》。他读了一遍又一遍，详细地钻研书中对种种实验的描述。有一天，他对孔克尔著作中的一段论述发生了怀疑：“盐精（盐酸）和黑苦土放在一起，怎么不能发生化学反应呢?”舍勒反复思索，难以入睡。“必须亲自做个实验看看。”他心里想着，脚已经不由自主地移向了实验室。

实验室里，年轻的舍勒正伏在一堆闪亮的玻璃器皿中间。大大小小的玻璃瓶和玻璃瓶里装的液体，被昏黄的烛光一照，产生了一种神奇的色彩。虽然冬日的深夜屋里不像野外那样冰冷，但也有三分寒意。舍勒几乎失去了对冷空气的感觉，他在不停地寻找、享受着他那独特的欢乐。他拿出标有“盐精”（盐酸）的瓶子，放在一边备用；又从罐子里倒出一些“黑苦土”粉末，放在研钵中使劲研磨。“咕噜、咕噜……”的声音，使寂静的夜晚平添了一首乐曲，惊醒了沉睡的格伦贝格。好奇的格伦贝格信步走下楼。

然而，舍勒却沉迷于实验室中，楼道中传来的脚步声，他竟然没有听见。

门被推开，格伦贝格闪了进来。

“卡尔，你深更半夜在这儿做什么?”

“是你呀，格伦贝格?把我吓了一跳!”

“你不要命啦，白天的时间还少吗?”

“不知道为什么睡不着。你看，孔克尔的书上说，盐精和黑苦土不能混合。我在这儿找到两罐东西，外面贴的标签都是黑苦土，可这两罐东西并不一样，一个罐里的物质是灰色的而且有光泽，它不能和盐精混合，而另一个罐里的物质则完全是黑色的。现在我要检验孔克尔的说法。”

“孔克尔，一个权威?”

“是的。”舍勒看也不看对方张大了的嘴巴，转身又埋头于他的实验了。

那时，化学家还无法将两种“黑苦土”区分开，即把石墨和二氧化锰笼统地称为“黑苦土”。

这次实验证实了舍勒对孔克尔的怀疑是正确的。他发现一种“黑苦土”（二氧化锰）能与盐精起作用，而另一种“黑苦土”（石墨）不能与盐精起作用。就这样，年轻的药房学徒舍勒竟然把它们彻底区别开来。

紧张的学习和研究，使这位青年人的身体日渐衰弱。可是，他对药房的业务却日益精通了。他的学识常常使他的师傅包赫感到惊异。

6 年的学徒生活结束了，经过考试，舍勒取得了药剂师的称号，成了包赫先生的得力助手。

4 年过去了，舍勒跟随包赫的另一位助手基尔斯特略姆到他的药房又工作了两年。后来，他又受聘到斯德哥尔摩的沙伦贝格药房当药剂师。在这里，他走进了斯德哥尔摩科学院所属的化学实验室，科学院的图书馆成了他的用武之地，皇家图书馆更开阔了青年舍勒在科学上的视野，为他后来的众多发现打下了基础。

在沙伦贝格药房里，舍勒获得了优越的工作条件。他完成药剂师的本职工作后，就着手研究各种天然物质。

拓展思考

负氧离子的作用

被誉为“空气维生素”的负氧离子有利于人体的身心健康。它主要是通过人的神经系统及血液循环能对人的机体生理活动产生影响。负氧离子能使人的大脑皮层抑制过程加强和调整大脑皮层的功能，因此能起到镇静、催眠及降血压作用。负氧离子进入人体呼吸道后，使支气管平滑肌松弛，解除其痉挛。负氧离子进入人体血液，可使红血胞沉降率变慢，凝血时间延长，还能使红血胞和血钙含量增加，白细胞、血钙和血糖下降，疲劳肌肉中乳酸的含量也随之减少。负氧离子能使人体的肾、肝、脑等组织的氧化过程加强，其中脑组织对负氧离子最为敏感。

舍勒首先以“光线对氯化银的分解作用”作为课题，进行了研究工作。这家药房有一扇向阳的窗子，正好透过阳光，舍勒便利用它作为实验的条件。他把硝酸银溶液倒进盐酸中，本来澄清的溶液便生成了白色的沉淀物氯化银。他将氯化银拿到窗前接受阳光照射，氯化银马上变成黑色。这一重大发现奠定了现代摄影术的基础。

在这一实验顺利地取得了成功以后，舍勒这双充满智慧的眼睛时刻没有停止观察，大脑也在不时地思索着。他首先注意到的是酒石。在从阳光明媚的意大利运来的酒桶内壁上，出现一层厚厚的红色硬壳，这就是人们所说的“酒石”。舍勒让工人刮下这层奇怪的硬壳，并对此认真地研究起来。通过多次实验，他发现酒石和硫酸放在一起加热时，就可溶解，冷却后可以在器皿里形成一种漂亮的透明晶体。这种晶体有一股酸味，能溶于水，其特性与酸类相似。舍勒把它叫作酒石酸。

两种实验的成功，使舍勒兴奋异常。他总结自己的实验成果，撰写了两篇论文，兴致勃勃地送往斯德哥尔摩科学院，请予发表。然而，科学院的某权威看了论文后，随手扔在了地上，轻蔑地一笑说：“连实验报告的格式都不懂，还想搞科学研究！”于是便以“格式不合”为由，拒绝发表舍勒的杰出论文。是的，在科学的历史进程中这种情况不乏先例，致使科学的发展滞后了多少岁月啊！这对舍勒来说，打击很大，但这丝毫也没有动摇他从事科学研究工作的决心。

有一次，舍勒得到一种叫作萤石的透明晶体，这种晶体使他感到惊奇。它与硫酸作用时，放出一股令人窒息的气体，而实验用的玻璃器皿表面则失去了透明度。这种成分不明的气体能够腐蚀玻璃。舍勒又开始细心而认真地研究这类物质。

在皇家图书馆，舍勒结识了著名的化学家图贝恩·贝格曼，他在乌普萨拉工作。舍勒把他请到自己的实验室，把自己的研究成果给他看，两人展开了讨论。最后两人肯定了这种气体是氢氟酸。贝格曼教授认为舍勒的工作很有意义，看出他不仅有丰富的理论知识，还有一套实践本领。在他看来，舍勒做出惊人发现的一天，不久就会到来。于是，这位乌普萨拉大学教授就把舍勒介绍到乌普萨拉的洛克药房当了药剂师。

果真，舍勒在此以后做出了许多惊人的发现，包括氧、氯、氟、氨、氯化氢、钼酸和砷酸等元素和化合物。

1770 年，舍勒发表了他的第一篇关于酒石酸的论文。1775 年，他成为瑞典科学院的院士。1776 年他发表了关于水晶、矾石和石灰石的成分问题的文章。同年，他从尿里第一次得到尿酸。1777 年他制成了硫化氢，同时观察到，银盐被光照射以后变色。在 1778 年他制成了升汞，分析了空气里含氧的比例。1780 年他证明了牛奶的发酸是因为产生了一种乳酸……

舍勒一生的发现，数不胜数，最重要的是他发现了氧气。

1773 年，乌普萨拉洛克药房的药剂师舍勒做燃烧实验时，从燃烧现象中分解出一种“火气”，这就是现在人们所说的氧气。

舍勒主要是用两种方法制得氧气的：一种是加热硝酸盐、氧化物和碳酸银。这些含氧的化合物加热到一定温度后，便会分解出氧气。第二种是用地产的一种黑锰矿（天然的二氧化锰）加浓硫酸或磷酸，加热制取氧气。

他发现这种“火气”也存在于空气中。从空气中除去了它，剩下的便是一种“废气”（现今称为氮气）。由于当一种物质在这种气体或普通空气中燃烧时，这种气体即氧气便消失了，所以他称这种气体为“火气”。事实上，舍勒此时已制得了氧，并认识到它同空气中的氧是同一物质。然而，1775 年底，舍勒根据自己的实验写成了《论空气与火》一书，送交出版商。因为他的名气不大，出版后又被压了两年，直到 1777 年，这部有价值的著作才和读者见面。虽然他的关于氧的发现的论著发表时，氧已经被普利斯特里发现，并且晚了三年，但是他独立发现和研究的事实，却点燃了拉瓦锡揭开的一场化学革命，从而创立了科学的燃烧理论。

1775 年，舍勒来到柯平镇，担任波尔药房的经理。在这里，舍勒生活安定、美满，短短几年之内，他又做出了许多贡献。他发现了柠檬酸、苹果酸、五倍子酸、草酸、乳酸，还制得了舍勒绿（亚砷酸铜）、重石酸（钨酸）和甘油。后来舍勒绿成为一种工业上非常重要的绿色颜料。

舍勒研究化学，是为人类造福，而不是为名为利。他把科学发现当作人生最大快乐。他说：“乐，莫过于从科学发现中产生出来。发现之乐，使我心中愉快。”

1786 年 5 月 19 日舍勒举行了婚礼，但过了两天以后，由于长年累月地置身于化学研究，身体衰弱，重病缠身，他竟然离开了人世。

舍勒虽然过早地逝世了，但是他却为人类的化学事业写下了新的篇章。这位科学家以其毕生经历向全世界表明，无论是在多么小的城镇里，或是在小小的药房实验室里，都是可以做出伟大奉献的。

元素周期律的发现

现代的化学元素周期律是 19 世纪俄国人门捷列夫发现的。他将当时已知的 63 种元素以表的形式排列，把有相似化学性质的元素放在同一直行，这就是元素周期表的雏形。

门捷列夫

门捷列夫通过顽强努力的探索，于1869年2月先后发表了关于元素周期律的图表和论文。在论文中，他指出：

（1）按照原子量大小排列起来的元素，在性质上呈现明显的周期性。

（2）原子量的大小决定元素的特征。

（3）应该预料到许多未知元素的发现，例如类似铝和硅的，原子量位于65～75的元素。

（4）当我们知道了某些元素的同类元素后，有时可以修正该元素的原子量。

这就是门捷列夫提出的周期律的最初内容。

知识小链接

地壳中各元素含量

地壳中含量最多的元素是氧，为48.6%；含硅26.3%；含铝7.73%；含铁4.75%；含钙3.45%；含钠2.74%；含钾2.47%；含镁2%；含氢0.76%；其他1.2%。地壳中含量最少的元素是砹，一共只有0.28克。人体中含量最多的元素是氧，为65%。

门捷列夫深信自己的工作很重要，经过继续努力，1871年他发表了关于周期律的新的论文。文中他果断地修正了1869年发表的元素周期表。例如在前一表中，性质类似的各族是横排，周期是竖排；而在新表中，族是竖排，周期是横排，这样各族元素化学性质的周期性变化就更为清晰。同时他将那些当时性质尚不够明确的元素集中在表格的右边，形成了各族元素的副族。在前表中，为尚未发现的元素留下4个空格，而新表中则留下了6个空格。

由此可见，门捷列夫的研究有了重要的进展。

实践是检验真理的唯一标准。门捷列夫发现的元素周期律是否能站住脚，必须看它能否解决化学中的一些实际问题。门捷列夫以他的周期律为依据，大胆指出某些元素公认的原子量是不准确的，应重新测定。例如当时公认金的原子量为169.2，因此，在周期表中，金应排在锇、铱、铂（当时认为它们的原子量分别是198.6，196.7，196.7）的前面。而门捷列夫认为金在周期表中应排在这些元素的后面，所以它们的原子量应重新测定。重新测定的结果是：锇为190.9，铱为193.1，铂为195.2，金为197.2。实验证明了门捷列夫的意见是对的。又例如，当时铀公认的原子量是116，是三价元素。门捷列夫则根据铀的氧化物与铬、铂、钨的氧化物性质相似，认为它们应属于一族，因此铀应为六价，原子量约为240。经测定，铀的原子量为238.07，再次证明门捷列夫的判断正确。基于同样的道理，门捷列夫还修正了铟、镧、钇、铒、铈的原子量。事实验证了周期律的正确性。

广角镜

诺贝尔奖金和奖品

诺贝尔奖的奖金总是以瑞典的货币瑞典克朗颁发，每年的奖金金额视诺贝尔基金的投资收益而定，1901年第一次颁奖的时候，每单项的奖金为15万瑞典克朗。1980年，诺贝尔奖的单项奖金达到100万瑞典克朗，2000年单项奖金达到了900万瑞典克朗。从2001年到2011年，单项奖金均为1000万瑞典克朗。金质奖章约重270克，内含黄金，奖章直径约为6.5厘米，正面是诺贝尔的浮雕像。不同奖项，奖章的背面图案不同，每份获奖证书的设计和词句都不一样。

根据元素周期律，门捷列夫还预言了一些当时尚未发现的元素的存在和它们的性质。他的预言与尔后实践的结果取得了惊人的一致。1875年法国化学家布瓦博德朗在分析比利牛斯山的闪锌矿时发现一种新元素，他命名为镓，并把测得的关于它的主要性质公布了。不久他收到了门捷列夫的来信，门捷列夫在信中指出关于镓的密度不应该是4.7，而是5.9~6.0。当时布瓦傅德朗很疑惑，他是唯一手里掌握金属镓的人，门捷列夫是怎样知道它的密度的呢？经过重新测定，镓的密度确实为5.9，这结果使他大为惊奇。他认真地阅读了门捷列夫的周期律论文后，感慨地说：“我没有可说的了，事实证明门捷列夫这一理论的巨大意义。”

镓的发现是化学史上第一个事先预言的新元素的发现，它雄辩地证明了门捷列夫元素周期律的科学性。1880 年瑞典的尼尔森发现了钪，1885 年德国的文克勒发现了锗。这两种新元素与门捷列夫预言的类硼、类硅也完全吻合。门捷列夫的元素周期律再次经受了实践的检验。

事实证明门捷列夫发现的化学元素周期律是自然界的一条客观规律。它揭示了物质世界的一个秘密，即这些似乎互不相关的元素间存在相互依存的关系，它变成了一个完整的自然体系。从此新元素的寻找，新物质、新材料的探索有了一条可遵循的规律。元素周期律作为描述元素及其性质的基本理论有力地促进了现代化学和物理学的发展。

镭的发现

19 世纪末到 20 世纪初，世界科学事业收获了重要的成果。镭元素的发现和相对论的产生，就是其中最引人注目的。这里介绍一下镭的发现。

镭，是一种化学元素。它能放射出人们看不见的射线，不用借助外力，就能自然发光发热，含有很大的能量。镭的发现，引起科学和哲学的巨大变革，为人类探索原子世界的奥秘打开了大门。由于镭能用来治疗难以治愈的癌症，也给人类的健康带来了福音。所以，镭被誉为“伟大的革命者”。

发现镭元素的是一位杰出的女科学家。她原名叫玛丽·斯可罗多夫斯卡，也就是后来为世人所熟知的居里夫人。

居里夫人 1867 年 11 月 7 日生于波兰。1895 年在巴黎求学时，和法国科学家彼埃尔·居里结婚。

1896 年，法国物理学家亨利·贝克勒发现了元素放射线。但是，他只是发现了这种光线的存在，至于它的真面目，还是个谜。这引起了居里夫人极大的兴趣，激起了她童年时就具有的探险家的好奇心和勇气。她认为，这是个绝好的研究课题，就同丈夫彼埃尔商量。

“这个课题选得很好，”彼埃尔说，“贝克勒线前年才发现，我想可能还没有人研究。如果发现这种射线的性质和来源，可以写出一篇出色的论文。不过，这是件艰巨的事情，困难也很多。”

“我知道，”玛丽微笑着说，“不过不要紧，有你这样一位尊敬的老师合作，就一定会成功！”要研究放射性元素，需要一间宽敞的实验室。彼埃尔东奔西跑，最后才在他原来工作过的理化学校借到一间又寒冷又潮湿的小工作间。

实验仪器很少，屋顶漏雨，墙壁透风，条件实在太糟了。但是居里夫人毫不在乎，专心做她的实验。在研究过程中，她发现，能放射出那奇怪光线的不只有铀，还有钍。她把这些光线称为“放射线”。

居里夫人在进一步的研究中发现，可能还有一种物质能够放射光线。这种光线要比铀放射的光线强得多。她认为，这种新的物质，也就是还未被发现的新元素，只是极少量地存在于矿物之中。她把它定名为“镭”，在拉丁文中，它的原意就是“放射”。彼埃尔也同意这种见解，可是当时有很多科学家并不相信。他们认为这可能是实验出了错误，有的人还说：“如果真有那种元素，请提取出来，让我们瞧瞧！”

拓展思考

镭的作用

镭是银白色金属，熔点700℃，镭是最活泼的碱土金属，在空气中迅速与氮气和氧气作用，生成氮化物和氧化物。镭有剧毒，急性中毒时，会造成骨髓的损伤和造血组织的严重破坏，慢性中毒可引起骨瘤和白血病。镭是生产铀时的副产物，用硫酸从铀矿石中浸出铀时，镭即成硫酸盐存在于矿渣中，然后转变为氯化镭，用钡盐为载体，进行分级结晶，可得纯的镭盐。金属镭则由电解氯化镭制得。把镭盐和硫化锌荧光粉混合后，可制成永久性发光材料，如夜光表。工业上用镭作为γ射线源，用于探伤。

为了得到镭，居里夫妇必须从沥青铀矿中分离出镭来。他们怎样才能得到足够的沥青铀矿呢？这种矿很稀少，矿中铀的含量极少，价格又很昂贵，他们根本买不起。后来，他们得到了奥地利政府赠送的1吨已提取过铀的沥青矿的残渣，开始了提取纯镭的实验。

在一间简陋的窝棚里，居里夫人要把上千千克的沥青矿残渣，一锅锅地煮沸，还要用棍子在锅里不停地搅拌；要搬动很大的蒸馏瓶，把滚烫的溶液倒进倒出。就这样，经过三年零九个月锲而不舍的工作，1902年，居里夫妇终于从矿渣中提炼出0.1克镭盐，接着又初步测定了镭的原子量。

1906年，彼埃尔·居里在一场意外的车祸中丧生。居里夫人极为哀痛，但这并没有动摇她献身科学的意志，她决心把与丈夫共同开拓的科学事业进行下去。1910 年，居里夫人成功地分离出金属镭，分析出镭元素的各种性质，精确地测定了它的原子量。同年，居里夫人出版了她的名著《论放射性》，并出席了国际放射学理事会。会上制定了以居里名字命名的放射性单位，同时采用了居里夫人提出的镭的国际标准。

居里夫人曾两次获得诺贝尔奖。她是巴黎大学第一位女教授，是法国科学院第一位女院士，同时还被聘为其他 15 个国家的科学院院士。在她的一生中，共接受过 7 个国家 24 次奖金和奖章，担任了 25 个国家的 104 个荣誉职位。但居里夫人从不追求名利，她把献身科学、造福人类作为自己的终生宗旨。

居里夫人和她的丈夫决定放弃炼制镭的专利权。她认为，那是违背科学精神的。她曾经对一位美国女记者说："镭不应该使任何人发财。镭是化学元素，应该属于全世界。"这位记者问她："如果世界上所有的东西任你选挑，你最愿意要什么？"她回答："我很想有 1 克纯镭来进行科学研究。我买不起它，它太贵了！"原来，居里夫人在丈夫死后，把他们几年艰苦劳动所得，价值百万法郎的镭，送给了巴黎大学实验室。这位记者深为感动。她回到美国后，写了大量文章，介绍居里夫妇，并号召美国人民开展捐献运动，赠给居里夫人 1 克纯镭。1921 年 5 月，美国哈定总统在首都华盛顿亲自把这克镭转赠给居里夫人。在赠送仪式的前一天晚上，居里夫人又坚持要求修改赠送证书上的文字内容，再次声明："美国赠送我的这一克镭，应该永远属于科学，而绝不能成为我个人的私产。"

趣味点击

盐的用途

在日常生活中，盐有许多意想不到的用处。花生米拌着盐炒，既有香脆椒盐味道，又不易糊焦；甜羹、热食中加少许盐，味道会更加鲜甜爽口；早晨空腹喝杯盐水，可以清洁肠胃，增强消化。

食盐在工业上的用途很广，它是制造苛性钠、盐酸、氯气、氢气、纯碱、杀虫剂、漂白粉、硫酸钠和电石等的原料；染料厂用食盐制酸性染料；制造高级玻璃和香皂用食盐做澄清剂；制药工业用食盐制取抗生素、环胺剂和解热药；食品业用食盐腌制鱼、肉、蔬菜等食物……

居里夫人晚年在镭学研究院工作，亲自指导来自外国的青年科学家从事研究工作。在她培养的许多优秀科学家中，有中国的放射化学创始人郑大章和物理学家施士元。

由于长期受到放射性物质的严重损害，居里夫人患上了白血病，于 1934 年 7 月 4 日逝世。与居里夫人有着崇高真挚友谊的相对论创立者爱因斯坦，在悼念她时说：“她一生中最伟大的科学功绩——证明放射性元素的存在，并把它们分离出来——所以能取得，不仅是靠着大胆的直觉，而且也靠着在难以想象的极端困难情况下工作的热忱和顽强。这样的困难，在实验科学的历史中是罕见的。”

分子的发现

在道尔顿发表原子论时，有一位科学家发现：所有不同气体发生化学反应时，不同气体的体积之比都是简单整数比。比如，100 个体积的氧与 200 个体积的氢化合成水，体积比是1∶2；100 个体积的氮与 100 个体积的氧化合为 200 个体积的一氧化氮，体积比是1∶1。道尔顿不承认这个简比定律，因为他认为 1 个氮原子和 1 个氧原子结合只能得到 1 个一氧化氮原子；而按照简比定律就应该得到 2 个一氧化氮，那不是说每个一氧化氮原子只含半个氧原子和半个氮原子了吗？

知识小链接

分子的特性

分子是物质中能够独立存在的相对稳定并保持该物质物理化学特性的最小单元。分子由原子构成，原子通过一定的作用力，以一定的次序和排列方式结合成分子。以水分子为例，将水不断分离下去，直至不破坏水的特性，这时出现的最小单元是由两个氢原子和一个氧原子构成的一个水分子（H_2O）。一个水分子可用电解法或其他方法再分为两个氢原子和一个氧原子，但这时它的特性已和水完全不同了。

意大利的一位物理学教授阿伏伽德罗根据这个矛盾对各种化学反应进行全面考虑，提出了分子假说。他认为：原子是参加化学反应的最小微粒，分子是在游离状态下单质或化合物能独立存在的最小微粒；分子由原子组成，单质的分子由相同元素组成，化合物的分子由不同的元素组成；化学反应就是不同物质的分子间进行各原子的重新组合。

分子假说不仅统一了原子论和简比定律，而且找到了测定物质分子相对质量和组成的方法。把该物质变成气体并测定比重，在同温同压下不同气体的比重比就是它们分子质量之比。这为确定不同物质的原子数目和原子量提出了可靠的方法，是原子论的一大进步。但当时并没有引起重视，直到 40 多年后的 1860 年，坎尼扎罗才让它复活，解决了原子量和原子价问题，为化合物的结构理论也奠定了基础。

你知道吗

负离子对脑组织的影响

负离子还可使脑组织的氧化过程力度加强，使脑组织获得更多的氧。据学者观察，负离子有明显扩张血管的作用，可解除动脉血管痉挛，达到降低血压的目的，负离子对于改善心脏功能和改善心肌营养也大有好处，有利于高血压和心脑血管疾患病人的病情恢复。是对血液系统的影响。研究证实，负离子有使血液变慢、延长凝血时间的作用，能使血中含氧量增加，有利于血氧输送、吸收和利用。

烯烃复分解反应的发现

烯烃复分解反应涉及金属催化剂存在下烯烃双键的重组，自发现以来便在医药和聚合物工业中有了广泛应用。相对于其他反应，该反应副产物及废物排放少，更加环保。

烯烃复分解反应由含镍、钨、钌和钼的过渡金属卡宾配合物催化，反应中烯烃双键断裂重组生成新的烯烃。烯烃复分解反应最初应用在石油工业中，以 SHOP 法的产物 α－烯烃为原料，高温高压下生产高级烯烃。传统的反应催化剂如 $WCl_6-EtOH-EtAlCl_2$，由金属卤化物与烷化剂反应制取。

烯烃复分解反应是个循环反应，过程为：首先金属卡宾配合物与烯烃反应，生成含金属杂环丁烷环系的中间体。该中间体分解，得到一个新的烯烃和新的卡宾配合物。接着后者继续发生反应，又得到原卡宾配合物。常用的催化剂都为卡宾配合物，格拉布催化剂含钌，施罗克催化剂含钼或钨。它们也可催化炔烃复分解反应及相关的聚合反应。

基本小知识

催化剂

催化剂在化学反应中引起的作用叫催化作用。催化剂在工业上也称为触媒。催化剂自身的组成、化学性质和质量在反应前后不发生变化；它和反应体系的关系就像锁与钥匙的关系一样，具有高度的选择性（或专一性）。一种催化剂并非对所有的化学反应都有催化作用，例如二氧化锰在氯酸钾受热分解中起催化作用，加快化学反应速率，但对其他的化学反应就不一定有催化作用。某些化学反应并非只有唯一的催化剂，例如氯酸钾受热分解中能起催化作用的还有氧化镁、氧化铁和氧化铜等等。

◎ 反应机理

根据伍德沃德－霍夫曼规则，两个烯烃直接发生环加成反应是对称禁阻的，活化能很高。20 世纪 70 年代时，Hérison 和肖万提出了烯烃复分解反应的环加成机理，该机理是目前最广泛接受的反应机制。其中，首先发生烯烃双键与金属卡宾配合物的环加成反应，生成金属杂环丁烷衍生物中间体。然后该中间体经由逆环加成反应，既可得到反应物，也可得到新的烯烃和卡宾配合物。新的金属卡宾再与另一个烯烃发生类似的反应，最后生成另一个新的烯烃，并再生原金属卡宾。

金属催化剂 d 轨道与烯烃的相互作用降低了活化能，使烯烃复分解反应在适宜温度下就可发生，摆脱了以前多催化组分以及强路易斯酸性的反应条件。

复分解反应又可分为以下几种重要类型：

（1）交叉复分解反应

（2）关环复分解反应

（3）烯炔复分解反应

（4）开环复分解反应

（5）开环复分解聚合反应

（6）非环二烯复分解反应

（7）炔烃复分解反应

（8）烷烃复分解反应

（9）烯烃复分解反应

与大多数有机金属反应类似的是，复分解反应生成热力学控制的产物。也就是说，最终的产物比例由产物能量高低决定，符合玻尔兹曼分布。

复分解反应的驱动力往往不相同：

烯烃复分解反应和炔烃复分解反应——乙烯/乙炔的生成增加了反应熵，推动了反应发生；

烯炔复分解反应——没有以上条件，在热力学上是不利的，除非还伴随有特定的开环或关环反应；

开环复分解反应——原料常为有张力的烯烃如降冰片烯，环的打开消除了张力，推动了反应发生；

关环复分解反应——生成了能量上有利的五六元环，反应中通常有乙烯生成。用关环反应合成大环化合物时，反应常常在极稀的溶液中进行，并且利用偕二甲基效应加快反应速率和选择性。

烯烃发生臭氧化反应生成两个酮，再以维蒂希反应成烯的过程与烯烃复分解反应是等同的，且有些已被后者所代替。

2005 年的诺贝尔化学奖颁给了化学家伊夫·肖万、罗伯特·格拉布和理查德·施罗克，以表彰他们在烯烃复分解反应研究和应用方面所做出的卓越贡献。

拓展思考

化学的作用

化学是一门是实用的学科，它与数学物理等学科共同成为自然科学迅猛发展的基础。化学的核心知识已经应用于自然科学的各个区域，化学是改造自然的强大力量的重要支柱。目前，化学家们运用化学的观点来观察和思考社会问题，用化学的知识来分析和解决社会问题，例如能源问题、粮食问题、环境问题、健康问题、资源与可持续发展等问题。

化学与其他学科的交叉与渗透，产生了很多边缘学科，如生物化学、地球化学、宇宙化学、海洋化学、大气化学等等，使得生物、电子、航天、激光、地质、海洋等科学技术迅猛发展。

芳香性的发现

芳香性是一种化学性质，当中的共轭系统特别稳定。组成该系统的化学键、原子轨域和电子独立起来的稳定性不比该系统强。这些共轭键可以理解成单和双的共价键的融合，每个键的长度是一样的。这个理论最初由德国化学家凯库勒发展出来，理论中的苯有两个共振形态，并有单和双的共价键互相转换。

凯库勒最初在苯之中发现芳香性这一特性，其后于1931年才有人以量子力学来解释此现象。当年亦证实芳香性之中的Π电子的数量必定是 $4n+2$ 的定律，和肯定芳香族分子的环必定是平面。

广角镜

碘盐的食用方法

一是忌高温。在炒菜做汤时忌高温放碘盐。炒菜爆锅时放碘盐，碘的食用率仅为10%，中间放碘盐食用率为60%；出锅时放碘盐食用率为90%；拌凉菜时放碘盐食用率为100%。二是忌在容器内敞口长期存放。碘盐如长时间与阳光、空气接触，碘容易挥发。最好放在有色的玻璃瓶内，用完后将盖盖严，密封保存。三是忌加醋。碘跟酸性物质结合后会被破坏。据测试，炒菜时如同时加醋，碘的食用率即下降40%~60%。

芳香性化合物的特征，被分类为芳香性的化合物通常有以下的条件：

（1）有一些离域电子来组成一些Π键，并且令整个环系统可以当成单与双共价键的组合；

（2）那些付出离域电子作Π键的原子都要处于同一个平面；

（3）那些原子要组成一个环；

（4）组成Π键的电子总数要是（$4n+2$），即不是4的倍数的双数（休克尔规则）；

（5）有能力进行亲电芳香取代反应和亲核芳香取代反应。

苯就是一个好例子，它适合以上所有条件，并且有6粒离域电子（即 $n=1$）。有 $4n+2$ 粒Π电子的化合物通常都是芳香性的。环丁二烯只有4粒离域电子，所以不属于芳香性化合物。这些只有 $4n$ 粒Π电子而又是平面的环状化合物叫作反芳香性化合物。

非芳香族的有机物就叫作脂肪族，芳香族比脂肪族在化学上更稳定。那些离域的Π电子会产生一种磁场，而且可由核磁共振的技术来探测。

在商业中最重要的芳香化合物就是苯和甲苯，每天的产量极多。人们从石油中得到的苯和甲苯可用来做其他极有用的日用品材料，包括苯乙烯、苯酚、苯胺及尼龙。

◎芳香性化合物的分类

芳香性化合物大致可分为：简单的芳香化合物、多环芳香化合物和杂环化合物。

1. 简单的芳香化合物

有大量的有机化合物的结构当中都包含简单的芳香性环，例如：DNA，当中包含嘌呤、嘧啶；三硝基甲苯，有苯环；乙酰水杨酸，有苯环；对乙酰氨基酚，有苯环。

2. 多环芳香化合物

多环芳香化合物中有一类多环芳香烃，其分子由超过一个不包含杂环或取代基的芳香环融合在一起并同时分享两个碳原子所组成，当中大部分都是致癌物质，例如萘、蒽、菲、吲哚、喹、异喹啉等。

3. 杂环化合物

杂环化合物之中组成环的原子不仅包括碳，还包括氮、氧或硫等原子。例如：吡啶被用作溶剂或化学中间体。呋喃的芳香性比苯小，所以比苯更易反应。从呋喃衍生出的四氢呋喃是常用的试剂和溶剂。呋喃被用作化学的中间体，亦是致癌物质。

知识小链接

芳香族化合物

含有苯环的有机化合物叫作芳香族化合物。它包括芳香烃及其衍生物，如卤代芳香烃、芳香族硝基化合物、芳香醇、芳香酸等。苯是最简单、最典型的代表。它们容易发生亲电取代反应、对热比较稳定，主要来自石油和煤焦油。有些分子中虽然不含苯环但也具有与苯相似的芳香性的化合物，称为非苯芳香化合物，如草盐等。

生 物 篇

RENLEI ZAI KEXUE
SHANG DE FAXIAN

生物与人类生活的许多方面都有着非常密切的关系。生物学作为一门基础科学，传统上一直是农学和医学的基础，涉及种植业、畜牧业、渔业、医疗、制药、卫生等方面。随着生物学理论与方法的不断发展，它的应用领域不断扩大。现在，生物学的影响已突破传统的领域，而扩展到食品、化工、环境保护、能源和冶金工业等方面。所以，人们的生活处处离不开生物。

达尔文的进化论

19 世纪中叶，达尔文创立了科学的生物进化学说。以自然选择为核心的达尔文进化论，第一次对整个生物界的发生、发展作出了唯物的、规律性的解释，推翻了神创论等唯心主义形而上学在生物学中的统治地位，使生物学发生了一个变革。

拓展思考

生物的特征

生物不仅具有多样性，而且具有一些共同的特征和属性。大量实验研究表明，组成生物体生物大分子的结构和功能，在原则上是相同的。例如，各种生物的蛋白质的单体都是氨基酸，种类不过 20 种左右，各种生物的核酸的单体都是核苷酸，种类不过 8 种。在不同的生物体内基本代谢途径也是相同的。生物化学的同一性深刻地揭示了生物的统一性。

1809 年 2 月 12 日，达尔文出生在英国的施鲁斯伯里。祖父和父亲都是当地的名医，家里希望他将来继承祖业，16 岁时便被父亲送到爱丁堡大学学医。

但达尔文从小就热爱大自然，尤其喜欢打猎、采集矿物和动植物标本。进到医学院后，他仍然经常到野外采集动植物标本。父亲认为他“游手好闲”、“不务正业”，一怒之下，于 1828 年又送他到剑桥大学，改学神学，希望他将来成为一名“尊贵的牧师”。达尔文对神学院的神创论等谬说十分厌烦，他仍然把大部分时间用在听自然科学讲座、自学自然科学书籍，热心于收集甲虫等动植物标本，对神秘的大自然充满了浓厚的兴趣。

在文艺复兴以及思想启蒙之后，现代科学的理性思维已经建立起来。达尔文的时代是 19 世纪中后期，正是提倡科学的前一阶段，在思想和理性上，为达尔文创立自然选择进化论提供了思想依据；而青年时的远游，则为他积累了大量的实据，引发了他关于物种进化的思考并最终形成一个完整的体系——《物种起源》。

基本小知识

生 物

生物是有生命的个体。生物最重要和基本的特征在于生物进行新陈代谢及遗传。自然界是由生物和非生物的物质和能量组成的。有生命特征的有机体叫作生物，无生命的包括物质和能量叫作非生物。地球上的植物大约有30多万种，动物约有150多万种。现存的动物只有原来地球上的动物的十分之一。多种多样的生物不仅维持了自然界的持续发展，而且是人类赖以生存和发展的基本条件。

达尔文自己把《物种起源》称为“一部长篇争辩”，它论证了两个问题：第一，物种是可变的，生物是进化的。当时绝大部分读了《物种起源》的生物学家都很快地接受了这个事实，进化论从此取代神创论，成为生物学研究的基石。即使是在当时，有关生物是否进化的辩论，也主要是在生物学家和基督教传道士之间，而不是在生物学界内部进行的。第二，自然选择是生物进化的动力。他认为，生物之间存在着生存斗争，适应者生存下来，不适者则被淘汰，这就是自然的选择。生物正是通过遗传、变异和自然选择，从低级到高级，从简单到复杂，种类由少到多地进化着、发展着。这就是我们常说的“物竞天择，适者生存”。

进化论是人类历史上第二次重大科学突破。第一次是日心说取代地心说，否定了人类位于宇宙中心的自大情结；第二次就是进化论，把人类拉到了与普通生物同样的层面，所有的地球生物都与人类有了或远或近的血缘关系，彻底打破了人类自高自大、一神之下、众生之上的愚昧式自尊。

显微镜下的第一个重大发现

当伽利略听说荷兰的商人把两个透镜组合起来就能看得远时，立即自己实验装配出了望远镜，用它第一次看到月亮的表面，看到木星的卫星，证明了哥白尼的地动说。然而他没有对微观世界产生太大兴趣，所以把发展显微镜的工作留给了别人。

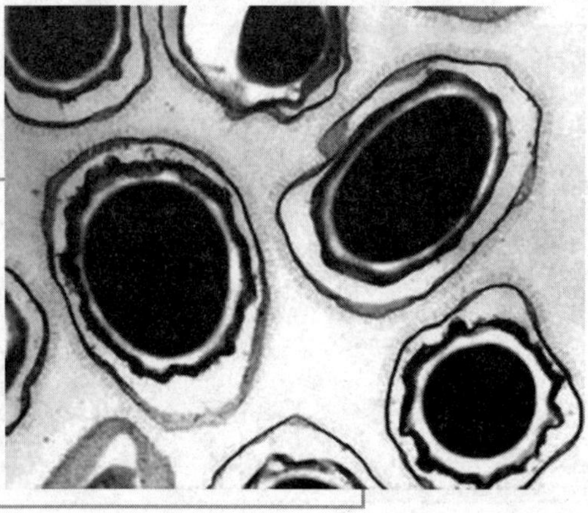

显微镜下的细菌

荷兰的业余科学家列文虎克是一个著名的显微镜制造者和使用者。科学仪器的制造和使用关系紧密，纯粹的商人是很难对科学仪器做出重大改进的。幸运的是作为布商的列文虎克对显微镜和科学研究很有兴趣。由于他没有受过正规教育，反倒免除了先入之见和哲学上的教条，因此能够从爱好和兴趣出发着手研究。他曾制成了非常小巧的短焦距的双凸透镜，后来又用这些小型高倍透镜制成简单的显微镜。这种显微镜比当时的光学仪器不仅更为高级而且更为适用。由于他的科学家朋友的介绍，列文虎克的重大工作被广泛重视，列文虎克本人被选为皇家学会会员。他去世时，人们发现他那里制作了400多台显微镜和放大镜，放大率从50倍到200倍的都有。

列文虎克用显微镜所做出的发现非常多，根本不可能对其详细叙述。其中对微生物和血液循环的研究最为有名。他首先观察到单细胞动物，第一个观察到细菌，严格证明了毛细血管连接着动脉和静脉从而帮助哈维克服了血液循环学说中的唯一难点。他对昆虫生活史、肌肉组织结构、牙齿骨状物等多项研究也都比较深入。只是他的成果在很长时间内没被很好的利用。

拓展思考

细菌的种类

细菌主要由细胞膜、细胞质、核质体等部分构成，有的细菌还有荚膜、鞭毛、菌毛等特殊结构。细菌可根据形状分为三类，即：球菌、杆菌和螺形菌（包括弧菌、螺菌、螺杆菌）。按细菌的生活方式来分类，分为两大类：自养菌和异养菌，其中异养菌包括腐生菌和寄生菌。按细菌对氧气的需求来分类，可分为需氧（完全需氧和微需氧）和厌氧（不完全厌氧、有氧耐受和完全厌氧）细菌。按细菌生存温度分类，可分为喜冷、常温和喜高温三类。

1628 年，哈维发表《心血运动论》，宣布了血液循环学说。这个埋葬盖仑体系从而使生命科学进入真正科学时代的革命学说非常有说服力，只在说明动脉与静脉在组织中相通这一点上缺乏事实证据。因为毛细血管太小，无法看见。这成为血液循环学说唯一的缺陷。正好就在《心血运动论》发表当年出生的意大利科学家马尔比基，好像注定了是为完成哈维的工作而来的。

基本小知识

细　菌

广义的细菌即为原核生物，是指一大类细胞核无核膜包裹，只存在称作拟核区的裸露 DNA 的原始单细胞生物，包括真细菌和古生菌两大类群。人们通常所说的即为狭义的细菌，狭义的细菌为原核微生物的一类，是一类形状细短，结构简单，多以二分裂方式进行繁殖的原核生物，是在自然界分布最广、个体数量最多的有机体，是大自然物质循环的主要参与者。

马尔比基本来是学亚里士多德哲学的，21 岁时因为父母死于流行病才决心学医。幸运的是由于使用了当时先进的仪器——显微镜，他才成为第一个用显微镜观察活体组织的人。他首先观察的是青蛙的肺。他发现当心脏不停跳动时，血液从动脉经过极细微的毛细血管进入静脉。这一精密细致的观察使哈维的血液循环理论获得了最后圆满的成功，成为显微镜下第一个重要的发现。

马尔比基作为动物和植物材料显微技术的创始人，不仅对血液循环和毛细血管有重要的研究和发现，而且对肺和肾的细微结构、大脑皮层、脑和脊髓的结构、植物微解剖学、无脊椎动物生物学等都有重要的研究和发现。他可以被看作胚胎学、植物解剖学和比较解剖学以及组织学的先驱。

细胞的发现

所有的生物都是由细胞构成的。尽管这是 19 世纪才发现的，但 17 世纪第一批使用显微镜的科学家就已经观察到了细胞。而英国科学家胡克在观察

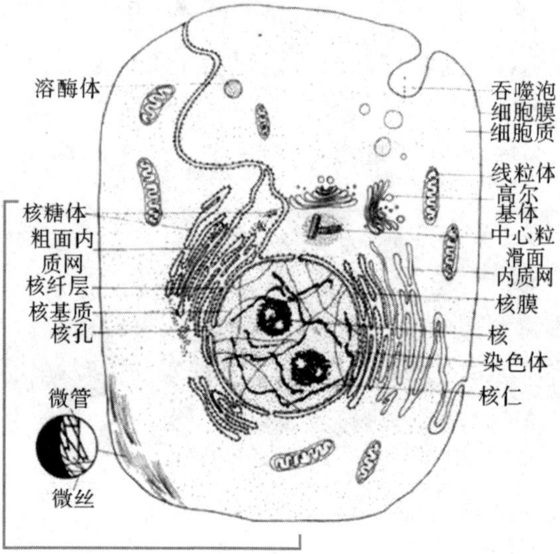

细胞结构图

软木塞时正式使用了“细胞”这个命名来称呼生物体的这一基本单位。这成了17世纪显微镜下的又一个著名发现。

胡克是英国皇家学会的干事长，负责周会上所进行的实验演示。显微镜研究成果的演示课程则由他本人亲自担任。胡克对科学仪器的发明和发展贡献很大，尤其是对天文学仪器和对显微镜的改进，因为他对光学理论的研究非常深入，是光的波动说的先驱。他在显微镜研究成果演示会上每次都至少要介绍一个使用显微镜进行观察的实验。蚤、虱、蚊虫等各种昆虫，还有头发、霉菌、地衣及纺织品、常用物件等都是他的观察对象。因此，尽管使用显微镜工作的科学家们实际上都观察到了细胞，却由胡克给出了恰当的名称。胡克并不仅仅只发现了一个个的微观世界，而且对活细胞内的物质有详细的描述。

1665年，胡克出版了《显微图像》一书，对显微镜下的观察收获作了许多重要描述。比如他观察到肥皂泡和其他薄膜上都有的薄膜色彩，并由此研究提出光的波动理论；证明燃烧依赖于空气的实验以及对化石的观察

拓展思考

细胞的共性

所有的细胞表面均有由磷脂双分子层与镶嵌蛋白质及糖被构成的生物膜，即细胞膜；所有的细胞都含有两种核酸，即DNA与RNA；可作为遗传信息复制与转录的载体；作为蛋白质合成的机器——核糖体，毫无例外地存在于一切细胞内。核糖体，是蛋白质合成的必须机器，在细胞遗传信息流的传递中起着必不可少的作用；基本上所有细胞的增殖都以一分为二的方式进行分裂；部分细胞能进行自我增殖和遗传；细胞都具有运动性，包括细胞自身的运动和细胞内部的物质运动。

和化石起源理论等。当然，最著名的还是他在这本书中描述的他对软木的研究，由此发现了细胞。

基本小知识

细　胞

细胞并没有统一的定义，近年来比较普遍的提法是：细胞是生命活动的基本单位。已知除病毒之外的所有生物均由细胞所组成，但病毒生命活动也必须在细胞中才能体现。一般来说，细菌等绝大部分微生物以及原生动物由一个细胞组成，即单细胞生物；高等植物与高等动物则是多细胞生物。细胞可分为两类：原核细胞、真核细胞。世界上现存最大的细胞为鸵鸟的卵子。

血型的发现

血型是对血液分类的方法，通常是指红细胞的分型，其依据是红细胞表面是否存在某些可遗传的抗原物质。抗原物质可以是蛋白质、糖类、糖蛋白或者糖脂。通常一些抗原来自同一基因的等位基因或密切连锁的几个基因的编码产物，这些抗原就组成一个血型系统。目前已经发现并为国际输血协会承认的血型系统有 30 种，其中最重要的两种为“ABO 血型系统”和“Rh 血型系统”（恒河猴因子）。血型系统对输血具有重要意义，以不相容的血型输血可能导致溶血反应的发生，造成溶血性贫血、肾衰竭、休克以至死亡。新生儿溶血症也和血型密切相关。

◎血型的发现史及意义

人类最早认识的血型系统是 ABO 血型系统。1900 年，奥地利维也纳大学病理研究所的卡尔·兰德施泰纳发现，健康人的血清对不同人类个体的红细胞有凝聚作用。如果把取自不同人的血清和红细胞成对混合，可以分为 A、B、C（后改称 O）三个组。后来，他的学生 Decastello 和 Sturli 又发现了第四组，即AB组。

数年后，兰德施泰纳等人又发现了其他独立的血型系统，如MNS血型系统、Rh血型系统等。1930年，兰德施泰纳获得了诺贝尔生理学和医学奖。

基本小知识

人体的血液

正常人的总血量约占体重的8%。一个50千克体重的人，约有血液4000毫升，而真正参与循环的血量只占全身血液的70%～80%，其余的则贮存在肝、脾等“人体血库”内。当人体出现少量失血时，贮存在“人体血库”中的血液，便会立即释放出来，随时予以补充。

血液中的红细胞生命期约120天，白细胞约7～14天，血小板约7—9天，即使不献血，人体内的血细胞每时每刻也会衰老死亡。献血200毫升，仅占全身血量的5%，而且献血后能刺激人体造血功能，使之旺盛地造血，故适量献血是不会影响身体健康的。

几十年来，新的血型系统不断被报道，由1935年成立的国际输血协会专门负责认定与命名工作。得到承认的30种人类血型系统包括超过600种抗原，但其中大部分都非常罕见。

血型的发现开创了免疫血液学、免疫遗传学等新兴学科，对临床输血工作具有非常重要的意义。血型系统也曾广泛应用于法医学以及亲子鉴定中，但目前已经逐渐被更为精确的基因学方法所取代。

◎人类血型系统

在30种人类血型系统中，最为重要的是“ABO血型系统”和“Rh血型系统”。通常医院中进行的血型检查也只有这两项指标。例如，一位血液是AB型同时是Rh阳性的人，其血型可以简写为AB^+。

ABO血型系统

人类的血液内有以下的抗原、抗体，组成不同的血型：

A型血的人的红细胞表面有A型抗原；他们的血清中会产生对抗B型抗原的抗体。一个血型为A型的人只可接受A型或O型的血液。

B 型血的人跟 A 型血的人相反，他们的红细胞表面有 B 型抗原；血清中会产生对抗 A 型抗原的抗体。血型为 B 型的人亦只可接受 B 型或 O 型的血液。

AB 型血的人的红细胞表面同时有 A 型及 B 型抗原；他们的血清不会产生对抗 A 型或 B 型抗原的抗体。因此，AB 型血的人是“全适受血者”。但他们亦只可捐血予同样血型的人。

O 型血的人的红细胞表面没有 A 和 B 型抗原。他们的血清对两种抗原都会产生抗体。因此，O 型血的人是“全适捐血者”。但他们亦只可接受来自同样血型的血。例如，O 型的人只能接受 O 型的血。

基本上，O 型是世界上最常见的血型。但在某些地方，如挪威、日本，A 型血型的人较多。A 型抗原一般比 B 型抗原较常见。AB 型血型因为要同时有 A 及 B 抗原，故此亦是 ABO 血型中最少的。ABO 血型分布跟地区及种族有关。

人类为何会对未接触过的抗原产生抗体的原因未知。一般相信可能是与某些细菌的抗原跟 A 及 B 型的糖蛋白相似有关。

拓展思考

血液的组成

血液是由 55% ~ 60% 的血浆和 40% ~45% 的血细胞（红细胞、白细胞、血小板）组成的。血细胞主要是红细胞，它的机能是运送氧气到身体各部，并将代谢产生的二氧化碳送到肺部随呼气而排出体外；其次是白细胞，它能帮助人体抵御细菌、病毒和其他异物的侵袭，是保护人体健康的卫士；再者为血小板，当人体出血时，它可以发挥凝血和止血的作用。血浆中的 90% 是水，其余为蛋白质、钠、钾、激素、酶等人体新陈代谢所需要的物质，维持人体正常生命活动。

Rh 血型系统

血液中另一主要特点是恒河猴因子。恒河猴因子（Rhesus Factor）也被读作 Rh 抗原、Rh 因子，因与恒河猴红细胞上的抗原相同得名，最初于 1940 年被发现。每个人的红细胞上只可能有或没有 Rh 因子，通常会与 ABO 结合起来，写的时候放在 ABO 血型后面。当中 O^+ 型是最常见的。

Rh^+，称作“Rh 阳性”或“Rh 显性”，表示人类红细胞“有 Rh 因子”；

Rh^-，称作“Rh 阴性”或“Rh 隐性”，表示人类红细胞“没有 Rh

因子”。

ABO 血型中配合 Rh 因子是非常重要的，错配（Rh^+的血捐给 Rh^-的人）会导致溶血。不过 Rh^+的人接受 Rh^-的血是没有问题的。

和 ABO 血型系统的抗体不同，Rh 血型系统的抗体比较小，可以透过胎盘屏障。当一名 Rh^-的母亲怀有一个 Rh^+的婴儿，然后再怀有第二个 Rh^+的婴儿，就可能出现 Rh 症（溶血病）。母亲于第一次怀孕时产生对抗 Rh^+红细胞的抗体。在第二次怀孕时抗体透过胎盘把第二个婴儿的血液溶解，一般称新生婴儿溶血症。这反应不一定发生，但如果婴儿有 A 或 B 抗原而母亲没有则机会较大。以往，Rh 因子不配合会引起小产或母亲死亡。以前多数会以输血救治刚出生的婴儿。现在一般会 24 小时内以抗 Rh^+的药物注射医治，最常见为 Rhogam 或 Anti－D。每位 Rh^-的怀孕母亲的婴儿的血型都要找出，如果是 Rh^+的话，母亲便要注射 Anti－D。用意为在母体产生抗体前先将抗原消灭，使母体记忆性 B 细胞不致记忆并自行产生大量抗体。

华人当中大约每 370 人才有一个是 Rh^-，其他都是 Rh^+。欧洲某些地区则可能 7 个人便有一个 Rh^-。

病毒的发现

只要有生命的地方，就有病毒存在；病毒很可能在第一个细胞进化出来时就存在了。病毒起源于何时尚不清楚，因为病毒不形成化石，也就没有外部参照物来研究其进化过程，同时病毒的多样性显示它们的进化很可能是多条线路的而非单一的。分子生物学技术是目前可用的揭示病毒起源的方法；但这些技术需要获得远古时期病毒 DNA 或 RNA 的样品，而目前储存在实验室中最早的病毒样品也不过 90 年。

关于病毒所导致的疾病，早在公元前 3—前 2 世纪的印度和中国就有了关于天花的记录。但直到 19 世纪末，病毒才开始逐渐得以发现和鉴定。1884 年，法国微生物学家查理斯·尚柏朗发明了一种细菌无法滤过的过滤器，他利用这一过滤器就可以将液体中存在的细菌除去。1892 年，俄国生物学家伊凡诺夫斯基在研究烟草花叶病时发现，将感染了花叶病的烟草叶的提取液用烛形滤器过滤后，依然能够感染其他烟草。于是他提出这种感染性物质可能是细菌所分泌的一种毒素，但他并未深入研究下去。当时，人们认为所有的感染性物质都能够被过滤除去并且能够在培养基中生长，这也是疾病的细菌理论的一部分。1899 年，荷兰微生物学家马丁乌斯·贝杰林克重复了伊凡诺夫斯若的实验，并相信这是一种新的感染性物质。他还观察到这种病原只在分裂细胞中复制，由于他的实验没有显示这种病原的颗粒形态，因此他称之为可溶的活菌，并进一步命名为病毒。贝杰林克认为病毒是以液态形式存在的（但这一看法后来被温德尔·梅雷迪思·斯坦利推翻，他证明了病毒是颗粒状的）。同样在 1899 年，Friedrich Loeffler 和 Paul Frosch 发现患口蹄疫动物淋巴液中含有能通过滤器的感染性物质，由于经过了高度的稀释，排除了其为毒素的可能性；他们推论这种感染性物质能够自我复制。

20 世纪早期，英国细菌学家 Frederick Twort 发现了可以感染细菌的病毒，并称之为噬菌体。随后法裔加拿大微生物学家 Félixd Herelle 描述了噬菌体的特性：将其加入长满细菌的琼脂固体培养基上，一段时间后会出现由于细菌死亡而留下的空斑。高浓度的病毒悬液会使培养基上的细菌全部死亡，但通过精确的稀释，可以产生可辨认的空斑。通过计算空斑的数量，再乘以稀释倍数就可以得出溶液中病毒的个数。他们的工作揭开了现代病毒学研究的序幕。

20 世纪的下半叶是发现病毒的黄金时代，大多数能够感染动物、植物或细菌的病毒在这数十年间被发现。1957 年，马动脉炎病毒和导致牛病毒性腹泻的病毒（一种瘟病毒）被发现。1963 年，巴鲁克·塞缪尔·布隆伯格发现了乙型肝炎病毒。1965 年，霍华德·马丁·特明发现并描述了第一种逆转录病毒，这类病毒将 RNA 逆转录为 DNA 的关键酶，逆转录酶在 1970 年由霍华德·特明和戴维·巴尔的摩分别独立鉴定出来。1983 年，法国巴斯德研究院的吕克·蒙塔尼和他的同事弗朗索瓦丝·巴尔－西诺西首次分离得到了一种逆转录病毒，也就是现在世人皆知的艾滋病毒。其二人也因此与发现了能够导致子宫颈癌的人乳头状瘤病毒的德国科学家哈拉尔德·楚尔·豪森分享了 2008 年的诺贝尔生理学与医学奖。

◎ 病毒的结构

病毒的形状和大小（统称形态）各异。大多数病毒的直径在 10 ~ 300 纳米。一些丝状病毒的长度可达 1400 纳米，但其宽度却只有约 80 纳米。大多数的病毒无法在光学显微镜下观察到，而扫描或透射电子显微镜是观察病毒颗粒形态的主要工具，常用的染色方法为负染色法。

一个完整的病毒颗粒被称为“病毒体”，是由蛋白质组成的具有保护功能的“衣壳”和被衣壳包被的核酸组成。形成衣壳的等同的蛋白质亚基称为“次蛋白衣”或“壳粒”。有些病毒的核衣壳外面，还有一层由蛋白质、多糖和脂类构成的膜，叫做“包膜”，包膜上生有“刺突”，如流感病毒。衣壳是由病毒基因组所编码的蛋白质组成的，它的形状可以作为区分病毒形态的基础。通常只需要存在病毒基因组，衣壳蛋白就可以自组装成为衣壳。但结构复杂的病毒还会编码一些帮助构建衣壳的蛋白质。与核酸结合的蛋白质被称为核蛋白，核蛋白与核酸结合形成核糖核蛋白，再与衣壳蛋白结合在一起就形成了“核衣壳”。病毒的形态一般可以分为以下四种：

1. 螺旋形

螺旋形的衣壳是由壳粒绕着同一个中心轴排列堆积起来，以形成一个中空的棒状结构。这种棒状的病毒体可以是短而刚性的，也可以是长而柔性的。具有这种形态的病毒一般为单链 RNA 病毒，被研究得最多的就是烟草花叶病毒，但也有少量单链 DNA 病毒也为螺旋形；无论是哪一种病毒，其核酸都通过静电相互作用与衣壳蛋白结合（核酸带负电而衣壳蛋白朝向中心的部分带正电）。一般来说，棒状病毒体的长度取决于内部核酸的长度，而半径取决于壳粒的大小和排列方式。用于定义这种螺旋形态的参数有两个：amplitude 和 pitch。前者即直径，而后者是指壳粒环绕一周后所前进的距离。

知识小链接

艾滋病

艾滋病，即获得性免疫缺陷综合症，是人类因为感染人类免疫缺陷病毒（HIV）后导致免疫缺陷，并发一系列机会性感染及肿瘤，严重者可导致死亡的综合征。目前，艾滋病已成为严重威胁世界人民健康的公共卫生问题。1983 年，人类首次发现艾滋病免疫缺陷病毒。目前，艾滋病已经从一种致死性疾病变为一种可控的慢性病。

2. 正二十面体

大多数的动物病毒为正二十面体或具有正二十面体对称的近球形结构。二十面体具有 5 - 3 - 2 对称，即每个顶点为 5 重对称，每个面的中心为 3 重对称，每条边的中心为 2 重对称。病毒之所以采用这种结构的一个很重要的原因可能是，规则的二十面体是相同壳粒形成封闭空间的一个最优途径，可以使所需的能量最小化。形成二十面体所需的最少的等同的壳粒的数量为 12，每个壳粒含有 5 个等同的亚基。但很少有病毒只含有 60 个衣壳蛋白亚基，多数正二十面体形病毒的亚基数量大于60，为60 的倍数，倍数可以是3、4、7、9、12 或更多。由于二十面体的对称性，位于顶点的壳粒周围有 5 个壳粒环绕，被称为“penton”；而位于三角形面中心的壳粒周围有 6 个壳粒环绕，被称为“hexon”。

3. 包膜型

一些病毒可以利用改造后的宿主的细胞膜（来自细胞表面的质膜或细胞内部的膜，如核膜及内质网膜）环绕在病毒体周围，形成一层脂质的包膜。包膜上既镶嵌有来自宿主的膜蛋白，也有来自病毒基因组编码的膜蛋白；而脂质膜本身和其中的糖类则都来自宿主细胞。包膜型病毒位于包膜内的病毒体可以是螺旋形或正二十面体形的。

无包膜的病毒在宿主细胞内完成复制后，需要宿主细胞死亡并裂解后，才能逸出并进一步感染其他细胞。这种方法虽然简单，但常常造成大量非成熟细胞死亡，反而降低了对宿主细胞的利用率。而有了包膜之后，病毒可以通过包膜与宿主的细胞膜融合来出入细胞，而不需要造成细胞死亡。流感病毒和艾滋病毒采用的就是这种策略。大多数的包膜型病毒的感染性都依赖于包膜。

4. 复合型

一个典型的有尾噬菌体的结构包括：①头部；②尾部；③核酸；④头壳；⑤颈部；⑥尾鞘；⑦尾丝；⑧尾钉；⑨基板。与以上三类病毒形态相比，复合型病毒的结构复杂得多，它们的衣壳既非完全的螺旋形又非完全的正二十面体形，可以有附加的结构，如蛋白质组成的尾巴或复杂的外壁。有尾噬菌体和痘病毒都是比较典型的复合型病毒。

有尾噬菌体在噬菌体中数量最多，其壳体由头部和尾部组成，头部呈正二十面体对称，尾部呈螺旋对称，头部和尾部之间通过颈部相连。此外噬菌体的尾部还附着有一些尾鞘、尾丝和尾钉等。其头壳中包裹着噬菌体的基因组，而尾部的各个组件则在噬菌体感染细菌的过程中发挥作用。

痘病毒是一种具有特殊形态的体形较大的复合型病毒。其病毒基因组与结合蛋白位于被称为拟核的一个中心区域。拟核被一层膜和两个未知功能的侧体所围绕。痘病毒具有外层包膜，包膜外有一层厚的蛋白质外壳布满整个表面。痘病毒的形态有轻微的多态性，从卵状到砖块状都有。

拟菌病毒是目前已知最大的病毒，其衣壳直径达400纳米，体积接近小型细菌，且表面布满长达100纳米的蛋白质纤维丝。在电镜下观察到的拟菌病毒呈六边形，因此推测其衣壳应为二十面体对称。

◎ 病毒的自我复制过程

由于病毒是非细胞的，无法通过细胞分裂的方式来完成数量增长；它们是利用宿主细胞内的代谢工具来合成自身的拷贝，并完成病毒组装。不同的病毒之间生命周期的差异很大，但大致可以分为六个阶段：

1. 附着：首先是由病毒衣壳蛋白与宿主细胞表面特定受体之间发生特异性结合。这种特异性决定了一种病毒的宿主范围。例如，艾滋病毒只能感染人类的T细胞，因为其表面蛋白gp120能够与T细胞表面的CD4分子和受体结合。这种吸附机制通过不断的进化，使得病毒能够更特定地结合那些它们能够在其中完成复制过程的细胞。对于带包膜的病毒，吸附到受体上可以诱发包膜蛋白发生构象变化从而导致包膜与细胞膜发生融合。

2. 入侵：在病毒体附着到宿主细胞表面之后，通过受体介导的胞吞或膜融合进入细胞，这一过程通常被称为“病毒进入”。感染植物细胞与感染动物细胞不同，因为植物细胞有一层由纤维素形成的坚硬的细胞壁，病毒只有在细胞壁出现伤口时才能进入。一些病毒，如烟草花叶病毒可以直接在植物内通过胞间连丝的孔洞从一个细胞运动到另一个细胞。与植物一样，细菌也有一层细胞壁，病毒必须通过这层细胞壁才能够感染细菌。一些病毒，如噬菌体，进化出了一种感染细菌的机制，将自己的基因组注入细胞内而衣壳留在细胞外，从而减少进入细菌的阻力。

3. 脱壳：病毒的衣壳被病毒或宿主细胞中的酶降解，使得病

你知道吗

细菌的分布

细菌广泛分布于土壤和水中，或者与其他生物共生。人体身上也带有相当多的细菌。据估计，人体内及表皮上的细菌细胞总数约是人体细胞总数的十倍。此外，也有部分种类分布在极端的环境中，其中最著名的种类之一是海栖热袍菌，科学家是在意大利的一座海底火山中发现这种细菌的。然而，细菌的种类是如此之多，科学家研究过并命名的种类只占其中的小部分。

毒的核酸得以释放。

4. 合成：病毒基因组完成复制、转录（除了正义 RNA 病毒外）以及病毒蛋白质合成。

5. 组装：将合成的核酸和蛋白质衣壳各部分组装在一起。在病毒颗粒完成组装之后，病毒蛋白常常会发生翻译后修饰。在诸如艾滋病毒等一些病毒中，这种修饰作用（有时被称为成熟过程），可以发生在病毒从宿主细胞释放之后。

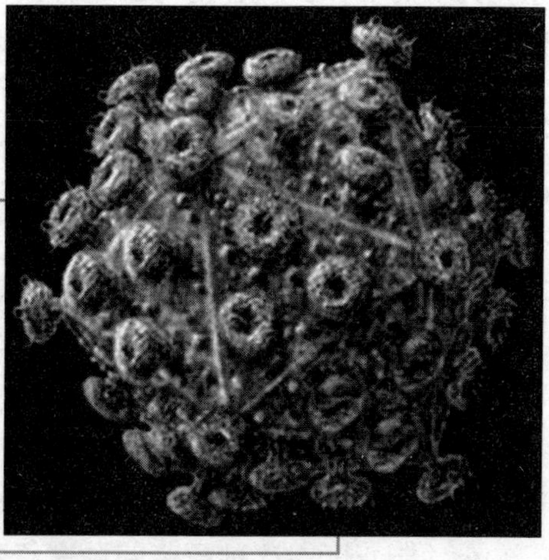

艾滋病病毒

6. 释放：无包膜病毒需要在细胞裂解（通过使细胞膜发生破裂的方法）之后才能得以释放。对于包膜病毒则可以通过出泡的方式得以释放。在出泡的过程中，病毒需要从插有病毒表面蛋白的细胞膜结合，获取包膜。

青霉素的发现

在科学技术领域中，经常会有这样的事情：从对某一偶然现象的仔细观察入手，经过深入研究，就获得了极其重要的科学发现和发明。青霉素的发现和发明就是一个典型的例子。

时间是 1928 年，在伦敦赖特生物研究中心，为了探索机体防御因子抵抗病原菌致病因子的作用机理，寻找一条制服病原菌的新路子，细菌学家弗莱明正在进行着细菌学的培养试验。他对葡萄球菌似乎更感兴趣，因为这种菌分布广，危害大，一般的伤口感染化脓主要就是由于它们在作祟。

葡萄球菌被培养在扁圆形的玻璃皿里，温度和培养基等条件的改变都可影响葡萄球菌的生长，弗莱明就不时地用显微镜观察它们的变化。

实验室里杂乱无章，一般来说，空气中总是飘浮着各种各样微生物，有时会在打开器皿盖时的刹那间落进培养皿里，自由自在地生长繁殖，破坏微生物培养试验的正常进行。

这种外来微生物污染培养皿的情况，在许多微生物实验室里都发生过。不过弗莱明所在实验室的卫生条件更差，而且他还有一个习惯，经过初步观察研究后的培养皿，不是马上进行清洗处理，而是常被搁置一边，过了一段时间后再去看看有没有发生什么新的变化。

这一年的9月，有一次忘记将一碟葡萄球菌的培养物盖上盖子。几天之后，弗莱明来到实验室，照例先察看一下培养皿，忽然发现这个靠窗户的培养皿有点异样。在长满金黄色葡萄球菌的器皿中，长出了一些青色的霉斑，霉斑的周围出现了一小圈空白的区域，原先生长在这里的金黄色葡萄球菌菌落荡然无存。

弗莱明马上意识到自己可能发现了某种重要现象："是什么引起我的惊奇？就是在青霉素的周围相当宽阔的区域里，具有强烈致病力的金黄色葡萄球菌被溶化了，从前它长得那么茂盛，如今只留下一点枯影。"为什么？他推测这很可能是由于青色霉菌分泌的某种杀菌素把葡萄球菌杀死了。

他决定立即对这种霉菌菌种进行鉴定，从培养皿中刮出一点培养基放到显微镜下观察，发现它们是属于真菌一类的丝状菌，同腐烂的蔬菜、水果、肉食以及面包、奶酪上的霉菌是一家子。

接着，弗莱明又把剩下的霉菌分离出来，放到一个装满营养液的罐子里培养。几天之后，青霉菌旺盛地生长繁殖，同时往培养液里释放出一种物质，把本来的清液染成了淡黄色。更有意思的是，滤去青霉菌之后，这种淡黄色的液体依然具有与存在青霉菌时同样的杀菌本领，往装有葡萄球菌混浊液的瓶中加进一点青霉菌的培养液，三小时后混浊液就开始变清，说明葡萄球菌已经被杀死了。于是弗莱明终于做出了结论，他在他的实验记录本上写道："这表明在霉菌培养液中包含着对葡萄球菌有溶菌作用的某种物质。"这种物质是青霉素在生长过程中的代谢产物，英文名称音译为盘尼西林，中文名称青霉素。

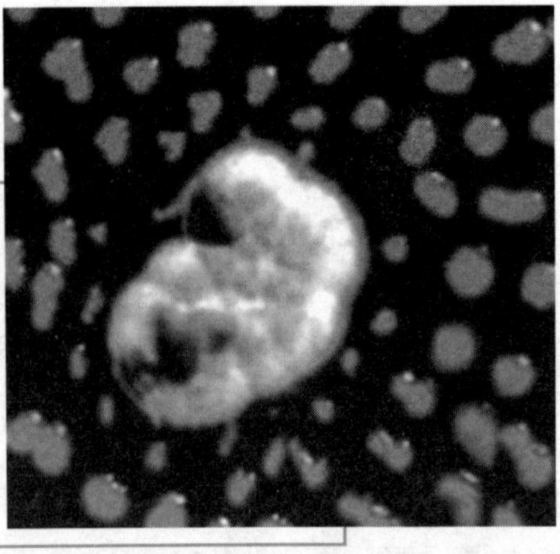

青霉素在杀灭细菌

进一步的实验研究还表明，青霉素对很多传染病菌有致命的效果，除了葡萄球菌，还能杀死链球菌、白喉杆菌、炭疽杆菌、肺炎球菌等，而对人和动物的危害却很小。可以说，这种由青霉菌分泌产生的神奇物质，是人类自发明杀菌药剂以来最强有力的一种，用它来治疗肺炎、败血症、梅毒等都有很好的疗效。

应该说，上面的故事说的完全是一个偶然的现象或一次意外的机遇，使弗莱明在有意无意之间获得了一项重大的发现。在科技史上，这样的事例不在少数。据说，有一次弗莱明这样谦逊、诙谐地说过：“如果我的实验室也像我参观过的实验室那样现代化，那我就可能永远发现不了青霉素。”

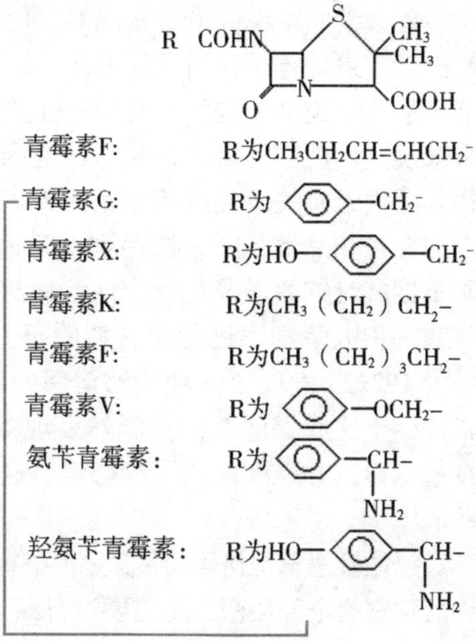

青霉素的分类

基本小知识

抗生素

抗生素是由微生物（包括细菌、真菌、放线菌属）或高等动植物在生活过程中所产生的具有抗病原体或其他活性的一类次级代谢产物，能干扰其他生活细胞发育功能的化学物质。现临床常用的抗生素有微生物培养液中提取物以及用化学方法合成或半合成的化合物。目前已知天然抗生素不下万种。

事实上，科学研究中意外机遇的光临和奇异现象的出现是非常普遍的。但是机遇并不为科技工作者提供现成的科技成果，它只能帮助发明者开启创造性的思路，为探索者提供获得新发现的机会。至于能不能抓住机遇，有所发现，有所发明，有所创造，那还要看研究者本人是不是具有敏锐的洞察力，有没有足够的知识储备和经验积累，有没有执著追求、一心求索的精神。偶然的机会只利于素有准备的心灵……

青霉素的发现似乎非常偶然，但又有它的必然性。当年弗莱明发现的产出青霉素的霉菌，后经鉴定证实就是1911年瑞典人威斯特林在斯德哥尔摩大学博士论文中提到的特异青霉。为什么17年前威斯特林鉴定了特异青霉却没有发现它的抗菌作用，就是因为他的头脑考虑的只是寻找新的微生物，即缺乏有关研究抗菌作用的知识和经验，也没有在这方面继续探索下去的念头和热情，所以机遇到来时他也熟视无睹，白白错过。相反，弗莱明早期就对细菌学及化学疗法治病感兴趣，关心血液的天然抑菌作用，对防腐剂和抗菌物质进行过长期的研究，后又研究动物组织中的抗菌物质，并于1922年发现了一种能够溶菌的蛋白质——溶菌酶，具有杀菌的功能。正是由于这些，他在一旦偶然发现青霉素的溶菌现象后会牢牢抓住不放，奋起探索，并最终发现了青霉素。这就再一次证明，机遇只偏爱那种有准备的大脑。

抓住机遇只是科学研究过程中的一环，由观测到有意义的偶然现象，到弄清楚它的全部秘密，还需要进行深入再深入的科学研究。弗莱明于是同他的年轻助手克莱道克全力以赴地对青霉素的杀菌性能进行了研究试验，他们把青霉素的培养液用水稀释，发现稀释到几百倍甚至上千倍仍然具有杀菌力。接着他们又做青霉素对白细胞的作用，证明当青霉素的浓度达到对细菌有相当大的毒性时，对白细胞仍毫无影响。他们还把青霉素的稀释液注射到健康的白鼠、兔子身上，白鼠、兔子安然无恙，表明它对动物没有毒副作用。所有这一切都使弗莱明相信，青霉素正是他长期以来梦寐以求的“完善无缺的抗菌剂”。

1929年2月13日，弗莱明向伦敦医学研究俱乐部提交了一份研究青霉素的报告。同年6月，他又把他的发现写成论文发表在英国的《实验病理学》季刊上，这两次都没有引起更多人的关注和兴趣。

青霉素既然对多种危害人类的病菌有毒杀作用，那它应该是一种可以畅销世界的治病良药，可它为什么迟迟不受人们青睐，甚至反而被“打入冷宫”呢？

试管里的青霉素不过是一种含有青霉素的淡黄色液体，是把长满了青霉菌的培养液过滤以后得到的一种滤液。问题是这种青霉素滤液里的青霉素含量很少，即使用它来给人体皮肤上的一个化脓伤口进行消毒，也得用掉几百几千毫升。至于要临床应用它来治疗疾病，杀灭人体内的大量病菌，那要耗用的滤液数量就更多了，不仅注射、使用无法办到，生产、贮存也是个难题。事实上，弗莱明和一些生物化学家合作，也曾设法提取培养液中的青霉素，但得到的青霉素化学性质不稳定，没有取得成功。弗莱明于是不得不暂时停止对青霉素的研究，他将这一菌株代代相传，一直传了 10 年。

青霉素的发现不受重视还有另外一个原因。当时正是近代化学疗法的奠基人之一、德国细菌学家埃利希与日本科学家秦佐八郎合作发明的治疗梅毒等传染病的特效药砷凡纳明，即“606”风行全球的时候，几乎所有的医学家、药物学家都受“606”成功的影响，遵循埃利希开创的化学治疗的路线，全力以赴地探索、研制新的“神奇的子弹”。到了 20 世纪 30 年代，德国药物学家多马克和其他科学家又发明了一系列的磺胺类药物，可以用来有效地治疗链球菌感染、脑膜炎、肺炎、尿道感染、细菌性痢疾和肠道感染等疾病，几乎统治了当时的整个医药界。人们热衷于化学药物的研究，几乎完全忽略了弗莱明的发现。

不过，弗莱明并没有绝望，他记住了他的前辈、法国微生物学家巴斯德在 1877 年提出的一个著名论点：连最低级的微生物也在为自己的生存而斗争，某些微生物会攫食另一种微生物，就像某些动物会攫食另外一些动物一样。巴斯德把这称作“生命阻止生命”，并用“抗生”一词来描绘生命自然界彼此之间的这种对抗。弗莱明想，既然如此，他的发现不正是印证了巴斯德的论点，用一种生命来对抗另一种生命，用一种微生物所产生的杀菌物质，来抑制和消灭另一种（病原）微生物吗？

因此，弗莱明虽然暂时停止了对青霉素的研究，但他仍然希望并相信总有一天人们会把他的发现转化为发明，利用它来治病救人，为民造福。

这一天直到 10 年之后才姗姗来迟。

发现是经过探索、研究认知新的事物或规律，发明则是在发现的基础上变革自然，创造新的事物或方法。正如后来弗莱明在接受诺贝尔奖第二天的演讲中所说：“我要告诉诸位的是真实情况，青霉素的发现是一个机遇性的现象。我仅有的功绩在于我没有忽略掉这一项观察，并且作为一个细菌学工作者我追踪了这个目标。我在 1929 年发表的论文，是那些特别是在化学领域里发展青霉素研究的人们的工作的起点。”

这些人们中的两位主要人物是弗洛里和钱恩。

当时，磺胺类药物在广泛使用的过程中已暴露出不少问题，主要是只能治疗少数几种疾病，对许多病人有严重的副作用，服用久了病菌会产生抗药性。

这就促使人们设法去寻找、研制更有效而又无害的杀菌剂。

澳大利亚出生的英国病理学家弗洛里在牛津大学组织了此项研究。他的周围聚集了一些细菌学家、药物学家和化学家，开始研究溶菌酶的抗菌效果。当时还不满30岁的钱恩也是其中的一位，他是德国出生的犹太人，1933年才来英国，溶菌酶的研究试验使这位年轻的生物化学家大感兴趣，并想到应该去探索更多新的与溶菌酶相类似的活性杀菌物质。

钱恩决定首先查阅一下多年来医学杂志上发表的有关杀菌药物的文献，结果发现了好几年前弗莱明撰写的那篇关于青霉素的论文——这篇尘封多年、陈旧不堪的论文快要完全被人遗忘了。

拓展阅读

抗生素的用途

抗生素以前被称为抗菌素，事实上它不仅能杀灭细菌而且对霉菌、支原体、衣原体等其他致病微生物也有良好的抑制和杀灭作用，近年来通常将抗菌素改称为抗生素。抗生素可以是某些微生物生长繁殖过程中产生的一种物质，用于治病的抗生素除由此直接提取外，还有完全用人工合成或部分人工合成的。通俗地讲，抗生素就是用于治疗各种细菌感染或抑制致病微生物感染的药物。重复使用一种抗生素可能会使致病菌产生抗药性。

弗洛里和钱恩都仔细地阅读了这篇论文，弗莱明有关青霉素杀菌试验的报告以及对它治疗潜力的论述，使他们“茅塞顿开”。1939年，他们决定用化学方法从青霉素的培养液中把青霉素分离提取出来。

提取工作十分艰巨。他们每天要配制几十吨培养液，放进一个个培养瓶中，然后往里接种青霉素菌菌种，等它们充分繁殖后，再装进大罐送去提取青霉素，一大罐的培养液只能提取针尖那么大的一点儿。这样，经过几个月的努力，到这一年的年底，才成功地分离出了一小匙像玉米粉那样的棕黄色物质，并将它纯化成青霉素药剂。他们经过试验证明，这种黄色粉末药剂稀释到3000万倍仍然保持着杀菌力。

现在可以用青霉素来进行动物试验了。1940年春末，他们选择了50只小白鼠，每一只都注射了致命剂量的链球菌，然后对其中的25只每隔3小时注射一针青霉素，另外25只什么都不注射。16小时过去了，25只没有注射青霉素的小白鼠全部一命呜呼，另外 25 只注射了青霉素的小白鼠只有 1 只死去，其余全部安然无恙，48 小时后个个恢复了生气。

年近花甲的弗莱明看到牛津大学发表的青霉素动物试验报告后，立即登门拜访弗洛里和钱恩，感谢他们终于证实了他在 11 年前作出的结论以及他以前工作的全部意义。钱恩得知弗莱明还活着，真是惊诧不已，因为他怎么也没有想到，眼前这位青霉素的发现者竟是这样一位谦逊、温和、不善辞令和不愿意显示自已的人。

下一步应该用青霉素进行医疗临床试验。弗洛里选择的第一位受试病人是个处于休克状态的警察，医生确诊他患了严重的败血症，用了大量的磺胺药物无济于事。弗洛里取来仅有的半匙青霉素，调制成溶液后分次给病人进行静脉注射。24 小时后，患者病情趋向稳定，神志逐步清醒。两天过去，高温开始退却，脓肿逐渐消退。再过几天，情况益加好转，患者甚至想吃东西了。但是，正当成功在望的时候，青霉素已用完，“弹尽粮绝”，再提取已来不及，残余的病菌于是卷土重来，迅速繁衍，再次肆虐，病情急剧恶化。没过几天，这位警察还是离开了人世。

不过这仍然是个令人鼓舞的开端。过了不久，在弗洛里和钱恩获得了更多的青霉素后，果然第一次用青霉素挽救了一个患严重髋臼感染的少年的生命。

几十个人辛辛苦苦地忙了一个月，提取的青霉素只能用来治疗一名 15 岁的患者，这怎么能满足大规模应用于临床的需要呢？下一步就是要实现青霉素的规模生产。

1941 年，第二次世界大战的战火已经蔓延到欧、亚、非三大洲，千千万万的人在流血，无数伤员伤口受到病菌感染的威胁，多么需要大量的青霉素来减轻他们的痛苦和挽救他们的生命啊！

弗洛里和钱恩原来一心希望得到英国政府和工业界的资助，但当时英国正处在德国空军的频繁空袭之下，政府已把全部人力、财力用于战争，实在无暇他顾。于是他们决定远渡重洋，带着青霉素的样品，到当时还没有参战而工业实力又最强的美国去寻求支持。他们果然得到了他们所需要的支持。到 1941 年底美国宣布参战时，青霉素即被列为优先生产的军需品之一。

伊利诺伊州皮奥里亚的一家工厂生产出了第一批青霉素，但是产量还是少得可怜，几百瓶培养液培养出来的青霉素产量，只能满足一个病人一天的需要。

为了大大提高青霉素的产量，必须在三个问题上有所突破：首先需要找到产出青霉素能力更高的菌种，其次要有更适合青霉菌生长繁殖的培养液，最后还要有更先进的大批量生产青霉素的工艺。

到 1942 年末，这三个方面的工作都取得了重大进展。

从世界各地找来了许多青霉菌种，经过筛选，最好的青霉菌种居然就在眼前，来自皮奥里亚一家杂货店腐烂的罗马甜瓜上，它所分泌的青霉素要比以往任何一种菌种高出数百倍。青霉菌种的繁殖生长需要有合适的营养。科学家们发现，用玉米粉调制的培养液是青霉菌繁衍生长最肥沃的“土镶”，用它来培养青霉菌，青霉菌的产量可以提高好几倍；如果再加点乳糖，产量将更加可观。

因为青霉菌要有空气才能生存，所以一般只生长在培养液的表层，这就使产量受到了限制。为了成倍提高青霉素的产量，可以使用能充气的大容罐，即用螺旋桨式的搅拌器搅拌，让空气与培养液充分混合，那青霉菌就不仅能在培养液的表层生长，而且也能在整个罐内的培养液中繁衍后代了。

青霉素的大规模生产终于开始了。1943 年初生产的青霉素还只够十几个病人使用，这一年里就有 20 余家青霉素生产厂家投产，两年内产量提高了成千倍。等到第二次世界大战结束时，青霉素的年产量已足供治疗 700 万病人的需要。

历史上还从来没有一种药物能像青霉素那样如此有效地治疗这么多的疾病，而毒副作用又非常小。青霉素的发明和使用成了当时报纸的头条新闻，到处传诵着它的神奇功效，人们把它看成是消灭病菌、拯救生命的灵丹妙药。比如肺炎，早先每 10 万个居民中每年就有 159 人被它夺去生命，可自从有了青霉素，肺炎病人的死亡率就从过去的 18% 下降到 1% 以下，仅此一项，青霉素每年就能从死神手里夺回数以百万计的生命。难怪青霉素与原子弹和雷达（一说尼龙）曾被某些人称为第二次世界大战中的“三大发明”。

为了表彰青霉素发现和发明者的伟大业绩，1945 年，弗莱明、弗洛里和钱恩一起获得了诺贝尔生理和医学奖。

青霉素前所未有的成功吸引着人们在全世界寻找新的抗菌素，结果是链霉素、氯霉素、金霉素、土霉素、四环素等一个一个地被发现和发明。几十年来，全世界已经分离成功了 3000 多种抗菌素，获得临床应用的有上百种。尽管它们现在也遇到了抗药性等一类的新问题，但是至今世界上几乎每个医院、每个医生都在使用抗菌素给病人治疗。正是由于各种抗菌素类药物的广泛应用，大多数传染病得到了及时有效的控制，挽救了无数患者的生命。以青霉素为首的抗菌素的发现、发明和应用，在人类征服传染病的道路上是一个极其重要的贡献。

DNA 立体结构的发现

美国只有 24 岁的沃森和英国 36 岁的克里克在 1953 年发现了 DNA 的立体结构，并阐明它作为基因的工作机制，这是 20 世纪生物学最伟大的成就之一。

沃森和克里克对 DNA 的研究从 1951 年才真正开始。他们明确了：作为基因的 DNA 有千百万种多样性，以存储千百万种遗传信息；对简单的几个分子做不同的排列组合，可以形成不同的 DNA 大分子；DNA 能够自身复制，以便遗传信息能够准确地传递。那时用 X 射线衍射测出的 DNA 及其组成部分的分子尺寸已相当精确，当他们得到英国一位女科学家富兰克林最新测量的准确数据之后，便迅速地把这几个方面结合起来，成功地建立起 DNA 的立体结构。

拓展阅读

核酸的应用

核酸在实践应用方面有极重要的作用，现已发现近 2000 种遗传性疾病都和 DNA 结构有关。如人类镰刀形红细胞贫血症是由于患者的血红蛋白分子中一个氨基酸的遗传密码发生了改变，白化病患者则是 DNA 分子上缺乏产生促黑色素生成的酪氨酸酶的基因所致。肿瘤的发生、病毒的感染、射线对机体的作用等都与核酸有关。20 世纪 70 年代以来兴起的遗传工程，使人们可用人工方法改组 DNA，从而有可能创造出新型的生物品种。如应用遗传工程方法已能使大肠杆菌产生胰岛素、干扰素等珍贵的生化药物。

沃森和克里克建立起的精美的双螺旋结构一看就让人信服。任何科学家立刻就可以推测到 DNA 怎样在每一个细胞中自我复制，怎样在个体发育和机体功能上起作用，以及怎样经历那种作为有机进化基础的突变过程。这样，就在分子水平上解释了基因和遗传的详细机制，使人不得不为之惊叹。

沃森和克里克不仅年轻，而且从他们相识到共同作出伟大发现才不过两年时间，这对所有的年轻人都是巨大的鼓舞。

知识小链接

核 酸

核酸是由许多核苷酸聚合成的生物大分子化合物，为生命的最基本物质之一。核酸广泛存在于所有动物、植物细胞、微生物内、生物体内。核酸常与蛋白质结合形成核蛋白。不同的核酸，其化学组成、核苷酸排列顺序等不同。根据化学组成不同，核酸可分为核糖核酸，（简称 RNA）和脱氧核糖核酸，（简称 DNA）。DNA 是储存、复制和传递遗传信息的主要物质基础，RNA 在蛋白质合成过程中起着重要作用。

遗传密码的发现

沃森和克里克指出了遗传信息全部贮存在它的核苷酸排列顺序之中。马上有人发现，生物性状的突变并不需要改变整个基因，而只要使某一个核苷酸发生改变就可以了。然而，执行各种功能的无数蛋白质是由 20 种氨基酸组成的，核苷酸却只有 4 种，4 种不同的核苷酸怎样排列组合才能编码以表达出 20 种不同的信息呢？

一位叫伽莫夫的物理学家在读了沃森和克里克的论文之后马上就开始研究起这个问题。他想，如果从 4 种不同的核酸中拿出两个来表示一种氨基酸信息，那么可以有 4 ×4 即 16 种氨基酸信息；如果每次用 3 个来编码，可以有 4 ×4 ×4 即 64 种不同的组合；如果每次用 4 个来编码，可以有 4 ×4 ×4 ×4 即 256 种不同组合。16 种显然不够，256 种又太多。于是伽莫夫相信 3 个连续排列的核苷酸顺序决定一个氨基酸，这叫三联密码。

那么究竟哪三个核苷酸顺序或哪个三联密码代表哪一个氨基酸呢？美国的尼伦纳格和德国的马太在 1961 年用实验回答了这个问题。他们先用全部是尿嘧啶核苷酸合成的核苷酸去合成蛋白质，得到一种全是由苯丙氨酸这一种氨基酸构成的蛋白质，这就得到第一个三联密码 uuu（u 代表尿嘧啶）。然后在尿嘧啶核苷酸中加上一点腺嘌呤（A）苷酸制成核苷酸。这样除了 uuu 密码外还有一点 uuA、Auu、uAu 等密码，形成蛋白质的氨基酸除苯丙氨酸外还有少量亮氨酸、异亮氨酸和酪氨酸等。到 1969 年，64 种联密码全部破译。后来，不同氨基酸的遗传密码由克里克设计并排列成遗传密码表。

克隆的发现

古代神话里，孙悟空用自己的汗毛变成无数个小孙悟空的离奇故事，表达了人类对复制自身的幻想。1938 年，德国科学家首次提出了哺乳动物克隆的思想。1996 年，体细胞克隆羊多莉出世后，克隆迅速成为世人关注的焦点。

克隆羊多莉

什么是克隆呢？简单讲就是一种人工诱导的无性繁殖方式。但克隆与无性繁殖是不同的。无性繁殖是指不经过雌雄两性生殖细胞的结合，只由一个生物体产生后代的生殖方式，常见的有孢子生殖、出芽生殖和分裂生殖。由植物的根、茎、叶等经过压条、扦插或嫁接等方式产生新个体也叫无性繁殖。绵羊、猴子和牛等动物没有人工操作是不能进行无性繁殖的。科学家把人工遗传操作动、植物的繁殖过程叫作克隆，这门生物技术叫克隆技术。

克隆的基本过程是先将含有遗传物质的供体细胞的核移植到去除了细胞核的卵细胞中，利用微电流刺激等使两者融合为一体，然后促使这一新细胞分裂繁殖发育成胚胎，当胚胎发育到一定程度后（罗斯林研究所克隆羊采用的时间约为 6 天）再被植入动物子宫中使动物怀孕并产下与提供细胞者基因相同的动物。这一过程中如果对供体细胞进行基因改造，那么无性繁殖的动物后代基因就会发生相同的变化。培育成功三代克隆鼠的“火奴鲁鲁技术”与克隆多莉羊技术的主要区别在于克隆过程中的遗传物质不经过培养液的培养，而是直接用物理方法注入卵细胞。这一过程中采用化学刺激法代替电刺激法来重新对卵细胞进行控制。

1952 年，科学家首先用青蛙开展克隆实验，之后不断有人利用各种动物进行克隆技术研究。由于该项技术几乎没有取得进展，研究工作在 80 年代初期一度进入低谷。后来，有人用哺乳动物胚胎细胞进行克隆取得成功。1996 年 7 月 5 日，英国科学家伊恩·维尔穆特博士用成年羊体细胞克隆出一只活母羊——多莉，给克隆技术研究带来了重大突破。它突破了以往只能用胚胎细胞进行动物克隆的技术难关，首次实现了用体细胞进行动物克隆的目标，实现了更高意义上的动物复制。

拓展思考

遗传学研究方法

杂交是遗传学研究的最常用的手段之一，所以生活周期的长短和体形的大小是选择遗传学研究材料常要考虑的因素。昆虫中的果蝇、哺乳动物中的小鼠和种子植物中的拟南芥，便是由于生活周期短和体形小而常被用作遗传学研究的材料。大肠杆菌和它的噬菌体更是分子遗传学研究中的常用材料。

1998 年 7 月 5 日，日本石川县畜产综合中心与近畿大学畜产学研究室的科学家宣布，他们利用成年动物体细胞克隆的两头牛犊诞生。这两头克隆牛的诞生表明克隆成年动物的技术是可重复的。

基本小知识

遗传学

遗传学是研究生物的遗传与变异的科学。研究基因的结构、功能及其变异、传递和表达规律的学科。遗传学中的亲子概念不限于父母子女或一个家族，还可以延伸到包括许多家族的群体，这是群体遗传学的研究对象。遗传学中的亲子概念还可以以细胞为单位，离体培养的细胞可以保持个体的一些遗传特性，如某些酶的有无等。

既然牛羊可以克隆，那么人也是可以克隆的。由于克隆人可能带来复杂的后果，一些生物技术发达的国家，现在大都对此采取明令禁止或者严加限制的态度。就克隆技术而言，“治疗性克隆”将会在生产移植器官和攻克疾病等方面获得突破，给生物技术和医学技术带来革命性的变化。

人类基因图谱的完成

1990年美国科学家正式启动的人类基因组计划。随后英国、法国、德国、日本和我国科学家也共同参与了这一价值达30亿美元的人类基因组计划。按照这个计划的设想，在2005年，要把人体内约10万个基因的密码全部解开，同时绘制出人类基因的谱图。换句话说，就是要揭开组成人体10万个基因的30亿个碱基对的秘密。人类基因组计划与曼哈顿原子弹计划和阿波罗计划并称为三大科学计划。

知识小链接

基因异常

一个或多个基因异常，特别是隐性基因，是相当普遍的。每个人都携带有6~8个异常隐性基因。然而，这些基因并不引起细胞功能异常，除非有两个相似的隐性基因存在。一般人群中，具有两个相似隐性基因的个体机率非常小，但是在近亲婚配的孩子中，这种概率较高。

基因组就是一个物种中所有基因的整体组成。人类基因组有两层意义：遗传信息和遗传物质。要揭开生命的奥秘，就需要从整体水平研究基因的存在、基因的结构与功能、基因之间的相互关系。

人类基因组计划的主要任务是人类的DNA测序，完成四张谱图，此外还有测序技术、人类基因组序列变异、功能基因组技术、比较基因组学、社会、法律、伦理研究、生物信息学和计算生物学、教育培训等目的。

1. 遗传图谱

遗传图谱又称连锁图谱，它是以具有遗传多态性（在一个遗传位点上具有一个以上的等位基因，在群体中的出现频率皆高于1%）的遗传标记为“路标”，以遗传学距离（在减数分裂事件中两个位点之间进行交换、重组的百分率，1%的重组率称为1厘米）为图距的基因组图。遗传图谱的建立为基因识别和完成基因定位创造了条件。

拓展思考

遗传学与生物化学的关系

遗传学与生物化学的关系最为密切，和其他许多生物学分支学科之间也有密切关系。例如发生遗传学和发育生物学之间的关系；行为遗传学同行为生物学之间的关系；生态遗传学同生态学之间的关系等。此外，遗传学和分类学之间也有着密切的关系，这不仅因为在分类学中应用了DNA碱基成分和染色体等作为指标，而且还因为物种的实质也必须从遗传学的角度去认识。

意义：6000多个遗传标记已经能够把人的基因组分成6000多个区域，使得连锁分析法可以找到某一致病的或表现型的基因与某一标记邻近（紧密连锁）的证据，这样可把这一基因定位于这一已知区域，再对基因进行分离和研究。对于疾病而言，找基因和分析基因是个关键。

基本小知识

基 因

基因，也叫遗传因子，是遗传的物质基础，是DNA（脱氧核糖核酸）分子上具有遗传信息的特定核苷酸序列的总称，是具有遗传效应的DNA分子片段。基因通过复制把遗传信息传递给下一代，使后代出现与亲代相似的性状。人类有几万个基因，储存着生命孕育生长、凋亡过程的全部信息，通过复制、表达、修复，完成生命繁衍、细胞分裂和蛋白质合成等重要生理过程。基因是生命的密码，记录和传递着遗传信息。生物体的生、长、病、老、死等一切生命现象都与基因有关。它同时也决定着人体健康的内在因素，与人类的健康密切相关。

2. 物理图谱

物理图谱是指有关构成基因组的全部基因的排列和间距的信息，它是通过对构成基因组的 DNA 分子进行测定而绘制的。绘制物理图谱的目的是把有关基因的遗传信息及其在每条染色体上的相对位置线性而系统地排列出来。DNA 物理图谱是指 DNA 链的限制性酶切片段的排列顺序，即酶切片段在 DNA 链上的定位。DNA 是很大的分子，由限制酶产生的用于测序反应的 DNA 片段只是其中的极小部分，这些片段在 DNA 链中所处的位置关系是应该首先解决的问题，故 DNA 物理图谱是顺序测定的基础，也可理解为指导 DNA 测序的蓝图。广义地说，DNA 测序从物理图谱制作开始，它是测序工作的第一步。

3. 序列图谱

随着遗传图谱和物理图谱的完成，测序就成为重中之重的工作。DNA 序列分析技术是一个包括制备 DNA 片段化及碱基分析、DNA 信息翻译的多阶段的过程。通过测序得到基因组的序列图谱。

4. 基因图谱

基因图谱是在识别基因组所包含的蛋白质编码序列的基础上绘制的结合有关基因序列、位置及表达模式等信息的图谱。在人类基因组中鉴别出占 2% ~5% 长度的全部基因的位置、结构与功能，最主要的方法是通过基因的表达产物 mRNA 反追到染色体的位置。

广角镜

生物都有新陈代谢作用

生物体内同外界不断进行的物质和能量交换，在体内不断进行物质和能量转化的过程，叫新陈代谢。新陈代谢是生命现象的最基本特征。新陈代谢是生命体不断进行自我更新的过程，如果新陈代谢停止了，生命也就结束了。病毒也属于生物，是因为它能进行新陈代谢和繁殖后代，但不能独立完成，需要依赖活细胞。

2000 年 6 月 26 日，塞雷拉公司的代表凡特以及国际合作团队的代表弗朗西斯·柯林斯，在时任美国总统克林顿的陪同下发表演说，宣布人类基因组的概要已经完成。

基因图谱的意义在于它能有效地反应在正常或受控条件中表达的全基因的时空图。通过这张图可以了解某一基因在不同时间、不同组织、不同水平的表达；也可以了解一种组织中不同时间、不同基因中不同水平的表达，还可以了解某一特定时间、不同组织中的不同基因、不同水平的表达。

人类基因图谱的完成，是医学上一场革命的开始，但这场革命的成功将需要更长的时间。中国科学家承担了这个工程1%的工作量。人类基因图谱的绘制完成，给即将广泛推行的全新基因医疗手段打下了坚实的基础，它使人类向真正的“个性化医疗”时代又迈进一步。今后，遗传疾病或是疑难杂症，只要根据患者个人的基因图谱“逮住”其中出了问题的基因，用最直接的办法使基因恢复正常状态，人体就会作出相应调整，从而治愈疾病。

人类大约有3万个基因，比科研人员原本预料的少了许多。通过了解人类基因的遗传成分，科研人员就可为个人量身制作预防性疗法并且制造各种新药物，父母也可以检查腹中胎儿是否有遗传缺陷。而有朝一日，像糖尿病、癌症、早老性痴呆症、精神病等过去无法根治的病症，也能根治了。

不过，复杂而多变的人类基因图谱，是不可能被一眼看透，或是迅速被解读的。因此，人类基因图谱面世后，世界各地的科学家都竞相钻研由一对等位基因所传递的遗传信息，以决定基因的独特特征，看看谁能最先掌握基因的功能和秘密，以尽早研制新药物。

地　理　篇

RENLEI ZAI KEXUE
SHANG DE FAXIAN

地理学是研究地球表面的地理环境中各种自然现象和人文现象，以及它们之间相互关系的学科，可分为人文地理学及自然地理学。自然地理学专注于地理学中的地球科学。其目标为了解大自然的岩石圈、水文圈、大气圈、土壤圈及生物圈。

自从有人类以来，就开始了对地理的了解。我国古代地理学家众多，体现在旅游、方志、建筑、测量测绘、天文学等多个方面。但在后来，欧洲地理学发展迅速，尤其是15—17世纪（又称大航海时代），欧洲航海者开辟新航路和“发现”新大陆，它是地理学发展史中的重大事件。

最早的欧亚大陆交通线

◎马可·波罗

蒙古帝国曾经是世界历史上最辽阔的帝国之一，居住在其境内的人口大约占当时全世界人口的一半。中世纪晚期，有一系列的欧洲探险队曾跨过欧亚大陆前往亚洲，他们是探索时代的先驱者。尽管统一了大半个欧亚大陆，将中国到中亚的商路悉数纳入囊中的蒙古正对欧洲觊觎万分，一部分欧洲人还是利用这个机会前往东方。随着欧洲到中亚的商路逐渐为意大利城邦的商人所控制，意大利人成为前往东方的主要人群。他们与近东地中海的亲密关系，使得他们更愿意同这一地区贸易，而不是与更东边的地区。当时的教皇亦派遣了探险队，希望能够找到基督教的皈依者，或寻到传说中祭司王约翰的王国。

知识小链接

自然地理要素

地貌、气候、水文、土壤、植被、动物是地球表层自然地理环境的最基本的自然要素。其中，地貌、气候、水文是地球表层的无机成分。土壤、植被和动物是地球表层的有机成分。它们共同构成了完整的地球表层系统。

在已有的史料中，有记载的第一名前往东方的旅客名叫柏郎嘉宾，他于1245—1247年间到达了蒙古并返回欧洲。然而，马可·波罗在1271—1295年的旅行才是其中最知名的一次：他穿越了整个欧亚大陆，并抵达了大陆的最东面。后来，《马可·波罗游记》以故事的形式详细地记录了他的旅程，这本书在欧洲流传甚广。

《马可·波罗游记》共分四卷，第一卷记载了马可·波罗诸人东游沿途见闻，直至上都止。第二卷记载了蒙古大汗忽必烈及其宫殿、都城、朝廷、政府、节庆、游猎等事；自大都南行至杭州、福州、泉州及东地沿岸及诸海诸洲等事。第三卷记载日本、越南、东印度、南印度、印度洋沿岸及诸岛屿、非洲东部。第四卷记君临亚洲之成吉思汗后裔诸鞑靼宗王的战争和亚洲北部。每卷分章，每章叙述一地的情况或一件史事，共有229章。书中记述的国家、城市的地名达100多个，而这些地方的情况，综合起来，有山川地形、物产、气候、商贾贸易、居民、宗教信仰、风俗习惯等，及至国家的琐闻佚事、朝章国故，也时时夹见其中。

马可·波罗的这本书是一部关于亚洲的游记，它记录了中亚、西亚、东南亚等地区的许多国家的情况，而其重点部分则是关于中国的叙述。马可·波罗在中国停留的时间最长，他的足迹所至，遍及西北、华北、西南和华东等地区。他在《游记》中以大量的篇章，热情洋溢的语言，记述了中国无穷无尽的财富、巨大的商业城市、极好的交通设施以及华丽的宫殿建筑。以叙述中国为主的《游记》第二卷共82章，在全书中分量很大。在这卷中有很多篇幅是关于忽必烈和北京的描述。

你知道吗

欧亚大陆

欧亚大陆是欧洲大陆和亚洲大陆的合称。这是因为，欧洲大陆和亚洲大陆是连在一起的。从板块构造学说来看，欧亚大陆由亚欧板块、印度板块、阿拉伯板块和东西伯利亚所在的北美板块所组成。面积将近5000万平方公里，分别占到了亚洲面积和欧洲面积的85%和95%。也就是说，亚欧大陆为亚洲和欧洲面积的90%以上。

蒙古帝国在不久后便以其扩张的速度太快而瓦解了。前往东方的商路变得更加危险，更不容易穿越。14世纪的黑死病同样牵制了东西方的旅行和贸易。此外，通往东方的陆上路线太长，且多被与欧洲作战了多个世纪的伊斯兰帝国控制，商队几乎无法维持有利可图的贸易。随着热衷于侵略扩张中的奥斯曼帝国的崛起，欧洲与亚洲的交流变得更加困难。

郑和下西洋开辟亚非航海线

郑和（1371—1435）是一位中国的探险家和航海家，明成祖曾多次命其率领船队远航，后被称为“郑和下西洋”。

基本小知识

航 海

航海是人类在海上航行，跨越海洋，由一方陆地去到另一方陆地的活动。在从前是一种冒险行为，因为人类的地理知识有限，彼岸是不可知的世界。人类在新石器时代晚期就已有航海活动。当时中国大陆制造的一些物品在台湾岛、大洋洲，以至厄瓜多尔等地均有发现。公元前4世纪希腊航海家皮忒阿斯就驾驶舟船从今马赛出发，由海上到达易北河口，成为西方最早的海上远航。

郑和航行的目的主要有以下几条：一为安抚东南亚诸邦，“宣德化而柔远人”；二为寻找惠帝允炆，这一点可在《明史》中得到查证；三为同印度诸国建立联系，以便从腹背夹击帖木儿帝国。此外，现代郑和研究者亦总结了其他的一些原因，譬如建立从南亚向西航行的中途候风转航的据点、开辟新航路，使海外远国“宾服”于中国等等。

在航行中，郑和船队采用了多种导航方式，主要有被称为“过洋牵星”的星座观测方法与使用罗盘测定针路的指南针方法。此外，世界上最早的一批海图亦出自郑和船队之手，其中流传至今的有茅元仪《武备志》中收录的《郑和航海图》。郑和探索了东南亚与南亚的大部分地区，如交趾支那、马六甲、暹罗、爪哇、加尔各答、斯里兰卡等。此外，他还到达过波斯湾、东非与埃及。有少部分学者甚至认为郑和曾经抵达过美洲大陆，也即认为他先于哥伦布发现了美洲；这批学者中的代表人物当推《1421：中国发现世界》的作者加文·孟席斯。在途经的国家中，郑和船队用中国的特产换来了象牙、染料与宝石等商品，并为皇帝带回了长颈鹿、鸵鸟、金钱豹、狮子等珍奇动物。

从1405年到1433年，郑和共计下西洋七次。在第一、第三、第四、第七次的出航中，舰队的随船人员均超过27000人。郑和下西洋的船队极有可能是当时世界上最庞大的舰队，其第一次下西洋所携带的船只共计208艘。郑和乘坐的宝船长约145米、宽约60米，有9条桅杆与12张帆，并由约200名船员操作。

郑和的航海建立了亚非国际间的和平局势，促进了亚非国际贸易的发展，传播了中国的文化，并为中国带来了新的海外知识。美国《国家地理》杂志于1998年所评出的千禧世界航海家名人里。其中，郑和是东方唯一一位入选的人物，而他入选的主要原因便是由于他从未公开表达过对殖民主义的期望。郑和开辟了亚非的洲际航线，为西方人的大航海铺平了亚非航路。

广角镜

地貌知识

地貌就是地球表面崎岖不平的外貌，也称为地形。地貌是在来自地球内部的内力和来自地球之外的外力相互作用之下形成、发育起来的。地貌形态复杂多样，有的雄伟挺拔，有的广阔无边，还有的婀娜多姿，成为景观胜地。根据空间规模的大小，将地貌分为大地貌、中地貌、小地貌，甚至还有微地貌。山地、丘陵、高原、平原、盆地是最基本的大地貌。

葡萄牙人的航海发现

欧洲人探索东方的渴望是由多种原因造成的。其中最主要的原因是，去寻找获取香料的新航线，以取代受政治环境影响而随时可能停止供应的陆地贸易。货币主义者则认为，开启探索时代的主要原因是欧洲贵金属的剧烈流失。欧洲经济建立在金、银货币的流通上，通货的短缺会让欧洲出现经济萧条。还有一个因素是，在收复失地运动中，伊比利亚半岛上的基

基本小知识

天气现象

天气现象是指在大气中、地面上产生的降水、水汽凝结物（云除外）、冻结物、干质悬浮物和光、电现象等，也包括一些风的特征。

降水的形式有雨、雪、雹、霰、露、霜等。在中国降水的主要形式为雨，其次为雪。寒潮是自极地或寒带向较低纬度侵袭的大范围强降温并伴有大风的冷空气活动。寒潮是中国冬季重要的天气现象。

督教国家已与穆斯林国家作战经年，半岛上的基督教国家亟须去寻觅海外盟国来反击当地的伊斯兰势力，从而打破伊斯兰教的制约力量。此外，他们也从阿拉伯邻居那学到了很多东西。譬如，在卡拉维尔帆船的发展过程中，阿拉伯三角帆技术的引入改进了船只的机动性。另外，通过从阿拉伯人手里重新获取的古希腊地理文献，欧洲人首次对非洲和亚洲有了一个大致的印象。

恩里克王子是葡萄牙国王若昂一世的三子，他曾参与了其父指挥的征服休达的战役，并在萨格里什（今圣维森特角）开办了世界上的第一所航海学校。恩里克的计划是探索非洲西海岸。在几个世纪里，西非与地中海世界的贸易路线都必须跨越撒哈拉大沙漠，而北非的路线则被葡萄牙的宿敌穆斯林国家控制。因此，葡萄牙人希望可以绕开伊斯兰地区，

拓展思考

我国著名地理学家张相文

张相文（1866—1933 年）革新中国地理学的先驱，教育家。字蔚西，号沌谷。江苏泗阳人。在上海南洋公学、北京大学等长期任教。1901 年出版中国最早的地理教本《初等地理教科书》《中等本国地理教科书》。1908 年出版中国最早的自然地理学著作《地文学》。1909 年在天津发起成立中国最早的地理学术团体中国地学会，并当选为会长。次年创办中国最早的地理刊物《地学杂志》。还著有《泗阳县志》《佛学地理学》《南园丛稿》和《地质学教科书》等。

通过海路直接与西非展开贸易。

1415年与1416年，恩里克曾两次派人去探索了加那利群岛。1418年，恩里克派贵族札科和泰赫拉出航探险，在一场风暴过后，他们二人意外地发现了马德拉群岛的圣港岛。第二年，恩里克派遣此二人再次出航去建立殖民地，这次他们发现了马德拉主岛。此后，恩里克曾两次派人去征服加那利群岛，但却由于当地土著的抵抗与供给不足而不得已中止。1431年到1432年，恩里克派出的探险队逐步地发现了尚无人类居住的亚速尔群岛，不久后葡萄牙便开始殖民该群岛。

1434年，恩里克派吉尔·埃阿尼什首次越过了博哈多尔角的障碍。这里是当时西方人所知道的最南的地点。1437年，恩里克参与了葡萄牙对北非的战役，但葡萄牙在这场战役中遭到惨败，恩里克的弟弟费尔南多亦被俘为人质。1448年，恩里克下令在北纬20度左右的阿奎姆岛建立据点，这成为了欧洲人在西非海岸建立的第一个殖民据点。在20年内，葡萄牙用武力取得了撒哈拉地区的控制权，并开始在现今的塞内加尔地区进行黄金与奴隶贸易。

迪亚士与达·伽马的航海发现

1487年8月，葡萄牙航海家迪亚士（约1450—1500年）奉葡萄牙国王若奥二世之命，率两艘轻快帆船和一艘运输船自里斯本出发，踏上远征的航路。他的使命是探索绕过非洲大陆最南端通往印度的航路。迪亚士率领的船队首先沿着以往航海家们走过的航路先到加纳的埃尔米纳，后经过刚果河口和克罗斯角，约于1488年1月间抵达现属纳米比亚的卢得瑞次。

船队在那里遇到了强烈的风暴。苦于疾病和风暴的船员们多数不愿继续冒险前行，数次请求返航。迪亚士力排众议，坚持南行。船队被风暴裹挟着在大洋中飘泊了13个昼夜，不知不觉间已经绕过了好望角。风暴停息后，对具体方位尚无清醒意识的迪亚士命令船队掉转船头向东航行，以便靠近非洲西海岸。但船队在连续航行了数日之后仍不见大陆。

基本小知识

气候

气候指一地或地区天气的平均和极端状态及其变化，常用气温、气压、空气湿度、降水、风、天气现象等的平均值、极端值、气候指标及气候图表来表达。气候是由太阳辐射、海陆分布、大气环流、下垫面特征、人类活动、宇宙和地球物理因子等决定的。中国古代以五日为一候、三候为一气，候和气的综合天气状况就是气候。气候与人类的生存关系密切。

此时，迪亚士醒悟到船队可能已经绕过了非洲大陆最南端，于是他下令折向北方行驶。1488 年 2 月间，船队终于驶入一个植被丰富的海湾，船员们还看到土著黑人正在那里放牧牛羊，迪亚士遂将那里命名为牧人湾（即今南非东部海岸的莫塞尔湾）。迪亚士本想继续沿海岸线东行，无奈疲惫不堪的船员们归心似箭，迪亚士只好下令返航。

在返航途中，他们再次经过好望角时正值晴天丽日。葡萄牙历史学家巴若斯在描写这一激动人心的时刻时写道："船员们惊异地凝望着这个隐藏了多少世纪的壮美的岬角。他们不仅发现了一个突兀的海角，而且发现了一个新的世界。"感慨万千的迪亚士据其经历将其命名为"风暴角"。

1497 年，葡萄牙航海家达·伽马再率船队探索直通印度的新航路。当年 11 月 27 日，达·伽马的船队再次绕过好望角，次年 5 月 20 日驶抵印度西海岸重镇卡利库特。又经历了千辛万苦之后，达·伽马于 1499 年 9 月 1 日前后返回里斯本。

"好望角"一名的由来有着

你知道吗

中国航海日

2005 年 7 月 11 日是举世闻名的伟大航海家郑和下西洋 600 周年，国家决定把每年的 7 月 11 日定为"航海日"。国务院法制办对福建省全国政协委员林嘉马来在全国政协十届三次会议上提出的《关于设立中国航海节》的答复中明确：同意自 2005 年起，每年 7 月 11 日为"航海日"，同时也作为"世界海事日"在我国的实施日期。

多种说法。最常见的说法有两种：一说为迪亚士 1488 年 12 月回到里斯本后，向若奥二世陈述了“风暴角”的见闻，若奥二世认为绕过这个海角，就有希望到达梦寐以求的印度，因此将“风暴角”改名为“好望角”；另一种说法是达·伽马自印度满载而归后，当时的葡王才将“风暴角”易名为“好望角”，以示绕过此海角就带来了好运。

哥伦布发现新大陆

克里斯托弗·哥伦布（约 1451—1506）生于意大利热那亚，卒于西班牙巴利亚多利德，一生从事航海活动。先后移居葡萄牙和西班牙。相信大地球形说，认为从欧洲西航可达东方的印度和中国。在西班牙国王支持下，先后四次出海远航（1492—1493，1493—1496，1498—1500，1502—1504）发现了美洲大陆，他也因此成为名垂青史的航海家。开辟了横渡大西洋到美洲的航路，先后到达巴哈马群岛、古巴、海地、多米尼加、特立尼达等岛，在帕里亚湾南岸首次登上美洲大陆，考察了中美洲洪都拉斯到达连湾 2000 多千米的海岸线，认识了巴拿马地峡，发现和利用了大西洋低纬度吹东风、较高纬度吹西风的风向变化。他误认为到达的新大陆是印度，并称当地人为印第安人。

基本小知识

新大陆

新大陆是相对旧大陆来说的。美洲和澳洲属于所谓的“新大陆”，而亚洲和欧洲属于“旧大陆”。旧大陆是指在哥伦布发现新大陆之前，欧洲认识的世界，包括欧洲、亚洲和非洲。与此相区别，新大陆主要指美洲大陆。

15 世纪欧洲资本主义开始出现，许多国家竞相寻找海外市场，地处东方的亚洲是他们探险的目标。

许多探险家纷纷远航，哥伦布在西班牙大金融家和国王的支持下，开始了寻找东方的航行。1492 年 8 月 3 日，哥伦布率领由三艘小帆船组成的船队，从西班牙巴罗斯港出发，向西航行，企图横渡大西洋，到达亚洲。

哥伦布率领船队在海面上航行了 71 天，来到一个小岛。但并没有见到马可·波罗描写的中国的城镇和宫殿。哥伦布十分失望，只好返回西班牙。

从 1493 年 9 月开始，哥伦布再次进行探险。1498 年 8 月，哥伦布来到南美洲北部大河奥里诺科河的河口，无意中发现了美洲大陆。当时，哥伦布并没意识到他的发现有多么重要，直到后来，人们才意识到发现美洲大陆是一个了不起的成就。

拓展思考

我国著名地理学家竺可桢

竺可桢（1890—1974），又名绍荣，字藕舫，汉族，浙江上虞人。我国卓越的科学家和教育家，当代著名的地理学家和气象学家，我国近代地理学的奠基人。他先后创建了我国大学中的第一个地学系和中央研究院气象研究所。担任 13 年浙江大学校长，被尊为中国高校四大校长之一。1974 年 2 月 7 日竺可桢因肺病在北京逝世，享年 83 岁。

在发现美洲之初，哥伦布与西班牙的其他探险家都对这次以经济为目的的探索的成效感到失望：与非洲和亚洲不同，加勒比群岛的居住者们并没有黄金或者其他西班牙人觉得有价值的财物。但是，他们在玉米、木薯、棉花、花生、辣椒、菠萝、甘薯与烟草等作物方面的产量却十分庞大，而旧大陆对这些作物都一无所知。不久后，随着更多的探索者来到这片大陆，欧洲人发现了这些新作物，并意识到了它们的商业价值可以让西班牙人在欧洲市场中占据一席之地，能与葡萄牙和意大利人从非洲与亚洲带回的货物竞争。因此，除了上述的作物外，西班牙人还将香子兰、西红柿、马铃薯、可可及其制品巧克力、多香果与制造染料的胭脂虫引入了欧洲。当运送胭脂虫的西班牙商船被英国或德国的海盗劫掠时，不识货的海盗们往往会把货物扔进大海。

在哥伦布到达美洲后，许多欧亚非的文明都开始利用和消费这些来自美洲的产品；除了上一段提到的以外，还有橡胶等经济作物以及鳄梨等旧大陆没有的水果。到了16世纪，西班牙的加利西亚与曼切戈斯，这两个地区已开始为“谁的土地上种出来的马铃薯品质更好”的问题而发生争论。

在征服战争结束后，欧洲人的兴趣依然集中于香料贸易方面。此外，他们还热衷于探寻以金银为主的贵金属资源。贵金属的积累使得欧洲在18世纪得以进入工业社会。

麦哲伦海峡

1480年，麦哲伦出生于葡萄牙北部一个破落的骑士家庭里，属于四级贵族子弟。10岁时进王宫服役，16岁进入国家航海事务厅。年轻时对航海就十分神往。25岁那年，他参加了对非洲的殖民战争。以后，又与阿拉伯人为争夺贸易地盘而打战。30岁离开印度回国。但是，他乘的船在归国途中触礁，被困在一个孤岛上。麦哲伦和他的海员们等了很长时间才等到援救船只。上级了解这一情况后，将他升任为船长，并在军队里服役。

16世纪初，麦哲伦自信有一条航道通往“南海”(太平洋的航道)。他于1519年9月20日率领一支船队开始航行。到达南美洲东海岸后，沿着海岸前进，在第二年10月21日进入他要寻找的海峡。经过一个多月的艰难航程，战胜了死亡的威胁，终于在11月28日驶出海峡，进入风平浪静的太平洋，为第一次环球航行开辟了胜利的航道。后人为了纪念麦哲伦对航海事业做出的贡献，把这段海峡称为麦哲伦海峡。

基本小知识

气候的类型

将全球气候按气温、降水、气团等指标，划分成若干气候相对一致的区域，即气候类型。德国气候学家柯本于1900年提出了一种气候分类法。这种方法以气候与植物的联系为出发点，用温度和降水为指标，把世界从赤道到极地划分为五类十一型。五大类，称为气候带，分别为热带气候带、干燥气候带、冬温气候带、冬寒气候带、极地气侯带，又根据雨量、雨季、最暖月气温等细分出十一种气候型。

麦哲伦海峡全长592千米，宽窄悬殊，深浅差别也很大。最宽的地方有33千米，最狭处仅3千米左右；最深处在千米以上，最浅的地方只有20米。当年麦哲伦率领船队在海峡航行时，夜晚曾见南边岛屿上升起一个个火柱。这是印第安人点燃的烽火，因此这个岛屿也就被称为“火地岛”。火地岛是海峡南边的最大岛屿，面积4.8万平方千米，东部属阿根廷，西部属智利。

麦哲伦海峡的一些港湾可停泊大型舰只。因为航道曲折艰险，自从巴拿马运河通航后，来往大西洋和太平洋之间的船只一般不再经过这里。

拓展思考

著名地理学家埃拉托斯特尼

埃拉托斯特尼，又译厄拉多塞、埃拉托色尼，前276年出生于昔兰尼，即现利比亚的夏哈特。前194年逝世于托勒密王朝的亚历山大港。他是希腊数学家、地理学家、历史学家、诗人、天文学家。埃拉托斯特尼的贡献主要是设计出经纬度系统，计算出地球的直径。他是世界上最早测量地球的周长的人，比中国的僧一行早了近1000年。

英国航海家的探索发现

1577年到1580年，英国的弗朗西斯·德雷克爵士完成了人类历史上的第二次环球航行。另一位著名的英国航海家是亨利·哈德逊（1565—1611），他发现了以他自己姓氏命名的哈德逊河与哈德逊湾。

英国航海家詹姆斯·库克（1728—1779）曾三度远征太平洋。在航行中，他对太平洋的海岸线以及大洋中的众多岛屿进行了精确的测绘，令它们首次出现在欧洲的地图中。库克发现了澳大利亚东岸，并声称其为大英帝国的领土；他完成环球航行，发现了新西兰；此外，他还是最早发现夏威夷群岛的欧洲人。

1567年英国航海家德雷克第一次探险航行，从英国出发，横越大西洋，到达加勒比海。1569年第二次探险航行，从加勒比海再往前，到达了中美洲。1577年第三次探险航行，德雷克循着麦哲伦的航线出发，由英国前往南大西洋，抵达了南美洲东海岸。

1578 年他发现了合恩角和德雷克海峡，德雷克海峡就是用他的姓氏命名。8 月时德雷克通过了南美洲南端最危险的麦哲伦海峡。为了纪念所剩下来的最后一艘船，德雷克将之改名为金鹿号，因为此船赞助人海顿爵士的徽章盾牌上是一只金鹿。

1579 年德雷克与金鹿号在沿着南美洲西岸往北航行，北上一直航行到北纬 48 度的加拿大西海岸，发现无法通过北冰洋，只好改为横越太平洋向西航行，经过菲律宾群岛，穿过马六甲海峡，横越印度洋，绕好望角再次横越大西洋。1580 年 9 月 26 日回到英国普利茅斯。

基本小知识

气候区划

各地气候差别很大，按照一定的指标和分布规律将气候大致相同的地方合并到一起，这项工作就是气候区划。在气候区划中，围绕地球呈纬向带状分布的是气候带。它是由于照射到地球表面的太阳辐射能是随纬度的增高而递减形成的。全球按纬向带可以相应地划分为热带、亚热带、温带、亚寒带和寒带。

大陆漂移假说

地质学家和地球物理学家开始对大陆漂移假说进行认真的讨论是在魏格纳的著作出版以后。从所受的教育和个人职业看，魏格纳并不是一个地质学家，而是天文学家和气象学家（他的博士论文是天文学史方面的）。魏格纳的学术生涯先是在马尔堡谋得了一个天文学和气象学的职位，后来在格兰兹获得了一个气象学和地球物理学教授的职务。

他在二三十岁时，一直在格陵兰进行气象考察。1930 年，在第三次探险时，他献出了生命。按照曾与魏格纳一起进行第一次考察的劳格·科赫的说法，大陆漂移思想是魏格纳在观察海水中冰层的分解时形成的。但是魏格纳自己只是说，大约是在 1910 年的圣诞节期间，他突然被大西洋两边海岸极度的相似和吻合所震惊，而这一点启发他思考大陆横向运动的可能性。

很明显，魏格纳当时并没有认真地看待这一思想，反而认为“这是不可能的”而放弃了。但他确实在第二年秋天开始建立他的大陆运动假说。他说他当时“相当偶然地”读到了“一篇描述非洲和巴西古生代地层动物相似性的文献摘要”。在这篇摘要中，大西洋两岸远古动物化石的相同或相似被用来证明当时非常流行的、非洲和巴西之间存在陆桥的说法。例如，蛇很显然不能渡过浩瀚的大西洋。因此，在南大西洋两岸发现同样的或十分相似的蛇化石，就证明很久以前的南美洲和非洲之间存在一条陆路通道的可能性是相当大的。如果换一种相反的解释，即假设在这两个地区的大部分土地上存在极其相似但又是相对独立的生物进化过程，而这是完全不可能的。

拓展思考

德国著名地理学家洪堡

亚历山大·冯·洪堡（1769—1859年），德国自然科学家、自然地理学家，近代气候学、植物地理学、地球物理学的创始人之一。他涉猎科目很广，走遍了西欧、北亚和南、北美洲。凡是足迹所到，高山大川无不登临，奇花异草无不采集。他根据前人和自己所测定的世界各地温度，于1817年第一个绘制了全球等温线图，因此使同纬度各地的气候得以互相比较，大陆气候和海洋气候的差别才因此得以显示。

基本小知识

自然地域分异规律

自然地域分异规律是反映自然综合体地域分异的客观规律，指自然地理环境各组分及其相互作用形成的自然综合体之间的相互分化，及由此而产生的差异，是地理学的基本理论之一。

一般认为，自然地域分异规律包括地带性规律、非地带性规律及地方性规律等方面。引起自然地域分异的因素，包括太阳能和地球内能两部分。两者互不从属，但却共同对地表自然界产生作用，相互制约，表现出矛盾统一的特征。

魏格纳对化石的相似性的印象非常深刻，但他不同意这两块大陆曾由某种形式的陆桥或由现已沉没的大陆联结起来的假说。因为这些假设需要进一步对这些陆地或陆桥的沉没或崩解作出解释，而对于这些不存在任何科学证据。当然，大陆之间确有陆桥存在，如巴拿马地峡和曾存在过的白令地峡，但没有真正可靠的证据证明古代跨越南大西洋的陆桥。作为一种替代性的理论，魏格纳把他早年关于大陆漂移的可能性的思想重新发掘出来，并且按照他的说法，把原来纯粹是“幻想的和非实际的”、“没有任何地球科学意义的”、“只是一种拼图游戏似的”奇思异想，上升为有效的科学概念了。魏格纳在1912年的一次地质学会议上，引用了各种支持证据，对他的假说作了进一步发展，概括并总结了他的成果。他最初的两篇论文在当年的晚些时候发表。1915年他发表了专题论文《大陆和海洋的起源》。魏格纳在这部著作中，详细罗列了他所发现的所有支持大陆漂移说的证据。该著作的修订本于1920、1922和1929年陆续出版，并被译成英文、法文、西班牙文和俄文。在译自1922年德文第三版的英译本（1924年）中，魏格纳的表述被准确地译为“大陆位移”，但很快就被普遍使用的术语“大陆漂移”所取代。

魏格纳将自己的论点建立在地质学和古生物学论据的基础上，而不仅仅是海岸的高度吻合，他着重强调大西洋两岸地质学的相似性。在他的著作的最后一版中，他引用了来自古气象学的证据。1924年，他还与科本合作撰写了一部关于古气象学的专著，并由此推论地球的极地始终是在迁移的。魏格纳认为，在中生代并一直延续到不太遥远的过去，曾存在过一个巨大的总陆地或原始大陆，他将其称为“庞哥”。这块原始大陆后来破裂，庞哥碎片的分裂、位移，逐渐形成了我们今天所处的各大陆的格局。他认为，大陆漂移（或称运动、移动）的两个可能的

你知道吗

全球地理地带

一般按照温度的地带变化，把南北半球各分为赤道带、热带、亚热带、温带、亚寒带、寒带等六个带。海洋也可以分为热带海域、亚热带海域、温带海域和寒带海域等。中国地域辽阔，从南到北分为赤道带、热带、南亚热带、中亚热带、北亚热带、暖温带、中温带、寒温带等八个带。

原因是：月亮产生的潮汐力和“极地漂移”力，即由于地球自转而产生的一种离心作用。但是，魏格纳懂得，大陆运动的起因这一难题的真正答案仍有待继续寻找。他在他的著作中写道，大陆漂移理论中的牛顿还没有出现。这话与当年居维叶、范托夫和其他一些人的心态是多么相似。他承认，“漂移力这一难题的完整答案，可能需要很长时间才能找到”。现在看来，魏格纳最根本也是最富创造力的贡献在于，他首次提出大陆和海底是地表上的两个特殊的层壳，它们在岩石构成和海拔高度上彼此不同这样一个概念。在魏格纳所处的时代，大多数科学家认为，除了太平洋以外，各大洋都有一个硅铝层海底。魏格纳的基本思路后来为板块构造说所证实。

尽管魏格纳的大陆漂移理论长时间处于理论革命阶段，但这并不意味着他的思想没有引起注意或没有追随者。事实上，当时的情况远非如此！20世纪20年代，国际科学界就此展开了一系列全球性的激烈论战。1922年4月16日，在影响巨大的《自然》杂志上，发表了一篇未署名文章，对魏格纳著作的第二版进行了评论。这篇文章详细概括了魏格纳理论的基本观点，并希望这部著作的英文本能早日面世。“考虑到许多地质学家持强烈的反对意见”，文章的作者指出，如果魏格纳的理论最终被证实，将会发生一场与“哥白尼时代天文学观念的变革”相似的“思想革命”。一位名叫欧巴辛的人，在听了魏格纳的一次演讲后，在德国最重要的科学杂志《自然科学》上的一篇文章中写道，在柏林地理学会听过魏格纳演讲的人，“都绝对地被征服了”，魏格纳的理论得到了“普遍赞同”，尽管在随后的讨论中有过一些小心的反对意见和善意的警告。巴辛的结论是：“没有反对魏格纳的充分理由，但是，在理论得到毫无保留地接受以前，还必须找到更加坚实可靠的证据。”

在英国《地质学杂志》1922年8月号的一篇评论中则出现了完全不同的声音。在这篇文章中，菲利普·赖克直率地指出，魏格纳“不是在探求真理，而是在为一种理由辩护，而对反对这一理论的事实和论点置之不理”。在美国，《地理学评论》1922年10月号上发表了雷德的文章，他尖刻地指出，他所了解的所有事实无不是对大陆漂移和极地迁移理论的致命打击。在同一年秋天，大陆漂移说也成了英国科学促进会年会上探讨和争论的主题。公开发表的由怀特撰写的年会报告将这一事件描述成“活跃的也是毫无结果的”。但是，1922年3月16日的《曼彻斯特卫报》发表了维斯教授的《大陆移动：新的理论》这一署名文章。维斯指出，魏格纳的理论“对于地理学和地质学都是极为重要的”，“对于生物科学也大有裨益”。他最后总结说，这一理论“是一个极好的科学假说，它将大大激发进一步的探究”。

海底扩张说

第二次世界大战期间，一艘美国军舰“开普·约翰逊”号在东太平洋上巡航。这艘军舰的指挥官名叫哈利·赫斯。军舰从南驶向北，再由北驶向南，看似这艘军舰在巡逻，实际上军舰的指挥员正利用无战事的海上巡航，用声纳测深技术对海底进行探测。

赫斯舰长1906年生于纽约，早年毕业于著名的耶鲁大学。战前，他曾是一位航海家，在普林斯顿大学工作。战争爆发了，他应征加入海军，成了“开普·约翰逊”号的舰长。虽说赫斯由一个教授、学者变成了军人，但他热爱海洋科学，他的理想是不断揭示海洋奥秘。这不，他正在利用巡逻的机会，对海底进行探测。

赫斯舰长工作起来完全是个学者风度，他指挥军舰横越太平洋，把航线上的数据加以分析整理。在分析这些测深剖面时，一种奇特的海底构造引起了赫斯的注意：在大洋底部，有从海底拔起像火山锥一样的山体，它与一般山体明显不同的是没有山尖，这种海山顶部像是被一把快刀削过似的，非常平坦。连续发现这种无头山，让赫斯感到大惑不解。

基本小知识

湖　泊

湖泊是陆地上洼地积水形成的、水域比较宽广的水体。

地表凹地形成的原因很多，在地壳构造运动、冰川作用、河流冲淤等地质作用下，可以形成凹地，露天采矿场遗留地也可以积水成湖，拦河筑坝形成的水库以及人工开挖的洼地积水也属湖泊之列，称人工湖。世界湖泊分布很广，著名湖泊主要有苏必利尔湖、维多利亚湖、贝加尔湖、咸海等。中国湖泊众多，面积大于1平方千米的约2300个，总面积达71000多平方千米。

战争结束之后，赫斯又回到他原先执教的大学工作。他把自己发现的无头海山命名为“盖约特”，以纪念自己尊敬的师长、瑞士地质学家A. 盖约特。实际上就是人们统称的“海底平顶山”。

这些海底山体和过去发现的海丘山峰均不同，具有一种顶部平坦的特殊形状。山顶部直径为5~9千米，如果把周围山脚计算在内，形成数千米的高台；山腰最陡的地方倾斜达32度，再往下形成缓坡，并呈现阶梯状。这是所有平顶山的共同特征。还有一个特点是，平顶海山的山顶至少在海面下183米，也有的在海面下2500米处，一般多在海面下1000~2000米。这种海底平顶山，在世界大洋中均有发现。

后来的调查证实，海底平顶山曾是古代火山岛，与大洋火山有相同的形态、构造和物质成分。那么，既然是海底火山，为什么又没有头了呢？

赫斯教授的解释是，新的火山岛，最初露出海面时，受到风浪的冲击。如果岛屿上的火山活动停息了，变成一座死火山，在风浪的袭击下被侵蚀，失去再生的能力。天长日久，火山岛终于遭到“砍头”之祸，变成略低于海面的具有平坦顶面的平顶山。

哈利·赫斯教授的研究并没有到此为止。他发现，同样特征的海底平顶山，离洋中脊近的较为年轻，山顶离海面较近；离洋中脊远的，地质年代较久远，山顶离海面较远（深）。最初，人们对这种现象无法解释。到了1960年，赫斯教授大胆提出海底运动假说。他认为，洋底的一切运动过程，就像一块正在卷动的大地毯，从大裂谷的两边卷动（大裂谷是地毯上卷的地方，而深海底扩张说海沟则是下落到地球内部的地方）。地毯从一条大裂谷卷到一条深海沟的时间可能是1.2亿—

广角镜

河 流

河流是在陆地表面或地下的线形槽状洼地内的经常性或周期性水流。除冰川覆盖的极地和高山，以及沙漠内部没有或很少有河流外，地球陆地上到处有河流分布。河流的名称很多，一般把水量大，流程长的河流称作江、河、川，反之则称为溪或涧。人工挖掘的河流叫运河。

1.8 亿年。形象地说，托起海水的洋底像一条在地幔中不断循环的传送带。因为在地球的地幔中广泛存在着大规模的对流运动，上升流涌向地表，形成洋中脊。下降流在大洋的边缘造成巨大的海沟。洋壳在洋中脊处生成之后，向其两侧产生对称漂离，然后在海沟处消亡。在这里，陆地作为一个特殊的角色，被动地由海底传送带拖运着，因其密度较小，而不会潜入地幔。所以，陆地将永远停留在地球表面，构成了“不沉的地球史存储器”。

1962 年，赫斯教授发表了他的著名的论文——《大洋盆地的历史》。这篇论文被人们称为“地球的诗篇”。其中，赫斯教授以先人之见，首先提出了“海底扩张学说”。

“海底扩张”说，恰好可以解释当年魏格纳无法解释的大陆漂移理论。我们知道，地球是由地核、地幔、地壳组成的。地幔的厚度达 2900 千米，是由硅镁物质组成，占地球质量 68.1%。因为地幔温度很高，压力大，像沸腾的钢水，不断翻滚，产生对流，形成强大的动能。大陆则被动地在地幔对流体上移动。形象地说，当岩浆向上涌时，海底产生隆起是理所当然的，岩浆不停地向上涌升，自然会冲出海底，随后岩浆温度降低，压力减少，冷凝固结，铺在老的洋底上，变成新的洋壳。当然，这种地幔的涌升是不会就此停止的。在继之而来的地幔涌升力的驱动下，洋壳被撕裂，裂缝中又涌出新的岩浆来，冷凝、固结、再为涌升流动所推动。这样反复不停地运动，新洋壳不断产生，把老洋壳向两侧推移出去，这就是海底扩张。

在洋底扩张过程中，其边缘遇到大陆地壳时，扩张受阻碍，于是，洋壳向大陆地壳下面俯冲，重新钻入地幔之中，最终被地幔吸收。这样，大洋洋壳边缘出现很深的海沟，在强大的挤压力作用下，海沟向大陆一侧发生顶翘，形成岛弧，使岛弧和海沟形影相随。

“海底扩张”说的诞生，可以解释一些大陆漂移说无法解释的问题。当年魏格纳的“大陆漂移”学说，被赫斯教授的“海底扩张”学说所代替就是情理之中的事了。20 世纪 60 年代后，被人们一度冷落的“大陆漂移”学说又重新受到人们的重视。

板块构造学说

板块构造学说是 1968 年法国地质学家勒皮雄与麦肯齐、摩根等人提出的一种新的大陆漂移说，是在大陆漂移学说和海底扩张学说的基础上提出的。

板块构造，又叫全球大地构造。所谓板块指的是岩石圈板块，包括整个地壳和莫霍面以下的上地幔顶部，也就是说地壳和软流圈以上的地幔顶部。新全球构造理论认为，不论大陆壳或大洋壳都曾发生并还在继续发生大规模水平运动。但这种水平运动并不像大陆漂移说所设想的，发生在硅铝层和硅镁层之间，而是岩石圈板块整个地幔软流层上像传送带那样移动着，大陆只是传送带上的“乘客”。

拓展思考

土壤地理分布规律

土壤是各种成土因素综合作用下的产物。在一定的环境条件下，有一定的土壤类型出现，而各类土壤又都有一定的地理分布规律。土壤在地理上的分布既与生物气候条件相适应，表现为广域的水平分布规律和垂直分布规律，也和地方性的母质、地形、水文、成土年龄等条件相适应，表现为中域和微域的分布规律；在耕种、灌溉等情况影响下，土壤分布又受人为活动的影响。人们认识这种规律性，对于因地制宜地进行农业生产有重要的意义。

勒皮雄在 1968 年将全球地壳划分为六大板块：太平洋板块、亚欧板块、非洲板块、美洲板块、印度洋板块（包括澳洲）和南极板块。其中除太平洋板块几乎全为海洋外，其余五个板块既包括大陆又包括海洋。此外，在板块中还可以分出若干次一级的小板块，如把美洲大板块分为南、北美洲两个板块，菲律宾、阿拉伯半岛、土耳其等也可作为独立的小板块。板块之间的边界是大洋中脊或海岭、深海沟、转换断层和地缝合线。这里提到的海岭，一般指大洋底的山岭。在大西洋和印度洋中间有地震活动性海岭，另名为中脊，由两条平行脊峰和中间峡谷构成。太平洋也有地震性的海岭，但不在大洋中间，而偏在东边，它不甚崎岖，没有被中间峡谷分开的两排脊峰，一般叫它为太平洋中隆。海岭实际上是海底分裂产生新地壳的地带。转换断层，是大洋中脊被许多横断层切成小段，它不是一种简单的平移断层，而是一面向两侧分裂，一面发生水平错动，是属于另一种性质的断层，威尔逊称之为转换断层。两大板块相撞，接触地带挤压变形，构成褶皱山脉，使原来分离的两块大陆缝合起来，叫地缝合线。一般说来，在板块内部，地壳相对比较稳定，而板块与板块交界处，则是地壳比较活动的地带，这里火山、地震活动以及断裂、挤压褶皱、岩浆上升、地壳俯冲等频繁发生。

基本小知识

土　壤

土壤是地球陆地上能生长植物并具有肥力的疏松表层。

肥力是土壤的特殊本质。作物生长的好坏，土壤肥力起着决定的作用。土壤的组成物质复杂，固体、液体、气体都有，它们之间互相联系，互相制约；组成物质不同，表现的土壤性质也不同。土壤组成和土壤性质影响着土壤肥力状况。土壤时刻在运动变化着，有其自身发生、发展过程，受着自然因素和人为因素的影响。

天 文 篇

RENLEI ZAI KEXUE
SHANG DE FAXIAN

天文学的起源可以追溯到人类文化的萌芽时代。远古时代，人们为了指示方向、确定时间和季节，就对太阳、月亮和星星进行观察，确定它们的位置、找出它们变化的规律，并据此编制历法。从这一点上来说，天文学是最古老的自然科学学科之一。

天文学所研究的对象涉及宇宙空间的各种物体，大到月球、太阳、行星、恒星、银河系、河外星系以至整个宇宙，小到小行星、流星体以至分布在广袤宇宙空间中的大大小小尘埃粒子。天文学家把所有这些物体统称为天体。地球也是一个天体，另外，人造卫星、宇宙飞船、空间站等人造飞行器的运动性质也属于天文学的研究范围，称为人造天体。

日心说的诞生

日心说，也称为地动说，是与地心说相对立的关于天体运动的学说。它认为太阳是银河系的中心，而不是地球。

哥白尼提出的日心说，推翻了长期以来居于宗教统治地位的地心说，实现了天文学的根本变革。

日心说的观点：

（1）地球是球体；

（2）地球在运动；

（3）太阳是不动的，而且在宇宙中心，行星围绕太阳转。

哥白尼（1473—1543）是波兰的天文学家。哥白尼上中学时就对天文学很感兴趣，曾跟着老师在教堂的塔顶上观察星空。他相信研究天文学只有两件法宝：数学和观测。他不辞劳苦，克服困难，每天坚持观测天象，三十年如一日，终于取得了可靠的数据，提出了“日心说”，并在临终前出版了他的不朽名著《天体运行论》。

知识小链接

地　球

地球是太阳系从内到外的第三颗行星，也是太阳系中直径、质量和密度最大的类地行星。它也经常被称作世界。地球已有44亿—46亿岁，有一颗天然卫星月球围绕着地球以27. 32天的周期旋转，而地球以近24小时的周期自转并且以一年的周期绕太阳公转。

1499年，哥白尼毕业于意大利的博洛尼亚大学，任天主教教士。他回到波兰跟叔父一起工作。其叔父瓦茨恩罗德，是费琅堡天主教大教堂的主教。哥白尼当时住在教堂的顶楼，因此可以长期进行天文观测。

在当时，天文学采用的是托勒密的天文体系。这一体系的基本出发思想是地球处于宇宙的中心和所有天体的运行轨道都是圆形的。前者来源于日常生活经验，后者则是因为圆是非常完美简洁的形状。为了能够解释更多的现象，托勒密认为每个行星都在一个称为“本轮”的小圆形轨道上匀速转动，而本轮的中心在称为“均轮”的大圆轨道上绕地球匀速转动，但地球不是在均轮圆心，而是同圆心有一段距离。通过本轮和均轮的复合，地心说可以预测日食月食，也可以解释一些现象，所以一直被作为正统思想。但是随着观测技术的进步，需要很多个本轮、均轮甚至小本轮才能解释实验现象，这就使得坚持简洁的哥白尼对托勒密的系统产生了怀疑。为了简化理论，更好地符合实际观测的结果，哥白尼将不动点从地球移动到了太阳上，提出了日心说。他指出地球不是宇宙的中心，而是同五大行星一样围绕太阳这个不变的中心运行的普通行星，其自身又以地轴为中心自转。

那个时候，人们相信的是1500多年前希腊科学家托勒密创立的宇宙模式。托勒密认为地球是宇宙的中心且静止不动，日、月、行星和恒星均围绕地球运动，而恒星远离地球，位于太空这个巨型球体之外。然而，经仔细观测，科学家们发现行星运行规律与托勒密的宇宙模式不吻合。

一些科学家修正了托勒密的宇宙轨道学说，在原有的轨道（或称小天体轨道）上又增加了更多的天体运行轨道。这一模式称每颗行星都沿着一个小轨道作圆周运行，而小轨道又沿着该行星的大轨道绕地球作圆周运动。几百年之后，这一模式的漏洞越来越明显。科学家们又在这个模式上增加了许多轨道，行星就这样沿着一道又一道的轨道作圆周运动。

哥白尼想用“现代”（16世纪的）技术来改进托勒密的测量结果，以期取消一些小轨道。

在长达近20年的时间里，哥白尼不辞辛劳日夜测量行星的位置，但其测量获得的结果仍然与托勒密的天体运行模式没有多少差别。

哥白尼想知道在另一个运行着的行星上观察这些行星的运行情况会是什么样的。基于这种设想，哥白尼萌发了一个念头：假如地球在运行中，那么这些行星的运行看上去会是什么情况呢？这一设想在他脑海里变得清晰起来了。

一年里，哥白尼在不同的时间、不同的距离从地球上观察行星。每一个行星的情况都不相同，这使他意识到地球不可能位于行星轨道的中心。

经过20年的观测，哥白尼发现唯独太阳的周年变化不明显。这意味着地球和太阳的距离始终没有改变。如果地球不是宇宙的中心，那么宇宙的中心就是太阳。他立刻想到如果把太阳放在宇宙的中心位置，那么地球就该绕着太阳运行。

这样他就可以取消所有的小圆轨道模式，直接让所有的已知行星围绕太阳做圆周运动。

然而，人们是否能接受哥白尼提出的新的宇宙模式呢？全世界的人——尤其是权力极大的天主教会是否相信地球不是宇宙中心这一说法呢？

由于害怕教会的惩罚，哥白尼在世时不敢公开他的发现。1543 年，这一发现才公诸天下。即使在那个时候，哥白尼的发现还不断受到教会、大学等机构与天文学家的蔑视和嘲笑。直到 60 年后，约翰·开普勒和伽利略·伽利雷才证明哥白尼是正确的。

而我国早在三千多年前的《周易》里，就已经记载了作者认为太阳是大地的主宰，大地要顺从太阳，围绕太阳运转。这是以日为参照，实质上也就是日心说。但没有得到多少认可。

日心说是一个学说，在证明地球是围绕太阳转的同时，也有错误：

（1）太阳并非宇宙中心，而是太阳系的中心；

（2）地球并非是引力的中心；

（3）天空中看到的任何运动，不全是地球运动引起的。

因为这些错误，所以日心说只能算是学说，而较地心说，却相对好一些。因为它证明了地球是围绕太阳进行公转。

伽利略的发现

1564 年 2 月 15 日，伽利略·伽利雷出生在意大利西海岸比萨城一个破落的贵族之家。据说他的祖先是佛罗伦萨很有名望的医生，但是到了他的父亲伽利略·凡山杜这一代，家境日渐败落。

伽利略在帕多瓦大学工作的 18 年间，最初把主要精力放在他一直感兴趣的力学研究方面。他发现了物理上重要的现象——物体运动的惯性；做过有名的斜面实践，总结了物体下落的距离与所经过的时间之间的数量关系；他还研究了炮弹的运动，奠定了抛物线理论的基础；关于加速度这个概念，也是他第一个明确提出的；甚至为了测量病人发烧时体温的升高，这位著名的物理学家还在 1593 年发明了第一支空气温度计……但是，一个偶然的事件，

伽利略

使伽利略改变了研究方向。他从力学和物理学的研究转向广漠无垠的茫茫太空了。

那是1609年6月，伽利略听到一个消息，说是荷兰有个眼镜商人利帕希在一偶尔的发现中，用一种镜片看见了远处肉眼看不见的东西。“这难道不正是我需要的千里眼吗?”伽利略非常高兴。不久，伽利略的一个学生从巴黎来信，进一步证实这个消息的准确性。信中说尽管不知道利帕希是怎样做的，但是这个眼镜商人肯定是制造了一个镜管，用它可以使物体放大许多倍。

“镜管!”伽利略把来信翻来覆去看了好几遍，急忙跑进他的实验室。他找来纸和鹅管笔，开始画出一张又一张透镜成像的示意图。伽利略由镜管这个提示受到启发，看来镜管能够放大物体的秘密在于选择怎样的透镜，特别是凸透镜和凹透镜如何搭配。他找来有关透镜的资料，不停地进行计算，忘记了暮色爬上窗户，也忘记了曙光怎样射进房间。

整整一个通宵，伽利略终于明白，把凸透镜和凹透镜放在一个适当的距离，就像那个荷兰人看见的那样，遥远的肉眼看不见的物体经过放大也能

拓展思考

太　阳

太阳是主宰太阳系的中心天体，太阳系中的所有天体都围绕着它运动，它巨大的质量占整个太阳系质量的99%以上，即便是比地球庞大得多的木星，跟它比起来也微不足道。太阳是巨大的能量之源，是地球千万种生命赖以生存的保障。冬去春来，昼夜交替，百花争艳，燕舞莺歌，人欢马叫，气象万千，无一不归功于太阳。在茫茫宇宙中，地球得天独厚地与太阳保持着恰到好处的距离，日复一日地享受普照大地的阳光。

看清了。

伽利略非常高兴。他顾不上休息，立即动手磨制镜片。这是一项很费时间又需要细心的活儿。他一连干了好几天，磨制出一对对凸透镜和凹透镜，然后又制作了一个精巧的可以滑动的双层金属管。现在，该试验一下他的发明了。

伽利略小心翼翼地把一片大一点的凸透镜安在管子的一端，另一端安上一片小一点的凹透镜，然后把管子对着窗外。当他从凹透镜的一端望去时，奇迹出现了：那远处的教堂仿佛近在眼前，可以清晰地看见钟楼上的十字架，甚至连一只在十字架上落脚的鸽子也看得非常清楚。

伽利略制成望远镜的消息马上传开了。“我制成望远镜的消息传到威尼斯，”在一封写给妹夫的信里，伽利略写道，“一星期之后，就命我把望远镜呈献给议长和议员们观看，他们感到非常惊奇。绅士和议员们，虽然年纪很大了，但都按次序登上威尼斯的最高钟楼，眺望远在港外的船只，看得都很清楚；如果没有我的望远镜，就是眺望两个小时也看不见。这仪器的效用可使50英里（约80千米）以外的物体，看起来就像在5英里（约8千米）以内那样。”

伽利略发明的望远镜，经过不断改进，放大率提高到30倍以上，能把实物放大1000倍。现在，他犹如有了千里眼，可以窥探宇宙的秘密了。

这是天文学研究中具有划时代意义的一次革命，几千年来天文学家单靠肉眼观察日月星辰的时代结束了，代之而起的是光学望远镜。有了这种有力的武器，近代天文学的大门被打开了。

1609年，伽利略创制了天文望远镜（后被称为伽利略望远镜），并用来观测天体，他发现了月球表面的凹凸不平，并亲手绘制了第一幅月面图。1610年1月7日，伽利略发现了木星的四颗卫星，为哥白尼学说找到了确凿的证据，标志着哥白尼学说开始走向胜利。借助于望远镜，伽利略还先后发现了土星光环、太阳黑子、太阳的自转、金星和水星的盈亏现象、月球的周日和周月天平动以及银河是由无数恒星组成的等。这些发现开辟了天文学的新时代。

哈雷彗星的发现

提起哈雷（1656—1742），人们都不会感到陌生，因为彗星中的佼佼者——哈雷彗星就是以他的名字命名的。

哈雷1656年出生在伦敦附近的哈格斯顿。1673年进入牛津大学女王学院学习数学。1676 年，20 岁的哈雷毅然放弃了即将到手的学位证书，只身搭乘东印度公司的航船，在海上颠簸了三个月，到达南大西洋的圣赫勒纳岛，建立起人类第一个南天观测站，进行了一年多的天文观测，测编了世界上第一份精度很高的南天星表，被人们誉为“南天第谷”。哈雷推动牛顿写出了经典力学的奠基之作《自然哲学的数学原理》，并慷慨解囊支付这部巨著的出版费用。仅此两项就足以使哈雷名标青史。但哈雷对人类的贡献远不止这些。他还发现了月球运动的长期加速现象，证明恒星不是恒定不动的。以后，又选择了彗星这一前人涉及不多的领域，进行了深入的研究，开创了认识彗星和研究彗星的新领域。

第谷提出彗星是天体，但对于它是什么样的天体并不清楚。天文学家普遍认为彗星是在恒星之间的漂泊不定的“怪物”，无法预测它的行踪。

哈雷对彗星似乎情有独钟。1680 年，哈雷在法国旅游时看到了有史以来最亮的一颗大彗星。两年后，也就是 1682 年，又看到了另一颗大彗星。这两颗大彗星在他心中留下了极为深刻的印象。

1682 年 8 月，天空中出现了一颗用肉眼可见的亮彗星，它的后面拖着一条清晰可见、弯弯的尾巴。这颗彗星的出现引起了几乎所有天文学家们的关注。当时，年仅 26 岁的英国天文学家哈雷对这颗彗星尤为感兴趣。他仔细观测、记录了彗星的位置和它在星空中的逐日变化。经过一段时期的观察，他惊讶地发现，这颗彗星好像不是初次光临地球的新客，而是似曾相识的老朋友。

拓展思考

太阳系

太阳系是由太阳、8 颗大行星、66 颗卫星以及无数的小行星、彗星及陨星组成的。行星由太阳起往外的顺序是：水星、金星、地球、火星、木星、土星、天王星和海王星。离太阳较近的水星、金星、地球及火星称为类地行星。宇宙飞船对它们都进行了探测，还曾在火星与金星上着陆，获得了重要成果。它们的共同特征是密度大、体积小、自转慢、卫星少、主要由石质和铁质构成、内部成分主要为硅酸盐并且具有固体外壳。

1695 年，已是皇家学会书记官的哈雷开始专心致志地研究彗星。1704

年，他从1337年到1698年的彗星记录中挑选了24颗彗星，用一年时间计算了它们的轨道。发现1531年、1607年和1682年出现的这三颗彗星轨道看起来如出一辙，虽然经过近日点的时刻有一年之差，但可能解释为是由于木星或土星的引力摄动所造成的。一个念头在他脑海中迅速地闪过：这三颗彗星可能是同一颗彗星的三次回归。但哈雷没有立即下此结论，而是不厌其烦地向前搜索，发现1456年、1378年、1301年、1245年，一直到1066年，历史上都有大彗星的记录。

在哈雷生活的那个时代，还没有人意识到彗星会定期回到太阳附近。自从哈雷产生了这个大胆的念头后，便怀着极大的兴趣，全身心地投入到对彗星的观测和研究中去了。在通过大量的观测、研究和计算后，他大胆地预言，1682年出现的那颗彗星，将于1758年底或1759年初再次回归。哈雷做出这个预言时已近50岁了，而他的预言是否正确，还需等待50年的时间。他意识到自己无法亲眼看见这颗彗星的再次回归，于是，他以一种幽默而又带点遗憾的口吻说：如果彗星根据我的预言确实在1758年回来了，公平的后人大概不会拒绝承认这是由一位英国人首先发现的。在哈雷去世10多年后，1758年底，这颗第一个被预报回归的彗星被一位业余天文学家观测到了，它准时地回到了太阳附近。哈雷在18世纪初的预言，经过半个多世纪的时间终于得到了证实。后人为了纪念他，把这颗彗星命名为“哈雷彗星”。

其实，在历史上从公元前240年起彗星的每次回归我国都有所记载，最早的一次可能是周武王伐纣之年，即公元前1057年。哈雷彗星每隔大约76年都会按时回归。在哈雷彗星回归时，可以对它进行大量的观测研究。哈雷彗星的最近一次回归是1986年，中国和各国一样对它进行了大量的观测，发现了断尾现象。它的再次回归要等到2062年左右。

1758年初，法国天文台的梅西叶就动手观测了，指望自己能成为第一个证实彗星回归的人。1759年1月21日，他终于找到了这颗彗星。遗憾的是首次观测到彗星回归的光荣并不属于他。原来1758年圣诞之夜德国德雷斯登附近的一位农民天文爱好者已捷足先登，发现了回归的彗星。

1759年3月14日哈雷彗星过近日点，正是克雷荷预告的一个月前。此时，哈雷已长眠地下十几年了。科学家的生命是有限的，但他们对科学的贡献却永世长存。正像哈雷当年所希望的那样，大家没有忘记哈雷，将这颗彗星命名为哈雷彗星。

对哈雷彗星的观测和研究不仅证实了周期彗星的存在，也大大促进了彗星天文学的发展。此外，哈雷彗星还像巡回大使一样周期性地检阅太阳系各大行星并经历各种各样的环境，带回丰富的信息，因此，它的每次回归都引起天文学家的极大兴趣。

哈雷彗星每76年回归一次，绝大部分时间深居在太阳系的边陲地区，即使用现代最大的望远镜也难以搜寻到它的身影。地球上的人们只有在它回归时有三四个月的时间能够见到它。一般来说，人的寿命只有七八十岁，因此一个人很少能两次看到哈雷彗星。只有一些“老寿星”才有这种机会，第一次看到它是在咿呀学语的幼年，而第二次看到它就到了步履蹒跚的晚年了。

这里需要向读者说明的是，梅西叶虽没有成为第一个证实彗星回归的人，但他并不灰心，而是开始有系统地寻找彗星，年复一年、日复一日地在凌晨和黄昏后进行观测，一生中共发现了21颗彗星，而经他观测过的彗星达到46颗。一次，法国国王路易十五开玩笑地说他是“彗星的侦探”，这虽然是一句戏言，但却是对梅西叶一生寻彗工作的最高褒奖。

天王星的发现

我们现在都知道，太阳系有八大行星。但是在200多年前，人们只知道太阳系有六大行星，它们是水星、金星、地球、火星、木星和土星。其中地球有个卫星——月亮。到了1781年，太阳系的又一个新成员，第七大行星——天王星被发现后，天文学又向前发展了一大步。

天王星的发现，在当时引起了科学界的巨大震动。可是谁曾料到，这颗行星的发现者，竟是一位极普通的音乐工作者呢！这位音乐工作者的名字叫作威廉·赫歇耳。

威廉·赫歇耳1738年11月15日生于德国的汉诺威城，当时父亲给他起名为弗里德里希·威廉姆。他父亲是汉诺威军队中的一名乐师。由于家庭贫困，他15岁时就被父亲送到军乐队拉手风琴和吹双簧管。然而，残酷战争来临了，戎马生涯令人生厌，他18岁时只身从德国流亡到英国，靠演奏手风琴糊口度日。后来他把德国名字改为威廉·赫歇耳。

赫歇耳从小就有非常强烈的求知欲望。他到军乐队之后，每天工作十几小时，但工作之余，仍然抓紧时间，如饥似渴地读书。他对天文学抱有特殊的兴趣，逐渐成了一名酷爱天文学的人。到了英国，虽然远离家乡，寄人篱下，衣不御寒，食不果腹，但他依然强烈地爱着天文学，并立志要成为一名天文学家。

观察天空需要望远镜，他没有钱买，就自己磨制。无论是烈日炎炎的酷夏，还是寒风凛冽的严冬，日复一日地磨着，磨着……由于长期泡在水里工作，十个指头肿了，糜烂了，虎口也裂了，但他仍然坚持磨着，亲手制成了观天仪。

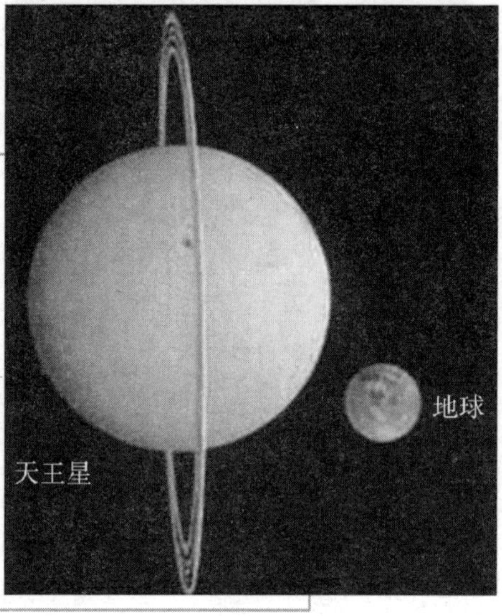

天王星

事实告诉人们，只要努力，“没有过不去的火焰山”。赫歇耳酷爱天文学，但是无钱去购买观天设备，况且连生活都不好保障，怎能实现自己的远大理想呢？于是他苦练手风琴。到了1766年，他已成为胜地巴思城一位著名的风琴手和音乐教师，他每星期指导的学生多达35名。

威廉·赫歇耳

经济上的保障为赫歇耳提供了满足自己求知欲望的条件。他自学拉丁语和意大利语，对音乐理论的探讨使他涉猎了数学，进而又接触到了光学。学习光学时他读了一本关于牛顿的书。从此，他要亲眼观天的愿望更强烈了。这一炽热的愿望驱使他做出了天文学上的重大发现。

赫歇耳正式开始业余天文学研究工作，还是1772年以后的事。在这以前，他把自己的业余时间全部用来磨制望远镜片，尝试了200多次也未制造出一架比较满意的望远镜。

1772年，赫歇耳把他的妹妹卡

罗琳·赫歇耳从家乡带到英国，照管他的生活。卡罗琳于1750年3月生于汉诺威，比哥哥小12岁。她生来就有一副好歌喉，本来很爱唱歌。可是，在哥哥赫歇耳的影响下，这位具有歌唱家天赋的姑娘却也开始迷恋于天文事业，并且同天文学结下了不解之缘，成了赫歇耳最得力的助手。最后她也成为一位虔诚的业余天文学家。

200多次失败，没有使赫歇耳气馁，只要有空他就去磨制透镜。肚子饿了，他不住手，让妹妹给他喂饭吃；精神疲倦了，他也不住手，让妹妹在一旁给他朗读小说提神。“只要功夫深，铁棒也能磨成针”。不错，他们兄妹二人长年累月，持之以恒，终于制出了焦距为2米、3米、6米及12米的望远镜。

有了自己的望远镜，赫歇耳立即把它指向星空。他从不放过任何一个可以观测的夜晚。他常常整夜进行观测。但白天他还得拖着疲惫的身子去挣钱糊口。每次观测，妹妹都站在他身边做观测记录。白天，他去工作，妹妹便在家整理观测记录。做观测记录也很辛苦。严冬季节，天气寒冷，墨水结冰，她一边呵气，一边写，就这样，兄妹二人废寝忘食，终日忙个不休。

1774年，赫歇耳不仅制做出当时世界上最好的反射望远镜，而且第一次使反射望远镜的效能真正超过了当时的折射望远镜。正是这架反射望远镜使他的天文事业进入科学的研究阶段，进而取得一些重大发现。他的一系列论文，如描述他对月球上山脉的观测，对变星的观测和论述，对太阳黑子活动的变化有可能影响地球上的农业等看法，轰动了整个科学界。人们开始对这位音乐工作者、天文学的业余爱好者刮目相看。

1781年，赫歇耳进行“巡天观测”的第七个年头，一个伟大的发现震惊了世界。这年初春的一个夜晚，晴朗的天空格外寂静，月光下，有两个人在注视着繁星灿烂的夜空，一位是赫歇耳，另一位就是他的妹妹卡罗琳。进入甜蜜梦乡的人们怎会想到，科学的发现竟在这时拉开了帷幕。的确，这正是“巡天观察”的黄金时间。赫歇耳照例用自制的2.1米焦距反射镜和放大200多倍的目镜做“巡天观察”。突然，朦胧双子星座内出现了一颗绿色的光点，他重新调节了一下焦距，没错，是一颗美丽的绿色的星，还带有草帽似的光环呢！当时，只妹二人无比激动，寂静的夜晚无法抑制住他们的喉咙：“我们发现新的星星了！我们发现新的星星了！”嘹亮的声音不由自主地吐出了唇外，响遏行云。

赫歇耳简直不敢相信自己的发现。起初，他怀疑这可能是一颗彗星，所以他报道说，自己发现了一颗彗星，然而，他又进行了多次观测，发现这个小圆面像一颗行星那样具有明显的边缘，而不像彗星那样只有模模糊糊的边界。后来，许多天文学家摆出了各种证据，特别是当计算出它的轨道时，赫歇耳才恍然大悟：原来自己确实发现了一颗新的行星，是一颗比土星更远的大行星。他一举将当时已知的太阳系范围拓宽了 1 倍。

拓展思考

水 星

水星是太阳系中最靠近太阳的大行星。与太阳的平均距离约 5800 万千米。除冥王星外，它是太阳系大行星中最小的，直径约 4870 千米。水星绕日公转的轨道是一个很扁的椭圆。它的公转周期是大行星中最短的，仅 88 个地球日。它的平均轨道速度是大行星中最高的，为每秒 48 千米。水星的自转速度很慢，它自转一周等于地球上 59 天，而水星上的两次日出要间隔 176 个地球日。

这一重大发现震撼了英国，成为一项重大新闻传遍了全世界。自古以来，人们一直把土星当作太阳系的边缘，现在这一传统观念被打破了。

这一重大发现不仅科学界为之震惊，就是一般公众也是惊叹不已。

威廉·赫歇耳，这位英籍德国人发现新行星后，当年 5 月，被英国皇家学会授予科普利勋章，6 月被选为英国皇家学会会员。

英皇乔治三世鉴于威廉·赫歇耳的重大成就，特奖给他 200 英镑的年俸，还拨给他大笔观测费用和设备。从此以后，赫歇耳再也不必为穿衣吃饭发愁了，他把全部的精力都投入了天文学事业。

为了报答乔治三世的支持和资助，赫歇耳曾想把他发现的行星命名为“乔治星”，但另一些天文学家则主张命名为“赫歇耳”，以示对发现者本人的敬意。最后，这两种意见均遭否决，人们采纳了柏林天文台台长波德的提议，遵守以神话人物命名行星的传统，取名为“萨都恩神”的父亲或希腊神话中的天神“优拉纳斯”。萨都恩神是罗马神话中大神朱庇特的父亲，土星就是以他的名字来命名的。在希腊神话中，他又叫“克洛诺斯”。到了 19 世纪，“优拉纳斯”这一名字已为人们普遍采用。这个名字译成汉语就是今天所说的“天王星”。

“天王星”的发现，给宗教神权又一次致命的打击，为哥白尼的“日心说”增添了科学的证据。这一发现开阔了天文学家的视野，导致了海王星、冥王星的发现，使行星天文学跨进了一个新的历史时期。赫歇耳成为他那个时代最重要、成就最大的天文学家。

赫歇耳发现了天王星以后，便放弃了音乐工作，走上专业研究天文学的道路。他对太阳系有着极其广泛的研究。

哥白尼摧毁了地球是静止的观念，证明地球和其他行星一样在不断地运动；赫歇耳却根据七颗恒星的自行，推测太阳也在空间运动。他打破了太阳是静止的假设，证明了太阳和别的恒星一样也在不停地运动着，因而把物质的运动是绝对的思想向前推进了一大步。

此外，赫歇耳还先后做出了 3 份双星表及 2500 个星云和星团表，发现了天王星的 2 颗卫星，土星的 2 颗卫星，提出了银河系的形状假说。他由于对恒星及恒星系的研究做出了巨大贡献，被人们称为“恒星天文学之父”。

1800 年，赫歇耳用灵敏温度计研究光谱里各种色光的热作用时，把温度计移到光谱的红光区域外测，它的温度上升得更高，说明那里有看不见的射线照射到温度计上。这种射线后来就叫作红外线。利用红外线可以加热物体，例如烘干油漆和谷物以及进行医疗等。还可以利用对红外线敏感的底片进行远距离摄影和高空摄影，通过飞机或人造卫星勘测地热、寻找水源、监测森林火情等。赫歇耳发现了太阳光中的红外辐射，并推测出这种辐射的性质，从而创立了天文学中的一门新学科——彩色光度学。他成为人类第一个发现大自然中除可见光之外还存在着其他辐射的人。

1816 年，赫歇耳被授予爵位。此后，他的身体状况逐渐变坏。但他几乎工作到了生命的尽头，1819 年的他已年过八十，还进行最后的观测。1822 年，他在英国与世长辞。就在去世前一年，他被选为英国皇家天文学会第一任会长。

赫歇耳去世后，他的儿子约翰·赫歇耳继承了父业。他编制了南北天星云表和双星表，并测定了许多恒星的亮度。他也成了一位名副其实的天文学家。

与此同时，赫歇耳的妹妹卡罗琳·赫歇耳，在哥哥多年的熏陶和培养下，也成为著名的天文学家。她一生对天文学做出很多贡献：发现了 7 颗彗星；测编了恒星表、星团和星云表。1835 年，卡罗琳成为英国皇家天文学会的第一个名誉女会员。1838 年成为皇家爱尔兰科学院院士。1848 年 1 月，她在汉诺威逝世。卡罗琳一生致力于天文工作，终生未嫁。为了纪念这位女天文学家，人们把月球背面的一个环形山，取名为“卡罗琳·赫歇耳”。

行星运动三定律的重大发现

17 世纪初期，正当伽利略使哥白尼学说声威大振之时，欧洲大地上传出了一条特大新闻：德国天文学家约翰内斯·开普勒发现了行星运动的三大定律，使哥白尼创立的“日心说”从科学上向前推进了一步。

开普勒是文艺复兴时期的德国天文学家，他是哥白尼以后的第二位天空使者。1571 年 12 月 27 日生于德国符腾堡的小城魏尔，他的诞生使哥白尼创立的“日心说”又增加了一位发展者，正是他后来的发现架起了哲学和科学的桥梁，点燃了“万有引力”发现的导火线。开普勒幼年时，贫寒的家庭无力供养他上学，一直靠奖学金求学。开普勒进入图宾根神学院后，特别是当他的老师米夏埃尔·马斯特林教授常常在演讲中提到哥白尼，使他崇拜、神往，开始学习哥白尼有关天体运行的理论和著作。

1594 年，开普勒被推荐到奥地利格拉茨教会学校任数学教师。这时政治局势已显露出变化的端倪。一场反宗教改革的运动早已在巴伐利亚掀起，格拉茨教会学校的所在地显得格外平静。事实上，教会派别之间的内部思想斗争却越来越激烈。耶稣教团成员和新教牧师相互责难，议论纷纷，使天性和平的开普勒感到厌倦。于是他开始专心研究写作《宇宙的奥秘》一书。他不倦地研究了天文学的三个问题——行星轨道的数目、大小及运动。1595 年 7 月 19 日，他终于得到了伟大的发现：“可用地球来量度所有其他轨道。一个十二面体外切地球轨道，这十二面体就内接于火星的天球。一个四面体外切火星轨道，这个四面体就内接于木星天球。一个立方体外切木星轨道；这个立方体就内接于土星天球。现在把一个二十四面体放入地球轨道，外切这个二十四面体的天球就是金星。把一个八面体放入金星轨道，外切这个八面体的天球就是水星。”他马上着手阐明这一想法，写成《宇宙的奥秘》初稿。为了出版这本小册子，他费尽心机。当时的开普勒在学术界默默无闻，还是小字辈，出版商都不相信他。所以他只好返回符腾堡求助老师马斯特林教授。1596 年，这本书终于出版了，并载入了法兰克福书目之中。但书上印着的不是“开普勒”，而是“勒普劳斯”，这使开普勒的苦恼接踵而至。

家庭生活的不幸，小女儿的夭折，在科学领域中也见不到多少曙光，经常受到占星术思辨苦恼的折磨，开普勒百思不解，陷入悲愤痛苦之中。黑暗中，突然一线希望之光照射在他的头上：他被丹麦大天文学家第谷·布拉赫请到布拉格的奥王鲁道尔夫二世的宫里。早在 1597 年第谷就曾邀请过这位年轻的素不相识的地方数学家到万斯贝克去，那时开普勒正在那儿逗留。在这之前，开普勒曾把自己的早期著作《宇宙的奥秘》寄给他。现在第谷又以亲切的言辞重复了他的邀请，并要给开普勒以友谊和帮助。"我并不是因为您遭受厄运而请您来此，而是出于共同研究的愿望和要求请您来此。"他在信中写道。确实，开普勒早就等待这第二次邀请了。这两位科学家不谋而合的思想，终于使开普勒与第谷相会，开普勒成为第谷的得力助手。

开普勒和第谷的会面是欧洲科学史上最重大的事件。这两位个性殊异的人物的相会，标志着近代自然科学两大基础——经验观察和数学理论的结合，正是由于这两位科学家的融合，取长补短，才使开普勒在浩淼的宇宙中，发现了行星运动的三大定律。

开普勒的《宇宙的奥秘》在纯先验思辨的基础上推导出了宇宙的结构，而第谷的功劳则主要是经验方面，不是在理论方面。第谷的宇宙体系是介于托勒密体系和哥白尼体系之间的折中体系，他把地球设想为月球轨道和太阳轨道的静止中心，其余的五个行星则围绕太阳旋转，这一体系在天文学史上没有什么重要的价值。重要的是他进行了几十年之久的精密天文观察，他的技术在当时是相当高超的。在观测、研究星空方面得到国王的支持和赏识。国王重金在哥本哈根和赫尔辛基之间海峡的赫芬岛上，为第谷建立了当时世界上最大、最先进的观天堡。可是第谷不知道怎样正确地使用这些财富。他虽不同意《宇宙的奥秘》中的"日心说"，但他十分钦佩开普勒的数学知识和创造天才。

1600 年 2 月的一天，正当第谷坐在贝那特克宫中盼望他的未来助手时，忽然闻讯开普勒到达布拉格的消息，他真是喜出望外。皇帝恩赐给第谷的贝那特克宫离布拉格仅有 8 千米左右，2 月 4 日晚上，开普勒到达贝那特宫，两个性格完全相反的人共同生活，朝夕相处，谈何容易，免不了要发生争执和不愉快。好在他们有着类似的命运，是命运把这两个当时最伟大的天文学家连结到一起的。布拉格不但是开普勒的避难地，也是第谷的避难地。

第谷是被人从赫芬岛上驱逐出来的，他的施主丹麦国王弗里德里希死后没有几年，他就不得不离开那儿了，只救出了他的极其珍贵的仪器，而为了观察星星所建立的巨大建筑物却不是被拆除，就是倒塌得狼狈不堪。这件事使他很快就变老了，开始用疑惑的眼光来看待周围的环境，不愿意公布他的天文观察记录。他是位顽固专横的师傅，要求助手绝对服从他，这一点开普勒是很难做到的。

求知欲极旺的、天才的开普勒，极想把第谷确定了的行星轨道的正确数值和他自己设想的模型对照一下，但第谷最初并不想让开普勒真正地分享自己的成果。只是有时在谈话中第谷才偶尔漫不经心地谈到一些无关宏旨的事情，“今天他提到了一个行星的远地点，明天提到另一个行星的交点”。直到开普勒立下字据，保证严守秘密时，才得到了火星的观察数据。于是，开普勒日以继夜地研究，希望得到一个幸运的结果。他知道，只有这样才能得到别的观察数据。然而，要想实现一个愿望可不是易事，必须付出相当大的代价。他经年累月，不知度过了多少不眠之夜，终于完成了火星的理论研究，改变了整个天文学。正是这颗行星的运动使他最后探索出了天体的秘密，要不然他可能永远也解不开这个谜。从此，开普勒放弃了关于行星作圆周运动的旧思想，主张它们是在椭圆轨道上运行，太阳则位于这些椭圆的一个焦点上。

开普勒逐渐适应了第谷的性格，这个比第谷小 25 岁的年轻人，一直受到贫困的袭击，始终为自己的温饱奋斗。今天得到了第谷的关怀：在开普勒病倒的时候，派人给他送钱，帮他及时就医。不久后，第谷筹划了一项大规模的计划，他想和开普勒一起着手大规模的天文计算工作。事实上，这项工作是应该确定行星的运行，但为了尊崇奥王鲁道尔夫二世，便命名为“鲁道尔夫星行表”。

这时，第谷在短期重病以后突然离开了人世。第谷临终前对开普勒说：“我一生都在观察星表，我要得到一种准确的星表，我的目标是一千颗星……我希望你能把我的工作继续下去。我把我的一切资料都交给你，愿你把我观察的结果发表出来，你不会使我失望吧？”开普勒含泪站立在第谷的床前，沉痛地说：“我不会！”

拓展思考

金　星

金星是太阳系的八大行星之一，按照离太阳由近及远的顺序排列是第二颗，紧挨着我们的地球。在夜晚天空中，除了月球之外，金星是最明亮的天体，比著名的天狼星还亮 14 倍。中国民间称为“太白星”或“太白金星”。古代有人把它误认为两颗星。在中国史书上，分别称为“启明星”和“长庚星”。

开普勒知道应该怎样感激这位老人。开普勒没有使第谷失望，1627 年，“鲁道尔夫星行表”便在乌尔姆出版，第谷的名字载入了科学史册。

第谷逝世后，皇帝顾问巴尔维茨前来看望开普勒，并根据皇帝的命令委派开普勒管理已故丹麦天文学家的仪器和未竟事业。这对开普勒来说，是接任了皇家数学家的职务。他利用第谷留下的大量的天体观测资料，进行了仔细的分析研究。火星轨道的计算使开普勒的研究方法发生了根本性变化。过去他是空想宇宙体系的结构，现在他“汗流浃背，气喘如牛地跟踪着造物主的足迹”，就是说把研究倒了个个儿，依靠天体来研究几何学。从此他开始设想建立一种没有假设的天文学。

当时，不论是地心说还是日心说，都认为行星做匀速圆周运动。但开普勒发现，火星并非做匀速圆周运动。经过四年的观察和苦思冥想，他发现火星的轨道是椭圆形，于是得出了开普勒第一定律：火星沿椭圆轨道绕太阳运行，太阳处于两焦点之一的位置。随着火星椭圆形轨道的发现，火星运动的计算开始全面展开。开普勒通过计算发现，火星运动的速度是不匀的，当它离太阳较近时运动得较快，离太阳远时运动得较慢，但从任何一点开始，向径（太阳中心到行星中心的连线）在相等的时间所扫过的面积相等。这就是开普勒第二定律（面积定律）。开普勒关于火星运动的著作《新天文学》在历尽艰辛和迟延以后，直到 1609 年夏天才印刷出版。该书还指出两定律同样适用于其他行星和月球的运动。这本著作是现代天文学的奠基石。

然而，早已放弃了天文学野心的皇帝顾问滕格纳尔却没有认识到开普勒的伟大成绩，就连当时一些著名的天文学家也是这样。开普勒看到他的著作遭到了许多人的轻视和误解，便保持沉默。他丝毫没失去信心，把一切希望都寄托在另外一个追求科学真理的人身上，这个人的有力评价对开普勒的这两大定律能够得到世人承认是至关重要的。他就是帕多瓦大学数学教授伽利略。早在格拉茨时，开普勒就想和伽利略建立联系，他把《宇宙的奥秘》寄给了伽利略。那时，伽利略就觉察到他是哥白尼宇宙体系的信徒和保卫者，认为开普勒是他“探寻真理的一位朋友”。

1610 年 3 月 15 日，皇帝顾问瓦克尔 · 冯 · 瓦肯费尔斯坐车经过开普勒的寓所。“开普勒！”他坐在车上喊，“伽利略在帕多瓦用一个双透镜望远镜发现了四颗新行星。”开普勒十分激动。不久后，他就得到了伽利略发现的详细情况。当他得到《星球的使者》后没有几天，就起草了一封祝贺信回敬给伽利略。此后，开普勒一再努力终于得到了一架望远镜，使他能够用自己的眼睛来检验伽利略的发现。他把观察结果写进了一本小册子《论木星卫星》，为伽利略的发现提供了最好的旁证。

1619 年，正当世界历史迈出不可抗拒的一步的时候，科学也向前推进了一个阶段。德国乃至欧洲爆发了流血战争，宗教战争一直持续着，科学和神学的斗争也时刻没有停止。正是这年，开普勒著成《宇宙谐和论》。这部著作凝聚着他十多年的心血，及长期繁杂的计算和无数次失败。它不仅是第一次系统地论述了近代科学的法则，而且也完成了古典科学的复兴。它标志着天文学发展到了新高峰，使开普勒创立的行星运动的第三定律（周期定律），即行星绕太阳公转运动的周期的平方与它们椭圆轨道的半长轴的立方成正比的理论得以问世。同时，它也宣告了宇宙的和谐与世界的和平，是一部反对战争和热爱科学的伟大作品。

开普勒创立的行星运动的三大定律，使天文学进入一个新的阶段，为牛顿发现万有引力定律打下了基础。

然而，这位伟大科学家一生是在经济困境和操劳跋涉中度过的。1630 年 11 月 15 日，他在贫病交加中寂然死去。他墓前的石碑上这样写道："我欲测天高，现在量地深。上苍赐我灵魂，凡俗的肉体安睡在地下。"这是开普勒离开世间前写的两行诗。

微波背景辐射

来自宇宙空间背景上的各向同性的微波辐射，也称为宇宙背景辐射。

早在 20 世纪 40 年代，伽莫夫等人根据热大爆炸宇宙学说的观点，预言宇宙空间应该充满着残余辐射，它们的温度已经相当低了，大致为几 K 或至多几十 K。"K"是开氏温标或者叫热力学温标中的温度单位"开耳芬"的符号，正像我们用"℃"来表示摄氏温标中的温度的道理是一样的。0℃相当于 273.15K，3K 相当于 -270℃以下。

20 多年后，果然找到了这种残余辐射，实测结果与理论推算值大体相符，被称为"微波背景辐射"。发现者是两位美国工程师射电天文学家彭齐亚斯和威尔逊。当时他们都受聘在美国新泽西州普林斯顿附近的贝尔电话实验室工作。

20 世纪 60 年代初，美国科学家阿诺·彭齐亚斯和 R. W. 威尔逊为了改进卫星通讯，建立了高灵敏度的号角式接受天线系统。1964 年，他们用它测量银晕气体射电强度时，发现总有消除不掉的背景噪声。他们认为，这些来自宇宙的波长为 7.35 厘米的微波噪声相当于 3.5K。1965 年，他们又订正为 3K，并将这一发现公之于世，为此获得 1978 年诺贝尔物理学金奖。

微波背景辐射的最重要的特性是具有黑体辐射谱，在 0.3～75 厘米波段，可以在地面上直接测到；在大于 75 厘米的射电波段，银河系本身的超高频辐射掩盖了来自河外空间的辐射，因而不能直接测到；在小于 0.3 厘米波段，由于地球大气辐射的干扰，要依靠气球、火箭或卫星等空间探测手段才能测到。从 0.054 厘米直到数十厘米波段的测量表明，背景辐射是温度近于 2.7K 的黑体辐射，习惯称为 3K 背景辐射。黑体谱现象表明，微波背景辐射是极大的时空范围内的事件。因为只有通过辐射与物质之间的相互作用，才能形成黑体谱。由于现今宇宙空间的物质密度极低，辐射与物质的互相作用极小，所以，我们今天观察到的黑体谱必定起源于很久以前。微波背景辐射应具有比遥远星系和射电源所能提供的更为古老的信息。

拓展思考

银河系

银河系是由恒星和星系物质组成的巨大的、盘状系统，太阳是该系统中的一员。银河系中的众多繁星的光形成了银河，成为环绕夜空的外形不规则的发光带。这条星光带大体上位于银盘平面上。银河系是构成宇宙的亿万个星系中的一个。它拥有几百亿颗恒星和相当大量的星际气体和尘埃。银河系是星系类型中的旋涡星系一类的典型。

微波背景辐射的另一特征是具有极高度的各向同性。这有两方面的含义：①小尺度上的各向同性：在小到几十弧分的范围内，辐射强度的起伏小于 0.2%～0.3%；②大尺度上的各向同性：沿天球各个不同方向，辐射强度的涨落小于 0.3%。各向同性说明，在各个不同方向上，在各个相距非常遥远的天区之间，应该存在过相互联系。

除微波波段外，在从射电到 γ 射线辐射的各个波长上，大都进行过背景辐射探测，结果是微波波段的辐射最强，其强度超过其他所有波段的背景辐射的总和。微波背景辐射的发现被认为是 20 世纪天文学的一项重大成就。它对现代宇宙学所产生的深远影响，可以与河外星系的红移的发现相比拟。当前，流行的看法认为背景辐射起源于热宇宙的早期。这是对大爆炸宇宙学的强有力的支持。早在20世纪40年代，伽莫夫、阿尔菲和海尔曼根据当时已知的氦丰度和哈勃常数等资料，发展了热大爆炸学说，并预言宇宙间充满具有黑体谱的残余辐射，其温度为几K或几十K。3K微波背景辐射的实测结果与理论预期大体相符。此外，还有用其他模型或机制来解释微波背景辐射的宇宙学说。

背景辐射已经有了更加深远的意义，说明了宇宙的膨胀理论和经典物理之间的矛盾是不可调和的。

登月探索发现

拓展思考

潮　汐

因月球和太阳对地球各处引力不同所引起的水位、地壳、大气的周期性升降现象。海洋水面发生周期性的涨落现象称为海潮，地壳相应的现象称为陆潮（又称固体潮），在大气则称为气潮。上述三种潮汐中海潮最为明显。

1957年10月4日，苏联第一颗人造卫星上天，拉开了人类航天时代的序幕。苏联宇航员、大名鼎鼎的加加林，于1961年4月12日，乘坐苏联“东方”号飞船，环绕地球飞行了一圈，历时近2个小时，成为了第一位进入太空的人。

月球是距离地球最近的天体（约38万千米），是人类进行太空探险的第一站。苏联1959年发射的月球2号探测器在月球着陆，这是人类的航天器第一次到达地球以外的天体。同年10月，月球3号飞越月球，发回第一批月球背面的照片。1970年发射的月球16号着陆于丰富海，把100克月球土壤送回了地球。

美国在20世纪60年代开始的雄心勃勃的“阿波罗”计划的目的就是将人类送上月球进行实地考察。在此之前的1961年到1967年间，9个“徘徊

加加林

者”、7个“勘测者”探测器和5个月球轨道器先后对月球进行了考察。它们拍摄了月球的照片，并分析了月球的土壤，为登上月球做好了准备。随后美国便使用土星5号运载火箭先后向月球发射了17艘“阿波罗”飞船。其中“阿波罗”1~3号是试验飞船，4~6号是无人飞船，7号飞船载人绕地球飞行，8~10号载人绕月飞行，11~17号是载人登月飞行。

1969年7月16日发射的“阿波罗11号”使人类首次登上了月球。执行该次任务的是阿姆斯特朗、阿尔德林和柯林斯。飞船抵达月球轨道后，柯林斯驾船绕月飞行，另两名宇航员驾驶登月舱于7月20日降落在月球表面的静海。阿姆斯特朗成为第一个登上月球的人。宇航员在月球表面进行了实地的科学考察，并把一块金属纪念牌和美国国旗插上了月球。此后又有5次成功的登月飞行，宇航员在月球上停留的时间总共约300小时。

此后对月球的考察几乎停滞，直到1994年，美国又发射了“克莱门汀”号无人驾驶飞船，对月球进行了新的地貌测绘，其目的是为在不久的将来建立月球基地和月基天文台做准备。1998年1月6日发射升空的“月球勘探者”携带有中子光谱仪探测氢原子。它发现在月球两极的盆地底部存在水。

阿波罗11号的三位宇航员

火星探索发现

火星是地球的近邻。它与地球有许多相同的特征。它们都有卫星，都有移动的沙丘、大风扬起的沙尘暴，南北两极都有白色的冰冠，只不过火星的冰冠是由干冰组成的。火星每 24 小时 37 分自转一周，它的自转轴倾角是 25 度，与地球相差无几。

拓展思考

天文台

天文台是天文观测和天文研究机构。拥有各种类型的天文望远镜和测量计算装置，用以观测天体，分析资料，并利用观测结果，编制各种星表和历书，进行授时工作。计算人造卫星轨道，进而揭示宇宙奥秘，探索自然规律。

火星上有明显的四季变化，这是它与地球最主要的相似之处。但除此之外，火星与地球相差就很大了。火星表面是一个荒凉的世界，空气中二氧化碳占了 95%。浓厚的二氧化碳大气造成了金星上的高温，但在火星上情况却正好相反。火星大气十分稀薄，密度还不到地球大气的 1%，因而根本无法保存热量。这导致火星表面温度极低，很少超过 0℃。在夜晚，火星最低温度则可达到 －123℃。

火星的内部结构与地球相似，都有壳、幔和核，但由于数据不完全，火星核的组成和大小仍然未能确定。火星表面有纵横交错的河床。这些河床已经干涸，但它们可能是在远古时期由大量的洪水冲刷形成的。火星表面扬起的大范围沙尘暴。生成于火星南极附近，影响范围有数百千米。火星表面的水滴状地形，看起来似乎更像是一个个岛屿。环绕着这些岛屿的悬崖高度都为 400 ~ 600 米。位于火星南极附近有一大片沙丘。这些沙丘与地球上最大的沙丘一般大小。火星南极有冰冠。这些冰冠至少有方圆 400 千米，主要由干冰组成。

火星被称为红色的行星，这是因为它表面布满了氧化物，因而呈现出铁锈红色。火星表面的大部分地区都是含有大量红色氧化物的大沙漠，还有赭色的砾石地和凝固的熔岩流。火星上常常有猛烈的大风，大风扬起沙尘能形成可以覆盖火星全球的特大型沙尘暴。每次沙尘暴可持续数个星期。

火星表面有一条巨大的“水手谷”。这是一个长约4000千米的巨大峡谷，它是在远古时期的洪水和火山活动的共同作用下形成的。火星上的巨大火山——奥林匹斯山高约27000米，是地球最高峰珠穆朗玛峰高度的3倍。它是太阳系中最高的山峰。火星有两个微小的卫星，直径都不到80千米，看起来更像是被俘获的小行星。

一直以来，火星都以它与地球的相似而被认为有存在外星生命的可能。近期的科学研究表明，目前还不能证明火星上存在生命，相反的，越来越多的迹象表明火星更像是一个荒芜死寂的世界。尽管如此，某些证据仍然向我们指出火星上可能曾经存在过生命。例如对在南极洲找到的一块来自火星的陨石的分析表明，这块石头中存在着一些类似细菌化石的管状结构。所有这些都继续使人们对火星是否存在生命保持极大的兴趣。

2008年10月，美国“凤凰”号控测器在火星北极一个称为瓦斯蒂塔斯－伯里利斯平原的地方着陆，整个着陆过程堪称完美。“凤凰”号刚一抵达这颗红色星球，亚利桑那大学“凤凰”号任务首席科学家彼得·史密斯便期待“凤凰”号能进一步证实“机遇”号和“勇气”号以前发现的结果：一个覆盖着酸性和碱性土壤的地形，这种地形原本被认为不适于生命存在。其中的原因其实很好解释：火星经常遭到范围达数千千米的巨型尘暴的撞击。

“凤凰”号探测器

一旦撞上火星，尘暴将土壤掀起，散落在整个火星表面。科学家过去认为，火星上某处土壤与另一处的土壤相似。“凤凰”号这次可以通过机械臂深入地下，采集火星土块在机载化学实验室上进行测试。“凤凰”号的机械臂挖开火星冰冻表面，清楚地露出一片片的冰，尽管它们迅速蒸发，“凤凰”号仍是在地球以外的星球上找到水的第一个探测器。

随着进一步勘测，有一个事实变得越来越清晰，那就是“凤凰”号支架下面的土壤（位于火星北极圈）与“机遇”号和“勇气”号在火星赤道附近发现的土壤属性截然不同。同海水一样，“凤凰”号下面的土壤稍显碱性，含有碳酸钙。碳酸钙通常形成于存在水的环境下。

史密斯说：“凤凰号告诉我们，火星并非如我们原本想象的那样，处处都一样。如果火星处处都是酸性，且含盐，那么你可能很难想象生命会形成于这样的地方，但我们发现了类似于大家在地球海洋中看到的环境状况，对于那些试图在火星上寻找适于生命存在区域的人来说，这是个好消息。”科学家对“凤凰”号发回的科学数据展开认真研究，试图从中揭开火星历史的一些谜团。他们的猜测将火星土壤状况与火星方位的显著变化联系在一起。

木星探索发现

木星和它的卫星

木星是太阳系中最大的行星，它的体积超过地球的1000倍，质量约是太阳系中其他7颗行星质量的总和。与其他巨行星一样，木星没有固态的表面，而是覆盖着966千米厚的云层。通过望远镜观测，这些云层就像是木星上的一条条绚丽的彩带。

木星是一个巨大的气态行星。最外层是一层主要由分子氢构成的浓厚大气。随着深度的增加，氢逐渐转变为液态。在离木星大气云顶1万千米处，液态氢在100万巴的高压和6000K的高温下成为液态金属氢。木星的中央是一个由硅酸盐岩石和铁组成的核，核的质量是地球质量的10倍。

这是哈勃太空望远镜拍摄的木星照片。图中可以看到在木星南半球有三个连在一起的白色风暴。

图 1　木星

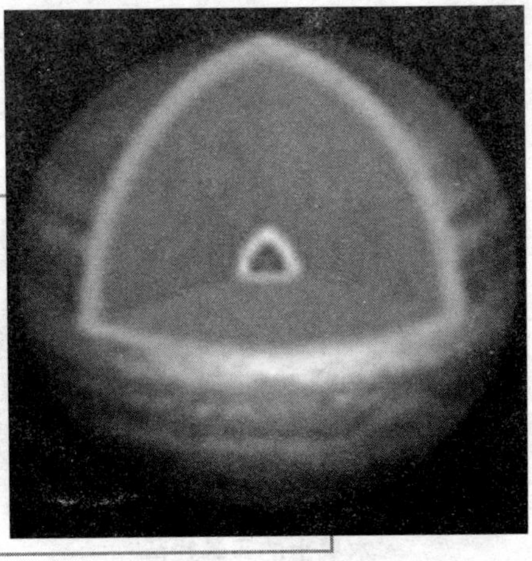

图 2　木星内部结构

由图中可以看出木星主要由液态金属氢组成。液态金属氢与表层木星大气之间是液态分子氢和分子氦的混合层。

图 3　木星

图 4　木星上的大红斑

这是旅行者 1 号探测器于 1979 年拍摄的木星照片。照片中可以看到木星上的“大红斑”。该图的分辨率达到 160 千米。

木星上的大红斑，由旅行者 1 号拍摄。图中右下是一个白色风暴点。该风暴在 1939 和 1940 年就开始形成，此后始终残留在此地。

木星上的风暴残留

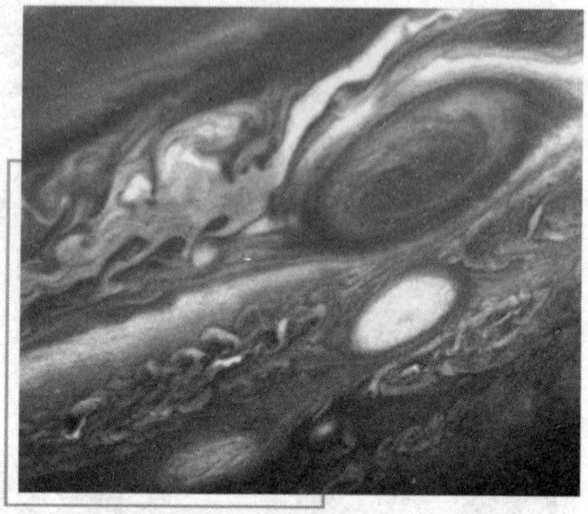

大红斑

“旅行者 2 号” 1979 年拍摄的大红斑。在大红斑下方有一个较小的白色风暴点。但它与 3 月前旅行者 1 号拍到的不是同一个。

图为伽利略号探测器拍摄的新月形木星的照片。该图是在近红外和紫外波段拍摄的。

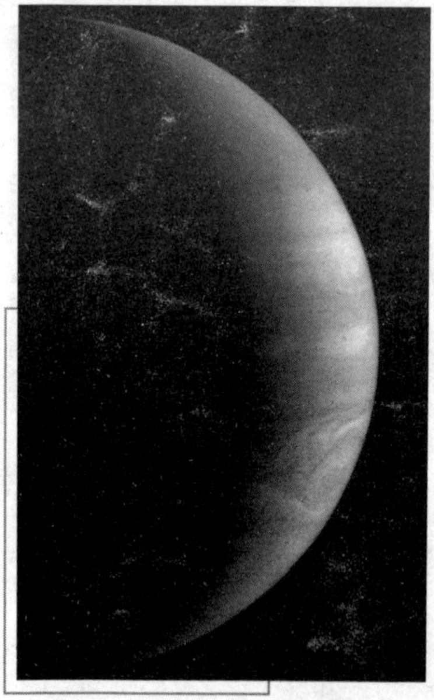

木 星

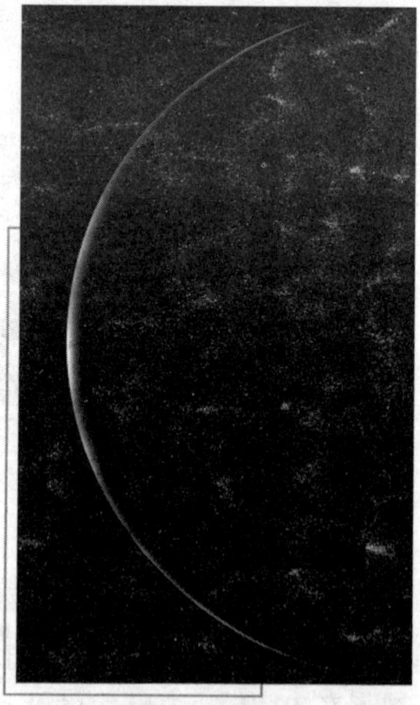

新月时的木星

木星与木卫三。此图是卡西尼号探测器于 2000 年拍摄的。木卫三比水星、冥王星和土卫六还要大。

木星与木卫一。木卫一的大小和月球相似，相比之下，它背后的木星就是个庞然大物了。此图是卡西尼探测器拍摄的。

木星光环。木星环是 1979 年由“旅行者 1 号”发现的，而此图是由旅行者 2 号拍摄的。

这张由哈勃太空望远镜拍摄的照片显示出木星北极套索般的极光。图中可见三个木卫运行的印迹。

木星与木卫三

由于木星快速的自转，它有一个复杂多变的天气系统，木星云层的图案每时每刻都在变化。我们在木星表面可以看到大大小小的风暴，其中最著名的风暴是“大红斑”。这是一个朝着顺时针方向旋转的古老风暴，已经在木星大气层中存在了很多年。大红斑有三个地球那么大，其外围的云系每四到六天即运动一周，风暴中央的云系运动速度稍慢且方向不定。由于木星的大气运动剧烈，致使木星上也有与地球上类似的高空闪电。

木星的两极有极光，这似乎是从木卫一上火山喷发出的物质沿着木星的引力线进入木星大气而形成的。木星有光环。光环系统是太阳系巨大行星的一个共同特征，主要由小石块和雪团等物质组成。木星的光环很难观测到，它没有土星那么显著壮观，但也可以分成四圈。木星环约有 6500 千米宽，但厚度不到 10 千米。

将近 4 个世纪之前，当伽利略把他自制的望远镜指向天空时，他发现在木星周围有三个亮点。他开始认为那可能是恒星，但这些“恒星”与木星排成了一条奇怪的直线。这引发了伽利略浓厚的兴趣，他在继续观测后发现它们运行在看来错误的轨迹上。4 天之后，伽利略又发现了一颗。经过接下来几个星期的观测后，伽利略确认它们并非恒星，而是围绕着木星运行的天体。

在以后的几个世纪中，人们又接连发现了 12 颗卫星，使木星卫星的总数

木星与木卫一

达到了16颗。最近，又有12颗卫星被发现并被临时编号，直至它们有正式的确认和命名。1979年，旅行者探测器对木星系的探测终于揭开了这些冰冻世界的神秘面纱。1996年，对这些世界的探索又因伽利略号探测器对木星系的探测而向前迈进了一大步。

木星卫星中的12颗相对较小的卫星，看起来更像是被俘获的，而不像是在木星轨道上自然形成的。伽利略发现的4个大卫星：木卫一、木卫二、木卫三和木卫四已经被确认是和木星同时形成的。

岩石质的木卫一是太阳系中最与众不同的一个卫星。对木星系的探测中最令人惊奇的发现就是木卫一上的活火山。木卫一是除了地球太阳系中唯一一个存在活火山的天体。旅行者号在探测木卫一时，竟发现在木卫一表面有9个火山在同时喷发。喷发物上升的高度达到300千米，喷出物质的速度达到每秒1千米。剧烈的火山活动使木卫一表面覆盖着一层厚厚的硫磺，所以木卫一看起来呈现橘黄色。

木星光环

木卫一如此活跃的原因可能是因为它位于木星与木星的另两颗大卫星——木卫二和木卫三的共同引力潮汐作用下，这种类似拔河竞赛似的引力作用常常使木卫一的形状发生100米左右的改变。木卫一的表面温度约为-143 ℃，在火山喷发时的温度可达17 ℃，因此木卫一表面会有大小不一的熔岩湖。这与地球形成初期的情形十分相似。

木卫二是太阳系中另一颗与众不同的卫星。它是太阳系中最明亮的一颗卫星，几百年来它以它的独特性使一批又一批的科学家对它着迷。它之所以显得如此明亮，是由于它表面有一层厚厚的冰壳，这层冰壳上布满了陨石撞击坑和纵横交错的条纹。木卫二的内部很可能是非常活跃的，在冰壳下面很可能隐藏了一个太阳系中最大的液态水海洋，这个海洋中极有可能存在着生命。

木星极光

◎木星遭不明天体撞击

2009 年 7 月 21 日，美国宇航局证实，木星在过去一段时间内再次遭遇其他星体撞击，使木星南极附近落下黑色疤斑，撞击处上空的木星大气层出现一个地球大小的空洞。8 月 4 日，美国宇航局网站撰文详细披露了发现木星被撞击的经过：

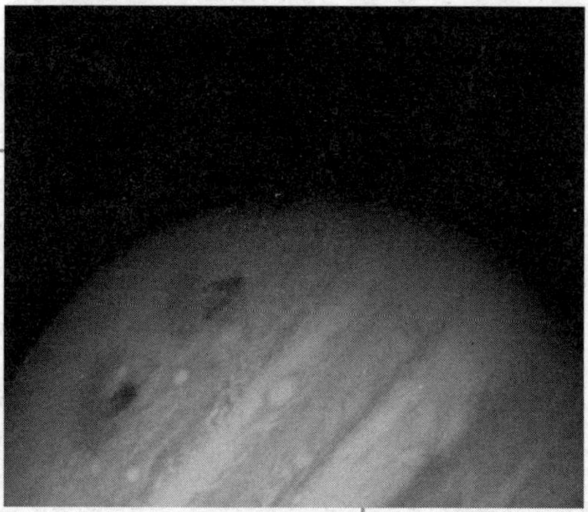

木星被撞后的图片

2009 年 7 月 19 日，澳大利亚业余天文爱好者安东尼·韦斯利在新南威尔士州的家中后院天文台对木星进行拍摄时，发现了这一奇怪的现象。韦斯利现年 44 岁，是一名计算机程序编写员。其实，韦斯利差点错过这次宝贵机会。就在他观测到撞击前的几个小时，由于天气条件很糟糕，他差点就把望远镜关掉，不过后来改变了主意，只是自己休息了半个小时，而没有让望远镜休息，望远镜上的成像设备继续运转。

“我盯住了木星表面美丽的大红斑，” 安东尼 · 韦斯利回忆说，“我模模糊糊看到木星南极附近有块黑斑，不过当时并没有当回事。” 也许这只不过是一个木星 “极暴”。“我开始是这么想的，但这个黑斑让我感到有点奇怪。它看起来不太正常，我情不自禁地又看向那里。” 渐渐地，随着木星自转，当这个斑点正对向地球时，韦斯利终于看清楚了。他被震惊了：这竟然是一个撞击的伤痕，太阳系最大的木星被撞到了！

“我曾看过 1994 年木星与苏梅克－列维 9 号彗星发生相撞后的碎片，所以我知道撞击后的样子，” 他说，“当我确信无疑后，几乎都不会用电脑了。我的手不住地颤抖。太难以置信了。”

他迅速将照片发送给全世界的朋友和同事。几小时内大大小小的望远镜都对准了木星，拍摄巨大撞击后的痕迹。

◎ 美国宇航局专业观测证实木星被撞击

拓展思考

宇 宙

宇宙是广漠空间和其中存在的各种天体以及弥漫物质的总称。宇宙是物质的世界。它处于不断的运动和发展中，在空间上无边无界，在时间上无始无终。宇宙是多样而又统一的。它的多样性在于物质的表现形态，它的统一性在于其物质性。

美国宇航局位于加利福尼亚州帕萨迪纳的喷气推进实验室的科学家格伦 · 奥顿和雷格 · 弗莱彻于美国太平洋时间 2009 年 7 月 20 日凌晨 3 点至上午 9 点（美国东部时间的上午 6 点至中午 12 点），利用宇航局位于夏威夷莫纳克亚山山顶的红外望远镜收集相关证据，以证明木星确实遭遇撞击。这台 3 米的望远镜看到一片火星大小的残骸云漂浮在木星的云层上空。

格伦 · 奥顿解释说，由于高层大气中的粒子反射太阳的红外射线，云层显得非常明亮。“不管这个天体是什么，它在木星大气上空爆炸，” 奥顿说，“炸成了碎片。我们现在看到的是撞击后的碎片，或许还有些在撞击中发生化学反应所产生的气雾。”

哈勃太空望远镜于 5 月份经过最后一次大修后就没再使用，但由于这次撞击意义重大，哈勃太空望远镜于 7 月 23 日开始第一次拍摄了撞击点的照片，现在还在进行检测和校对。太空望远镜科学院主任马特·蒙顿调动应急望远镜，组建了由海迪·哈莫尔等天文学家组成的小组进行观测研究。与往常一样，哈勃拍摄的照片清晰地显示出在木星大气层顶部附近有一个由黑色碎片和自然风暴组成的大漩涡。

“由于木星大气层的冲击，残骸层范围很大，”美国宇航局哥达德太空飞行中心行星学家艾米·西蒙·米勒说，“风速 25 米/秒的极风使残骸层蔓延扩大，这使得家用望远镜也能很容易观测到。”根据 15 年前木星与“苏梅克－列维 9”号彗星相撞情况，她估计“韦斯利残骸层”在未来几周内都能观测到。研究者应充分把握这次机会，对残骸层的进一步研究或许会有更伟大的发现。

究竟是什么撞击了木星？

美国宇航局专家表示还不清楚是什么天体撞击了木星。“目前还不知道，”尤曼斯说，“毕竟谁也没有看到撞击。”事先没有任何先兆，这颗完全未知的天体从黑暗中来，然后啪的一声，变成了一片残骸云，人们甚至来不及拍下它的样子。

残骸云的化学成分是研究撞击者性质的线索。奥顿说，地面上的研究者正在分析云层反射的光线来计算出它的成分。“假如光谱中有水的迹象，那就可能是一颗彗星。否则，就可能是一个石质或金属质的小行星。”美国天文科学家格伦·奥顿说，“疤痕可能因彗星撞击所致，但有待进一步证实。”宇航员雷格·弗莱彻称黑斑“约等同于一个地球大小”。

美国航天局喷气推进实验所近地天体办公室科学家唐·尤曼斯推测说，这是来自一颗彗星或几百米大小的小行星的撞击。如果撞在地球上，将会产生相当于 2000 个百万吨级原子弹爆炸的能量，产生毁灭性的后果。

当然，它现在还是一个未揭开的奥秘，甚至令韦斯利魂牵梦萦。“我现在几乎每晚都会用我的 14.5 英寸（约合 37 厘米）望远镜观测木星，”他说，“残骸云在扩散，形态千奇百怪。谁知道还会发生什么呢？”

◎木卫二冰层下可能存在海豚一样的生物

美国宇航局最近解密的文件称，几年前，美国宇航局发射的“伽利略”

号探测器在木卫二海拔 400 千米的上空掠过时，敏感的无线电探测器上感应到，木卫二厚厚的冰层下方传出一种吱吱的叫声。美国当局的高层人士当时曾对美国宇航局下过命令，要他们对“伽利略”号所获得的资料严加保密。

科学家们一直在努力研究动物的语言。他们相信，倘若我们能破译地球上高级生物的语言，那么人类离破解外星信号的梦想就更近一步了。比如海豚，海豚是一种性格复杂、情感细腻的群居动物，它们以独特的语言进行沟通。美国肯尼迪航天中心天文学家西蒙·克拉克的最新一种理论认为，木卫二上的生命形态与海豚十分相似，并且也说海豚语。

海 豚

海豚是木星一个卫星上的老住户吗?

经过近年来的电脑分析，科学家们发现，这种吱吱声竟然与海豚发出的声音十分相似，误差率仅为 0.001%。虽然说不清在木卫二海洋中“讲话”的到底是什么生物，但科学家大胆猜测，如果木卫二上真的存在某种形式的生命，它们最有可能与地球上的海豚相似。

这个假设是肯尼迪航天中心工作人员西蒙·克拉克提出来的。根据他的说法，海豚是木星一个卫星上的老住户。克拉克在新闻记者招待会上曾说：“别再提那些蓝色小精灵了，除了人类，太阳系就数海豚最聪明。”

在美国佛罗里达的秘密海洋实验室里，生物学家进行了一项最复杂的试验。他们让海豚们听用磁带从木卫二录下来的那些神秘的声音，试图让它们听懂这些地外生物的语言。等到下一次再赴木星考察，还打算将海豚的“谈话”录音带去，用无线电发射机将信号发射到木卫二。

银河系第二亮的恒星

科学家在银河系中心发现一颗新的高亮度恒星。这颗恒星绰号“牡丹星云恒星”，是被美国宇航局的斯皮策太空望远镜以及其他地面望远镜发现的。据估计，它的亮度是太阳的 320 万倍。

当前坐拥最亮恒星头衔的是船底座伊塔星，它的亮度是太阳的 470 万倍。天文学家表示，很难确定恒星的准确亮度。德国波茨坦大学的利迪娜·奥斯基诺娃说：“牡丹星云恒星是一颗令人着迷的天体。它位于银河系中心，是我们已知的银河系中亮度第二高的恒星。银河系中可能存在其他高亮度恒星，只是我们还没有发现。”奥斯基诺娃是此项研究的首席研究员和研究论文联合执笔人，论文刊登在《天文学与天体物理学》杂志上。

拓展思考

恒 星

恒星是由内部能源产生辐射而发光的大质量球状天体。太阳就是一颗典型的恒星。恒星的结构可分为外层大结构。恒星大气可直接观测到。从里往外，分为光球、色球和星冕。正常恒星的大气处于流体静力平衡态。光球之下直到内核中心叫恒星内部。内部结构用压力、温度和密度随深度的变化表示。恒星内核以核反应方式产能。

对于牡丹星云恒星，科学家已有一定了解，但由于身处银河系满是尘埃的中心，他们尚没有确定这颗恒星的最终亮度。斯皮策太空望远镜可穿透尘埃的红外线“眼睛”，能够对银河系心脏以及可见光无法渗透的区域进行观察。位于智利的欧洲南方天文台的新技术望远镜则负责计算牡丹星云恒星的亮度。奥斯基诺娃说：“红外线天文学打开了对银河系中心区域进行非凡观察的大门。”

宇宙中亮度最大的恒星同样也是个头最大的。据天文学家估计，牡丹星云恒星形成之时的质量是太阳的 150 ~ 200 倍。拥有类似质量的恒星极为少见，同时也让科学家迷惑不已，原因在于：它们挑战恒星形成所需的条件。从理论上说，如果一颗恒星形成时拥有巨大质量，那么它无法保持自身的完

银河系

整性，必须分裂成两颗或者更多恒星。

牡丹星云恒星不仅是恒星家族中的大块头，“腰围”也是大得惊人。它是一种被称为“沃尔夫－拉叶星”的巨型蓝星，巨型蓝星的直径大约是太阳的 100 倍。也就是说，如果把牡丹星云恒星摆在太阳的位置，它的触角将延伸到水星轨道附近。

在这种质量下，这颗恒星很难保持身体的完整性。它的寿命很短，只有区区几百万年，在此期间，牡丹星云恒星会喷射出大量强风形式的恒星物质。在其强辐射推动下，这些物质几小时内的最高时速便可达到 160 万千米左右（约合每小时 100 万英里）。最终，牡丹星云恒星将上演一次大爆炸，形成一颗超新星。奥斯基诺娃及其同事表示，这颗恒星很快就会爆炸，可能从现在到未来几百万年的任何时间。奥斯基诺娃说：“爆炸时，牡丹星云恒星将蒸发掉附近轨道的任何行星，同时孕育新的恒星。”

除了牡丹星云恒星外，天文学家也同样在其周围发现一个由尘埃和气体构成的星云，由于外形与牡丹极为相像，研究小组将其命名为“牡丹星云”。

低质量恒星的演化物——白矮星

白矮星，也称为简并矮星，是由电子简并物质构成的小恒星。它们的密度极高，一颗质量与太阳相当的白矮星体积只有地球一般的大小，微弱的光度则来自过去储存的热能。在太阳附近的区域内已知的恒星中大约有 6% 是白矮星。这种异常微弱的白矮星大约在 1910 年就被亨利·诺瑞斯·罗素、爱德华·皮克林和威廉·佛莱明等人注意到，白矮星的名字是威廉·鲁伊登在 1922 年取的。

白矮星被认为是低质量恒星演化阶段的最终产物，在我们所属的星系内 97% 的恒星都属于这一类。中低质量的恒星在度过生命期的主序星阶段，结

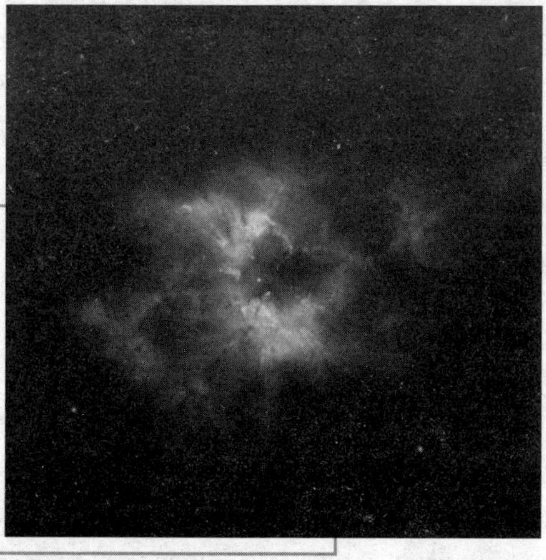

白矮星

束于氢融合反应之后，将在核心进行氦融合，将氦燃烧成碳和氧的3氦过程，并膨胀成为一颗红巨星。如果红巨星没有足够的质量产生能够让碳燃烧的更高温度，碳和氧就会在核心堆积起来。在散发出外面数层的气体成为行星状星云之后，留下来的只有核心的部分，这个残骸最终将成为白矮星。因此，白矮星通常都由碳和氧组成。但也有可能核心的温度达到燃烧碳却仍不足以燃烧氖的高温，这时就能形成核心由氧、氖和镁组成的白矮星。同样的，有些由氦组成的白矮星是由联星的质量损失造成的。

白矮星的内部不再有物质进行核融合反应，因此恒星不再有能量产生，也不再由核融合的热来抵抗重力崩溃；它是由极端高密度的物质产生的电子简并压力来支撑。物理学上，对一颗没有自转的白矮星，电子简并压力能够支撑的最大质量是1.4倍太阳质量，也就是钱德拉塞卡极限。许多碳氧白矮星的质量都接近这个极限质量，通常经由伴星的质量传递，可能经由所知道的碳引爆过程爆炸成为一颗超新星。

拓展思考

星　系

恒星和星际物质组成的系统。几十亿个这样的系统构成了宇宙。由几十亿至几千亿颗恒星以及星际气体和尘埃物质等构成，占据几千光年至几十万光年的空间的天体系统。我们的银河系就是一个普通的星系。银河系以外的星系称为河外星系，一般称为星系。

白矮星形成时的温度非常高，但是因为没有能量的来源，因此将会逐渐释放它的热量并且逐渐变冷（温度降低），这意味着它的辐射会从最初的高色温逐渐减小并且转变成红色。经过漫长的时间，白矮星的温度将冷却到光度不再能被看见，而成为冷的黑矮星。但是，现在的宇宙仍然太年轻（大约137亿岁），即使是最年老的白矮星依然辐射出数千度的温度，还不可能有黑矮星的存在。

超新星爆炸后的产物——中子星

中子星，又名波霎、脉冲星，是恒星演化到末期，经由引力坍缩发生超新星爆炸之后，可能成为的少数终点之一。恒星在核心的氢、氦、碳等元素于核聚变反应中耗尽，当它们最终转变成铁元素时便无法从核聚变中获得能量。失去热辐射压力支撑的外围物质受重力牵引会急速向核心坠落，有可能导致外壳的动能转化为热能向外爆发产生超新星爆炸，或者根据恒星质量的不同，恒星的内部区域被压缩成白矮星、中子星以至黑洞。白矮星被压缩成中子星的过程中，恒星遭受剧烈的压缩使其组成物质中的电子并入质子转化成中子，直径只有十余千米，但上头1立方厘米的物质便可重达10亿吨，且旋转速度极快。而由于其磁轴和自转轴并不重合，磁场旋转时所产生的无线电波等各种辐射可能会以一明一灭的方式传到地球，有如人眨眼，故其又称为脉冲星。

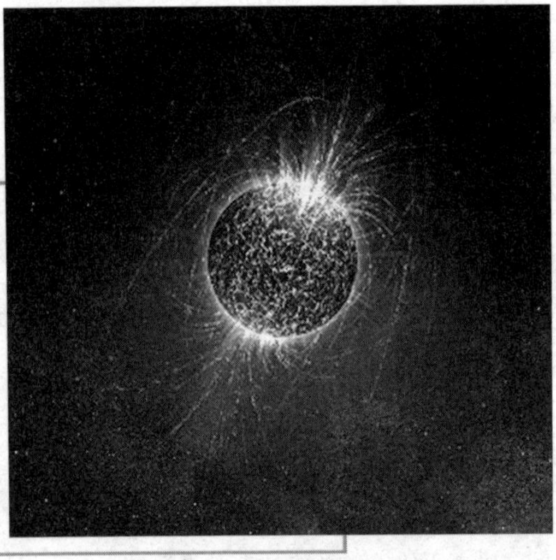

离地球最近的中子星

当波霎被发现之后，快速的脉冲（大约1秒钟，在上世纪60年代的天文学是很不寻常的）被半认真地视为外星高智生命传送来的讯息，随后被半开玩笑地称为小绿人，标示为LGM－1。但更多的以不同的自转周期散布在天空各处的脉冲星被发现之后，就迅速地排除了这种可能性。而天文学家在发现船帆座波霎和超新星残骸的关联性之后，更进一步发现蟹状星云的能量来自一颗波霎，不得不信服波霎是中子星的解释。

还有另外一种中子星，称为磁星。磁星具有大约 10^{11} 特斯拉的磁场，大约是普通中子星的1000倍。作为对比，地球的自然磁场是大约 6×10^{-5} 特斯拉；一小块钕稀土磁铁的磁场大约是1特斯拉；多数用于数据存储的磁介质可以被 10^{-3} 特斯拉的磁场擦除。

磁星有时会产生X射线脉冲。大约每10年，银河系中就会有某一颗磁星爆发出很强的伽马射线。磁星有比较长的自转周期，一般为5~12秒，因为它们的强磁场会使得自转速度减慢。

一颗典型的中子星质量介于太阳质量的1.35~2.1倍，半径则在10~20千米（质量越大半径收缩得越小），也就是太阳半径的 $\frac{1}{70000}$ ~ $\frac{1}{30000}$。因此，中子星的密度为每立方厘米 8×10^{13} ~ 2×10^{15} 克，此密度大约是原子核的密度。致密恒星的质量低于1.44倍太阳质量，则可能是白矮星，但质量大于奥本海默－沃尔科夫极限（5倍太阳质量）的恒星会继续发生引力坍缩，则无可避免地将产生黑洞。

拓展阅读

天体视运动

地面观测者直观观测到的天体的运动，主要是由地球自转引起的。对太阳系内的天体来说，地球绕太阳公转和这些天体本身的空间运动也是形成天体视运动的重要原因。在太阳系外的各类天体中，一些近距星的视位置还要受到因地球公转所引起的周年视差和太阳本动带来的长期视差的影响。

由于中子星保留了母恒星大部分的角动量，但半径只是母恒星极微小的量，转动惯量的减少导致了转速迅速的增加，产生非常高的自转速率，周期从 $\frac{1}{700}$ ~30秒都有。中子星的高密度也使它有强大的表面重力，强度是地球的 2×10^{11} ~ 3×10^{12} 倍。逃逸速度是将物体由重力场移动至无穷远的距离所需要的速度，是测量重力的一项指标。一颗中子星的逃逸速度为10000~150000千米/秒，也就是可以达到光速的一半。换言之，物体落至中子星表面的速度也将达到150000千米/秒。更具体地说，如果一个普通体重（70千克）的人遇到了中子星，他撞击到中子星表面的能量将相当于

模拟图显示一颗中子星从伴星大气中吸收气体

2亿吨核爆的威力（4倍于全球最巨大的核弹的威力）。

1932年，英国剑桥大学卡文迪许实验室的詹姆斯·查德威克发现了中子，并因此获得1935年的诺贝尔物理学奖。俄国著名物理学家列夫·朗道及其同事们随即预测存在一种完全由中子组成的星，但他们的想法并没有及时发表。1934年，美国威尔逊山天文台工作的沃尔特·巴德和弗里茨·茨威基发表文章称，中子简并压力能够支持质量超过钱德拉塞卡极限的恒星，预言了中子星的存在。为寻找超新星爆炸的解释，他们提出中子星是超新星爆炸后的产物。超新星是突然出现在天空中的垂死恒星，在出现后的几天或整个星期内，在可见光的亮度上可以超越整个星系。巴德和茨威基正确地解释产生中子星时释放出的重力束缚能，供给了超新星的能量：“在超新星形成的过程中大量的质量被湮灭。”如果在中心的大质量恒星在它崩溃之前的质量是太阳质量的3倍，那么在中心可能形成一颗2倍于太阳质量的中子星。被释放出来的束缚能（$E=mc^2$）相当于一个太阳的质量全数转化成能量，这足以作为超新星最后的能量来源。

第二次世界大战爆发前不久，美国物理学家罗伯特·奥本海默和沃尔科夫提出了系统的中子星理论，认为在质量与太阳相似的恒星内部可以达到简并中子的流体静力学平衡，但是并没有引起天文学界的重视。

1967年，剑桥大学卡文迪许实验室的乔丝琳·贝尔和安东尼·休伊什发现了有规律的无线电脉冲，随后被推断来自于旋转中的中子星，而且极大数量的中子星都属于此类。

1968年有人提出脉冲星是快速旋转的中子星。

1969年，在1054年超新星爆发的残骸蟹状星云中，发现了一颗射电脉冲星（中子星），证明了脉冲星、中子星和超新星之间的关系。

1971年，里卡尔多·贾科尼等人发现半人马座的X射线源半人马座X－3

具有4.8秒的周期，他们解释这是一颗炙热的中子星环绕着另一颗恒星的结果，能量来源是持续不断掉落至中子星表面的气体释放出的引力势能。这是第一颗认证的X射线双星。

在1974年，安东尼·休伊什因为在波霎的发现上所扮演的角色而获得诺贝尔物理学奖。

类星体的探索

◎类星体的发现

1960年，美国天文学家桑德奇用一台5米口径的光学望远镜找到了剑桥射电源第三星表上第48号天体（3C 48）的光学对应体。他发现3C 48的光谱中，在一个奇怪的位置上有一些又宽又亮的发射线。

1963年美国天文学家马丁·施密特发现在3C 273的光谱中具有与3C 48类似的现象，通过仔细研究，他发现这些发射线实际上是人们早已熟知的氢的发射线，只不过朝着红光的方向移动了相当长的一段距离，也就是说它们具有非常大的红移。

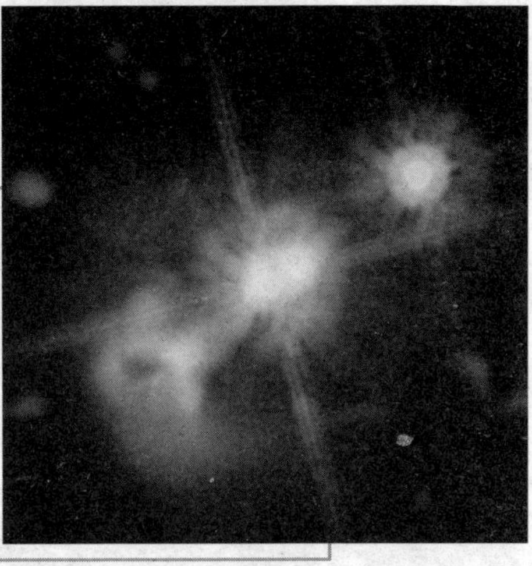
类星体合成图片

由于在光学望远镜中观察，类星体与普通的恒星看上去似乎没有区别，因此得名类星体（Quasi Stellar Object，或者quasar）。

类星体的命名统一在前面冠以类星体的英文缩写QSO，然后加上类星体在天球上的位置坐标。例如：类星体3C 48，位于赤经13时35分，赤纬+33度，于是命名为QSO01335+33。

◎类星体的特征

绝大多数类星体都有非常大的红移值（用 Z 表示）。类星体 3C 273（QSO1227 +02）的 Z 等于 0. 158，远远超过了一般恒星的红移值。有不少类星体的红移值超过了 1，有的甚至达到 4 以上。根据哈勃定律，它们的距离远在几亿到几十亿光年之外。

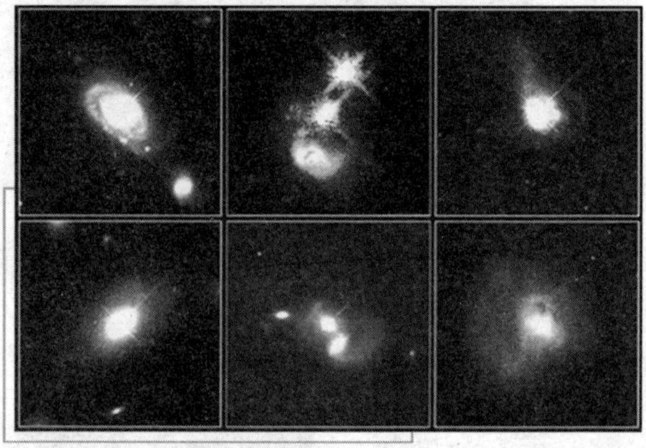

类星体特征

观测发现，有的类星体在几天到几周之内，光度就有显著变化。因为辐射在星体内部的传播速度不可能快于光速，因此可以判定这些类星体的大小最多只有几“光日”到几“光周”，大的也不过几光年，远远小于一般星系的尺度。

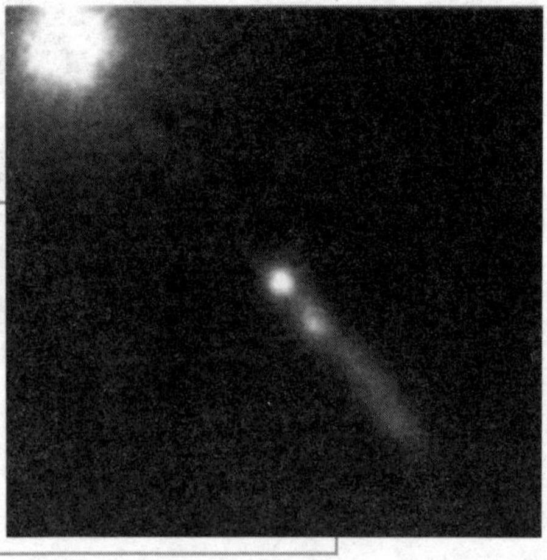

类星体特征

类星体最初是在射电波段发现的，然而它在光学波段、紫外波段、X 射线波段都有很强的辐射。射电波段的辐射只是很小的一部分。

根据以上事实可以想到，既然类星体距离我们如此遥远，而亮度看上去又与银河系里普通的恒星差别不大（例如 3C 273 的星等为 13 等），那么它们一定具有相当大的辐射功率。计算表明，类星体的辐射功率远远超过了普通星系，有的竟达到银河系辐射总功率的数万倍。而它们的大小又远比星系小，这就提出了能量疑难，也就是说：类星体如此巨大的能量从何而来？它们的能量机制是什么？

◎ 进一步研究

在类星体发现后的 20 余年时间里，人们众说纷纭，陆续提出了各种模型，试图解释类星体的能源疑难。比较有代表性的有以下几种：

（1）黑洞假说：类星体的中心是一个巨大的黑洞，它不断地吞噬周围的物质，并且辐射出能量。

（2）白洞假说：与黑洞一样，白洞同样是广义相对论预言的一类天体。与黑洞不断吞噬物质相反，白洞源源不断地辐射出能量和物质。

（3）反物质假说：认为类星体的能量来源于宇宙中的正反物质的湮灭。

（4）巨型脉冲星假说：认为类星体是巨型的脉冲星，磁力线的扭结造成能量的喷发。

你知道吗

黑洞是一种天体

黑洞是宇宙中最神秘的物体，所以叫它黑洞，是因为它们本身不会发出任何可见光。虽然它们曾经是宇宙中最明亮的物体，但当它们在生命结束时的爆发中抛却了明亮的外壳，只留下了超压缩的内核。这个内核的引力极其强大，以致光也不能从它那里逃逸。所以也就不会有人看到它。它不仅不可见，而且还能吞噬所有靠近它的物质。

（5）近距离天体假说：认为类星体并非处于遥远的宇宙边缘，而是在银河系边缘高速向外运动的天体，其巨大的红移是由和地球相对运动的多普勒效应引起的。

（6）超新星连环爆炸假说：认为起初宇宙的恒星都是些大质量的短寿类型，所以超新星现象很常见，而在星系核部的恒星密度极大，所以在极小的空间内经常性地有超新星爆炸。

（7）恒星碰撞爆炸：认为起初宇宙较小时代，星系核的密度极大，所以常发生恒星碰撞爆炸。

对类星体的进一步观测发现了一些新的现象，例如光谱中不同元素的谱线红移值并不相同，发射线和吸收线的红移值也不尽相同。

在一些类星体中发现了超光速运动的现象。例如 1972 年，美国天文学家发现类星体 3C 120 的膨胀速度达到了 4 倍光速。还有人发现类星体 3C 273 中两团物质的分离速度达到了 9 倍光速。

而类星体 3C 279 内物质的运动速度达到光速的 19 倍。人们起初认为这对相对论提出了巨大的挑战。最近的研究表明，这些超光速运动现象只是“视超光速”想象，起因于类星体发出的与观测者视线方向夹角很小的亚光速喷流，实际上并没有超过光速。

黑洞理论

黑洞是根据现代的物理理论和天文学理论所预言的，在宇宙空间中存在的一种质量相当大的天体。黑洞是由质量足够大的恒星在核聚变反应的燃料耗尽而死亡后，发生引力塌缩而形成。黑洞质量是如此之大，它产生的引力场是如此之强，以至于任何物质和辐射都无法逃逸，就连光也逃逸不出来，故名为黑洞。

历史上，法国物理学家拉普拉斯曾预言：“一个质量如 250 个太阳，而直径为地球的发光恒星，由于其引力的作用，将不允许任何光线离开它。由于这个原因，宇宙中最大的发光天体，却不会被我们看见。”

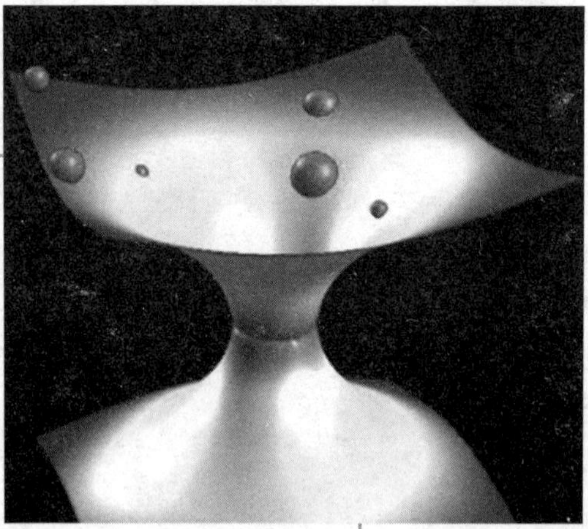

黑洞模拟图

现代物理中的黑洞理论建立在广义相对论的基础上。由于黑洞中的光无法逃逸，所以我们无法直接观测到黑洞。然而，可以通过测量它对周围天体的作用和影响来间接观测或推测到它的存在。比如说，恒星在被吸入黑洞时会在黑洞周围形成吸积气盘，盘中气体剧烈摩擦，强烈发热，而发出 X 射线。借由对这类 X 射线的观测，可以间接发现黑洞并对之进行研究。迄今为止，黑洞的存在已被天文学界和物理学界的绝大多数研究者所认同。

◎黑洞的尺寸和质量

黑洞是由大于太阳质量的3.2倍的天体发生引力坍塌后形成的（小于1.4个太阳质量的恒星，会变成白矮星）。天文学的观测表明，在很多星系的中心，包括银河系，都存在超过太阳质量上亿倍的超大质量黑洞。

爱因斯坦的广义相对论预测有黑洞解。其中最简单的球对称解为史瓦西度规。这是由卡尔·史瓦西于1915年发现的爱因斯坦方程的解。

根据史瓦西解，如果一个重力天体的半径小于一个特定值，天体将会发生坍塌，这个半径就叫做史瓦西半径。在这个半径以下的天体，其中的时空严重弯曲，从而使其发射的所有射线，无论是来自什么方向的，都将被吸引入这个天体的中心。因为相对论指出在任何惯性座标中，物质的速率都不可能超越真空中的光速，在史瓦西半径以下的天体的任何物质，包括重力天体的组成物质都将塌陷于中心部分。一个由理论上无限密度组成的点组成重力奇点。

由于在史瓦西半径内连光线都不能逃出黑洞，所以一个典型的黑洞确实是绝对“黑”的。

拓展思考

星　座

在天文学中，按外观取名的星群，其名称多少能让人联想到物体的形状或动物的外貌。星座可用于跟踪人造卫星的轨道，也有助于天文学家和航海者找出恒星的位置。从远古以来，称为星座的较大星群、称为星官的较小星群以及单个的恒星，都被冠以与某些天气现象相关或象征宗教信仰或神话传说的名字。

◎黑洞的特性

目前公认的理论认为，黑洞只有三个物理量可以测量到：质量、电荷、角动量。也就是说，对于一个黑洞，一旦这三个物理量确定下来了，这个黑洞的特性也就唯一地确定了，这称为黑洞的无毛定理，或称为黑洞的唯一性定理。但是这个定理却只是限制了古典理论，没有否认可能有其他量子荷的存在，所以黑洞可以和大域单极或是宇宙弦共同存在，而带有大域量子荷。

黑洞的合并会以光束发射强大的引力波，新的黑洞会因后座力脱离原本在星系核心的位置。如果速度足够大，它甚至有可能脱离星系母体。

◎黑洞的分类

（1）超巨质量黑洞：到目前为止可以在所有已知星系中心发现其踪迹。质量据说是太阳的数百万至十数亿倍。

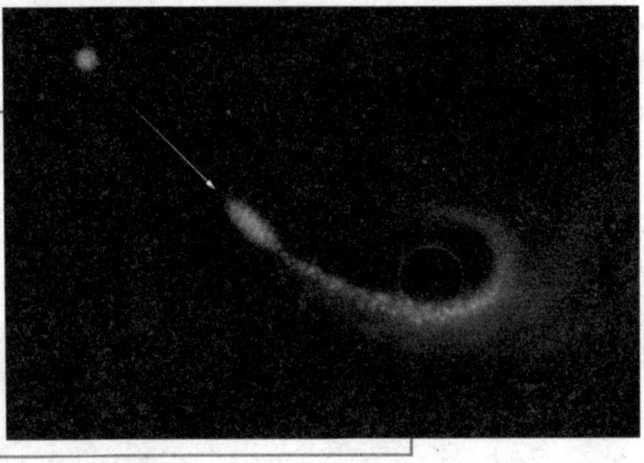

超巨质黑洞

（2）小质量黑洞：质量为太阳质量的 10 ~ 20 倍，即超新星爆炸以后所留下的核心质量是太阳的 3 ~ 15 倍就会形成黑洞。

理论预测，当质量为太阳的 40 倍以上，可不经超新星爆炸过程而形成黑洞。

（3）中型黑洞：推论是由小质量黑洞合并形成，最后则变成超巨质量黑洞。中型黑洞是否真实存在仍然存疑。